Johannes Carl Ferdinand Fastenrath

Calderon de la Barca

Johannes Carl Ferdinand Fastenrath

Calderon de la Barca

ISBN/EAN: 9783744607339

Hergestellt in Europa, USA, Kanada, Australien, Japan

Cover: Foto ©ninafisch / pixelio.de

Weitere Bücher finden Sie auf **www.hansebooks.com**

Calderon de la Barca.

Festgabe

zur

Feier seines 200jährigen Todestages

(25. Mai 1881)

von

Dr. Johann Fastenrath.

Leipzig.

Wilhelm Friedrich

Verlag des

Magazin für die Literatur des In- und Auslandes.

1881.

Inhaltsverzeichniß.

Seiner Königlichen Hoheit

dem Großherzog

.

Karl Alexander von Sachsen-Weimar

in tiefster Ehrfurcht gewidmet.

Der heut' gefeiert wird in allen Zungen,
Beschritt in Deutschland lichten Ruhmes Bahnen
Vom Musenhofe Deiner großen Ahnen,
Die zu des Sängers Höh'n sich aufgeschwungen.

Der von des Lebens flücht'gem Traum gesungen,
Der Gott und Ehre schrieb auf seine Fahnen,
Deß Dramen tiefen Ernstes voll uns mahnen,
Empfing, ein Fürst, von Fürsten Huldigungen!

Ihm ward ein Heim in Weimar, in dem kleinen,
Wie in der Stadt der kastellan'schen Klänge,
Und ließ Dein Ahn Karl Friedrich ihn erscheinen

In spanischmajestätischem Gepränge,
Laß, Herr, auch Deinen Namen mich vereinen
Mit dem des Helden dieser Festgesänge!

Köln, im Mai 1881.

Dr. Johann Fastenrath.

Vorwort.

Die Madrider Asociacion de Escritores y Artistas Españoles, die des unermüdlichen D. Antonio Romero Ortiz als ihres Präsidenten sich rühmt, hat, dem Vorschlag des verdienstvollen Schriftstellers D. Luis Vidart mit Freuden entsprechend, sich selbst durch den patriotischen Beschluß geehrt, Alles aufzubieten, um einen der größten Söhne Madrids, dessen Schöpfungen Gemeingut aller gebildeten Völker sind, den ruhmreichsten und erhabensten Vertreter der dramatischen Literatur Spaniens, den Dichter und Soldaten, den Schriftsteller und Priester, den Edelmann und Ritter D. Pedro Calderon de la Barca, der der Welt die herrlichsten Beweise seiner wunderbaren Begabung, seines reichen Wissens, seiner Tugend und seiner Vaterlandsliebe gegeben, am 25. Mai 1881, dem 200. Jahrestag seines Todes, durch ein Fest zu feiern, würdig dessen, der Madrid zum Hof der Musen erhoben und selbst die glänzendsten Feste seines Jahrhunderts geleitet.

Dem Rufe des Madrider Schriftstellerbundes sind alle Klassen Spaniens gefolgt, vor Allem der König und die Minister, dann die Universitäten, die zahlreichen spani=

schen Akademieen der Künste und Wissenschaften und die
Presse, die Geistlichkeit, der Adel und das Militär, der
Kaufmann und der Arbeiter. Alle haben sich mit den
Genossenschaften der Philippinen, Cubas und Puerto=
Ricos, den Universitäten und der Presse Portugals und
den dramatischen Künstlern von Lissabon in der Huldigung
für den vereinigt, der in seinen Komödien, Dramen,
Tragödien und Frohnleichnamsstücken eine Fülle von
Lehren geboten und der durch den Wohllaut wechselnder
kunstvoller Strophen den Freund des Schönen zu allen Zeiten
bezaubern wird. Wenn nicht alle Zeichen trügen und die
Begeisterung für den Dichter größer ist als der Schmerz
über die gewaltige Ueberschwemmung, die jüngst Sevilla
heimgesucht, wird Madrid am 25., 26. und 27. Mai dieses
Jahres ein Nationalfest begehen, großartig wie unser
Schillerfest.

Die Genossenschaft der spanischen Schriftsteller hat
sich nicht damit begnügt, für eine Calderonfeier in Spanien
zu wirken, sie hat auch ihren Blick erwartungsvoll auf das
Land gerichtet, in welchem der unsterbliche Dichter des
Dramas: „Das Leben ein Traum" — Dank vor Allem
der Begeisterung Schlegels und seiner Schule und der
eingehenden literarhistorischen Untersuchung von Valentin
Schmidt (in den Wiener Jahrbüchern 1822 und Elberfeld
1857), Dank auch den Uebersetzungen von Schlegel, Gries,
Eichendorf, Lorinser und von der Malsburg — am meisten
geehrt und bewundert worden; sie hat mich als ihr Ehren=
mitglied beauftragt, auch in Deutschland den Gedanken
einer Calderonfeier anzuregen. Die deutsche Bühne wird,

der Weihe des Tages eingedenk — ich weiß es schon jetzt von den Hoftheatern von Berlin und Stuttgart — ihre Huldigung dem Genius des großen Spaniers darbringen, dessen Dramen keine fremde Nation mit solcher Liebe sich angeeignet hat wie die deutsche, die, wenn sie ihn auch später kennen gelernt, ihn gleich um so fester erfaßt und gehalten; und daß auch der deutsche Schriftstellerverband sich freudig zu dem Dichter bekennt, der an der Ilm und am Rhein eine Stätte gefunden, als sich die Sonne seines Ruhms in seinem Vaterlande eine Zeitlang verdunkelt, hat er gezeigt, indem er mich, der es als schönstes Ziel seines Lebens betrachtet, in dem Werk: „La Walhalla y las glorias de Alemania" ein Herold deutscher Größe in Spanien zu werden, einlud, ihn bei dem Calderonfest in Madrid zu vertreten. Die gleiche Einladung wurde mir von dem literarischen Verein in Stuttgart zu Theil, zum Beweise der Sympathie, mit der auch dieser rühmlichst bekannte Verein eine Feier für den begrüßt, von dem unser größter Dichter, Goethe, sagt:

„Herrlich ist der Orient
Ueber's Mittelmeer gedrungen;
Nur wer Hafis liebt und kennt,
Weiß, was Calderon gesungen."

Die spanische Akademie aber forderte alle civilisirten Völker zu einem Sangeswettstreit zu Ehren Calderons auf und bestimmte eine goldene Medaille mit dem Bilde des großen Dichters als Siegespreis, indeß ein „Album Calderoniano", zu welchem ich als Adoptivsohn Spaniens ein auch in diesem Büchlein abgedrucktes spanisches Sonett

beisteuern durfte, sich in Madrid mit begeisterten Dichtungen
der Söhne Calderons füllt.

Festschriften aller Art werden in Spanien und Por=
tugal vorbereitet, und hebe ich insbesondere das zum Theil
schon in der Madrider „Ilustracion Española y Americana" abgedruckte Werk meines Freundes Ángel Lasso de
la Vega hervor, welches unter dem Titel: „Calderon de
la Barca. Estudio de las obras de este insigne poeta,
consagrado á su memoria en el segundo centenario do
su muerte" in Madrid erscheinen wird; aber sollte nicht
auch in Deutschland, auf dessen Literatur und Theater
Calderon einen so fördernden Einfluß geübt, eine Jubel=
schrift an's Licht treten? Der Verleger des „Magazins
für die Literatur des In= und Auslandes" hat mich, eine
solche zu schreiben. Als Vermittler zwischen Deutschland
und Spanien durfte ich nicht Nein sagen, wie schwer es
mir auch erschien, zumal in der kurzen Frist, die mir
gesetzt, nach einem Schlegel, Schmidt, Immermann, Schack,
Rosenkranz, von der Malsburg, Schulze, Rapp und Baum=
stark noch ein Wort über den Dichter zu schreiben, dem
der Holländer J. J. Putman im vorigen Jahr in Utrecht
die Frucht jahrelanger Studien gewidmet, den die spanischen
Akademiker Juan Eugenio Hartzenbusch, Alberto Lista,
Patricio de la Escosura, Abelardo Lopez de Ayala, Fran=
cisco de Paula Canalejas und Mariano Catalina sowie
der moderne Schriftsteller D. Manuel de la Revilla zum
Gegenstand ihrer trefflichen Untersuchungen gemacht, und
den die ersten sevillanischen Dichter im Bunde mit der
unvergeßlichen Fernan Caballero in dem gedankenvollen

Stück: „La mejor corona" verherrlicht, das am 17. Januar 1868, am 268. Geburtstage Calderons, im teatro de San Fernando zu Sevilla aufgeführt wurde.

Ein Dichterfürst ist der Held dieses Büchleins, ich stelle es daher unter die Ägide eines des poesiefreundlichsten deutschen Fürsten, Seiner Königlichen Hoheit des Großherzogs Karl Alexander von Sachsen=Weimar, der die ruhmreichen Traditionen seines Ahnen Karl August hochhält, unter dem Weimar und Deutschland zum ersten Mal die Sonne Calderons, des Sängers spanischer Rittertugend, in ihrem hehren Glanze schauten; ich stelle mein Büchlein unter den Schutz des eblen Fürsten, der Calderon nicht minder liebt als der Großherzog Karl Friedrich von Sachsen=Weimar, unter dessen Auspicien Dr. Joh. Georg Keil 1830 seine anerkennenswerthe That, die umfassende spanische Ausgabe der Dramen Calderons, vollbringen durfte.

Meinen Oktaven zur Calderonfeier und meinem Sonettenkranz auf Calderon konnte ich nicht umhin ein Sonett auf einen verewigten spanischen Freund, den Herausgeber der Werke Calderons, Lopes, Tirsos und Alarcons, den berühmten Dichter der „Amantes de Teruel" sowie der Theaterstücke: „Doña Mencia", „Alfonso el Casto", „Un si y un no", „Vida por honra" und „La ley de raza", D. Juan Eugenio Hartzenbusch, beizufügen. Zwei spanische Freunde, der sevillanische Priester und Dichter D. Francisco Rodriguez Zapata und sein ehemaliger Schüler, der Madrider Professor D. Narciso Campillo, haben die Güte gehabt, mir für dies Büchlein ein Sonett

auf Calderon, den größten Katholiken des 17. Jahrhun=
derts, zu senden, und erlaube ich mir, dieser poetischen
Gabe, ebenso wie meinem eigenen spanischen Sonett, meine
Uebertragung beizufügen. Auch zwei deutsche Freunde,
der Dichter und Maler Moritz Blanckarts und der Oberst
Julius von Günthert in Stuttgart waren so freundlich
diese Schrift um ein Gedicht zu bereichern.

Diesen poetischen Spenden lasse ich eine Beschreibung
des Lebens Calderons, einen Rückblick auf das spanische
Theater und eine kurze Charakteristik der Werke des ge=
feiertsten spanischen Dramatikers folgen.

Möge das Calderonfest, getragen von der Theilnahme
des deutschen wie des spanischen Volkes, das Andenken an
den großen Dichter in würdiger Weise erneuern und möge
es zugleich die geistige Brücke befestigen, welche die deutsche
Literatur mit der spanischen verbindet!

Köln, im Mai 1881.

Dr. Joh. Fastenrath.

Zur Calderonfeier.

Als ich besungen Edens schönste Blume,
Der Erde Thau, des Paradieses Thor,
Des Ostens Stern, sie, die zum Heiligthume
Und zum Altar der heil'ge Geist erkor,
Die einen Strahl von ihrem ew'gen Ruhme
Murillo lieh und Spaniens Dichterchor,
Ward von dem Land, das sich geweiht Marien,
Von Spanien mir Marias Bild verliehen.

O wer doch heut' im Sange könnt' erringen
Das Bild, das wie kein irb'sches Zeichen werth,
Des Sängerfürsten, den ein göttlich Singen
Des Himmels hohe Königin gelehrt,
Des frommen Priesters, der aus Engelschwingen
Die Feder nahm und schwang das Ritterschwert!
Wer würdig pries' den spanischen Giganten
Der Poesie, den hehrsten, gottgesandten!

Wer singet heute mit der Macht der Töne,
Mit der Herren jedes Herz bewegt,
Des Kastellaners himmlische Camöne,
Die nur das Göttliche im Busen hegt,
Die Muse, die, von majestät'scher Schöne,
Den Lorbeer auf der ernsten Stirne trägt
Und, in der Hand dem Scepter gleich das Drama,
Gemess'nen Schritts zum Tempel geht der Fama?

Ihr Völker, auf zum neuen Wartburgkriege:
Dem span'schen Wolfram gilt es, Calderon!
Euch alle ruft des Heros stolze Wiege,
Des strahlenden Titanen Pantheon!
Der ganzen Welt sind seines Sanges Siege,
Der Menschheit leuchtet er vom Helikon!
So singt ihn all', der Euch die hohe Lehre
Vom Glauben gab und von der Lieb' und Ehre!

Kennt Ihr den Tempel, der von Edelsteinen
Erglänzet als der wunderreichste Schacht,
Drin Diamanten hell wie Sonnen scheinen
Und die Topase funkeln durch die Nacht?
Auf Spaniens Höhen sah die Welt den einen,
Drin Parcival bewahrt des Grales Macht.
Den zweiten durfte Calderon erheben
In heil'gen Dramen, die unsterblich leben!

In seiner Dichtung Hallen aufgerichtet
Hat er das Holz des Heiles, das sich stellt
Als Iris zwischen Gott, deß' Zorn vernichtet,
Und die Verbrechen dieser sünd'gen Welt.

Andacht zum Kreuz ist das, was er gedichtet,
Andacht zum Kreuz, das, ein Panier, er hält:
Wer es umklammert, hat das Heil errungen —
Wer hat das Kreuz wie Calderon besungen?

Kennt Ihr den Dom, den Deutschlands Volk erhoben
Als Glaubensepopö' zu Köln am Rhein,
Deß' Blüthenmeer der Völker Hymnen loben,
Den eine Wunderblume krönt von Stein?
Eh' er zum Throne ward des Höchsten droben,
Durft' Calderon der Autos Dome weih'n!
Kein Meister Gerhard kam der Gottheit näher
Als Spaniens davidisch hoher Seher!

Kennt Ihr das Haus der Feen und Sirenen,
Den Traumpalast von feinem Filigran,
Alhambras Wunder, die des Mauren Sehnen?
Ihr schaut sie in des Spaniers Werken an,
Ihr mögt bei ihm Euch im Alcazar wähnen,
Den nicht zerstören kann der Zeiten Zahn!
Alhambra, Gralestempel, Hain von Palmen
Sind seiner blüthenreichen Dichtung Psalmen!

Den Schmerzensschrei stößt aus, den Schrei der Schrecken,
Des Nordens Sohn, der Sänger Albions;
Er malt die grausig sich mit Schuld beflecken
Und nicht den Frieden kennen Calderons.
Der Menschheit Lenz, die Zeit der guten Recken,
Glänzt nur im Schimmer span'schen Helikons!
Des Südens Sohn, der frei von Zweifelsqualen,
Sieht trostreich immerdar der Gottheit Strahlen!

O glücklich Spanien, drin die Genien wohnen,
Murillos haben zweimal Dir geblüht,
Die eine Welt geschaffen von Visionen
Aus tiefem gottbegeistertem Gemüth
Und für die Sonne jener lichten Zonen,
Maria, mit des Christen Gluth geglüht!
Der Poesie Murillo, Deinem Sohne,
Reichst, Spanien, heute Du die Ehrenkrone!

O Volk, das siebenhundert Jahr' gestritten
Für Gott und seinen König, seine Ehr',
Für's Ideal gerungen und gelitten,
Hidalgos alle, all' Ein Ritterheer,
Der blankste Spiegel Deiner edlen Sitten
Ist Calderon, Dein ganzes Herz war er!
Du gabst die Blumen ihm zum reichsten Kranze,
Er beut verklärt sie Dir im Horebglanze!

Volk, das der alten Welt gab eine neue,
Die schöne jungfräuliche des Colon,
Das Werke schuf, dran sich der Ew'ge freue,
Die noch erhab'ner als das Parthenon,
Du lebst und Deine Ehre, Deine Treue,
In den Gestalten Deines Calderon!
Er ist das Siegel Deines Adelsbriefes,
Was Du gewesen, seine Lippe rief es!

Der Dich zu Sternen wußte zu entrücken,
Hielt in der „Stadt der Serenaden" an,
Führt' Dich in „Mantel= und in Degenstücken"
Zu Gracioso, Dame und Galan,

Und die die Abenteuer voll Entzücken
In diesen scherzbelebten Scenen sah'n,
Die seine Phantasie erschuf, die reiche,
Sie nannten sie „Calderonian'sche Streiche."*)

Bald was Du schaust, ist Sturm und Feuerregen,
Bald sanftes Säuseln, üppigweiches Licht;
Du träumst in der Romantik Lustgehegen
Mit ihm manch zartarkabisches Gedicht:
Es blühen tausend Blumen Dir entgegen,
Nur Wohllaut süß ist was Dein Sänger spricht;
Bezaubert stehst Du in dem Land der Mythen
Wie vor Ariostos holden Wunderblüthen!

Du sahst ihn Dramen dichten in Gefechten,
Ihn wie Ercilla groß in Schlacht und Sang,
Ihn wie Cervantes sich die Stirn umflechten
Mit Sängers Lorbeer in dem Waffengang:
Es weigerte der kriegerischen Rechten
Des Spaniers nie die Leyer ihren Klang,
Wie Lope ward in jener Zeit der Thaten
Dein Calderon zum Dichter und Soldaten!

Du sahst ihn an des Buen Retiro Teiche
Den Damen huld'gen und der heitren Kunst,
Sahst ihn in Philipps und Thaliens Reiche
Beglückt vom König und der Muse Gunst,
Sahst am Frohnleichnamstag den Greis, das bleiche
Gesicht gehüllet in des Weihrauchs Dunst,

---

*) lances de Calderon.

Begrüßt von Allen, die am Autoskarren
In Gottes Luft des heil'gen Spieles harren.

Wer so wie er sich selber ganz verloren,
In des Jahrhunderts Seele sich versenkt,
Ein schöner Spanien aus sich selbst geboren,
Der Ehre Codex seinem Land geschenkt,
Prangt in den Reih'n der Civilisatoren,
Die zu dem Edelsten ihr Volk gelenkt!
Von ihm fließt über Dich ein Strom von Segen,
So schlage dankbar ihm Dein Herz entgegen!

Zweihundert Jahre sind dahingegangen,
Seit er der Heimath duft'ge Blüthen ließ,
Der Erde Sterne, die vergänglich prangen,
Vertauscht mit Blumen in dem Paradies,
Mit jenen Sternen, die er voll Verlangen
Als nimmerwelke Himmelsblumen pries.
Dein Sänger, Spanien, ging im Mai von hinnen,
Um ew'gen Mai dort oben zu gewinnen!

So lang Du sein gedenkst, der hoch ob Allen
Schwebt wie der Adler des Hesekiel,
So lang zu seinem Preise Lieder schallen,
Scheint, Spanien, Deines Ruhmes Sonne hell!
Ist auch das Scepter Deiner Hand entfallen,
Was ist das Sein? Ein Traum, entschwunden schnell!
Er aber ist unsterblich Dir verblieben,
So mögst Du ewig Deinen Sänger lieben!

Vom Rheine schall' sein Lob zum Manzanares
Und von der Newa zu des Betis Strand!

Ein Deutscher war es, ja ein Deutscher war es,*)
Der Calderon, den großen, ganz erkannt,
Dem Volk des Cid erschloß sein wunderbares
Genie, das eine Welt in Zauber bannt!
So komm' denn Deutschland heut' mit Kranz und Leyer
Zu Calderons, des Dichterfürsten, Feier!

Verklärter Sänger, nur mit scheuem Zagen
Sprech' zum Olympier ich heut', zu Dir!
Wenn allzu kühn mein ungestümes Wagen,
Du warst ja milde stets, verzeihe mir!
Nur was Du selbst schufst kann Dein Loblied sagen!
Singt Ihr, Ihr Hehren! Ich verzweifle schier.
Gestalten Deines Geist's, ich seh' sie steigen
An's Licht und lausch' in ehrfurchtsvollem Schweigen.

———————

*) Böhl von Faber, der Vater Fernan Caballeros.

Sonettenkranz auf Calderon.

Der standhafte Prinz:

Heil König Dir der christlichen Poeten!
Du brachtest auf der Dichtung Hochaltar
Dem Ewigen das reinste Opfer dar
Von Sphärenklängen, Hymnen und Gebeten!

Mich, der im Glauben Lorbeer, Licht und steten
Wegweiser fand und für ihn standhaft war,
Im Siegerglanz entstieg der Todtenbahr',
Laß dankend mich vor Dich, Du Sel'ger, treten!

Als mich die Nacht, die düsterste, umfangen,
Als bettelnd ich darniederlag im Staube,
Erhob ich plötzlich mich aus meiner Blöße:

Du liehst mir Worte, die zermalmend klangen
Wie aus der Wahrheit Reich, es gab der Glaube
In tiefster Nacht mir überirb'sche Größe!

Sigismund:

(Der Held des Dramas: „Das Leben ein Traum".)

Du hast den Traum zum Lehrer mir gegeben:
Dem Thier gleich war ich in der Wuth, der blinden,
Da sah ich mit der Stunde Glück entschwinden
Die Krone mir, ich glaubt', ich trüg' sie eben.

Es ist ein Schatten nur, ein Traum, das Leben!
Du ließest mich das einzig Gült'ge finden,
Die Ewigkeit, mich selbst mich überwinden,
In dieses Lebens Traum zum Guten streben!

Denn ob das Leben auch ein Traum, verloren
Ist doch das Gute nimmermehr auf Erden,
Und ewig soll mein Beispiel offenbaren:

Der Erde Pomp ist Feuer nur der Thoren,
Das bloß ein Windhauch läßt zu Asche werden,
Drum folgt dem Ruhm, dem göttlichen, dem wahren!

—

Cyprian:

(Der wunderthätige Magus.)

Wie Doktor Faust hatt' ich mich der Magie
Geweihet und von Liebesdrang getrieben
Dem Teufel meine Seele gar verschrieben:
Die Christin, die ich liebt', Gott schützte sie!

Statt ihrer faßt' ich ein Skelett: „O sieh',
Was von der irb'schen Herrlichkeit geblieben!
Wer möchte Staub und Wind und Asche lieben?"
Da opferten wir Gott uns: er verzieh!

Hat doch der Himmel nicht so viele Sterne,
Hat doch so viele Funken nicht das Feuer
Als der Allgütige verzeihet Sünden!

Mein Märtyrthum bringt in der Zeiten Ferne
Durch Dich, selbst durch der Hölle Ungeheuer
Läßt meine Seligkeit in Gott Du künden!

***

Die Königin von Saba:
(Die Heldin des Autos: „Der Baum der bessern Frucht" und des
Dramas: „Die Sibylle des Orients".)

Du sahst den Wunderbaum, o Calderon,
Der von dem Baume der Erkenntniß stammte,
Mich plötzlich mit Prophetengluth entflammte,
Daß ich ihn kündete vor Salomon.

Von Adams Grab kam er zum Libanon,
Daß süße Frucht er trag' für die gesammte
Gefall'ne Menschheit, die zum Tod verdammte,
Für die der Heiland trägt den Sieg davon!

Es pries den Baum, den Laub der Ceder schmückte
Zugleich mit dem der Palmen und Cypressen,
Des Orients Sibylle, die verzückte!

In seinem Schatten hast auch Du gesessen,
Den Gott gleich mir begnadet' und beglückte
Mit einem Gnadenschatz, der unermessen!

———

Semiramis:
(Die Heldin der Tragödie: „Die Tochter der Luft".)

Du, der ein Dichter war mit hundert Seelen,
Ein Philosoph gewesen aller Zeiten,
Sahst in der Fülle mich der Herrlichkeiten,
Von der die Gärten Babylons erzählen.

Ich war ein Dämon, den Phantasmen quälen:
Als ich zu Tode sank im heißen Streiten,
Sah meine Opfer ich vorüberschreiten:
Sie fielen, daß allein ich könnt' befehlen!

Ich war der Ehrgeiz, der das Reich entriß
Dem Sohn, in das Gewand des Sohns gehüllet,
Die Tochter ich der Luft, Semiramis!

Den weiten Erdkreis hat mein Ruf erfüllet,
Doch was bin ich, erloschener Komet,
Vor Deiner Sonne, Feuersfohn, Poet?

———

Der Alcalde von Zalamea:

Der stolze Wahlspruch war der Dein' und meine:
„Man soll dem König geben Gut und Blut,
Doch nicht die Ehre, die der Seele Gut,
Denn Herr der Seele, das ist Gott alleine!"

Ich sah entehrt die Tochter, ach die reine,
Da ward als Schultheiß mir des Dorfes Hut;
Ich traf den Frevler, zähmte meine Wuth,
Fleht' auf den Knie'n um Sühne, er gab keine!

Er Hauptmann, ich Alcalde nur der Bauern!
Den Richterstab erhob ich als der Rächer
Der Ehre — wer entreißt mir den Verbrecher?

Erdrosselt sieht mein König ihn mit Schauern!
Durch Königshuld auf Lebenszeit Alcade,
Bin ich's auf ewig nur durch Dichtersgnade!

Der Gracioso:

Da stehen sie, die Helden Deiner Dramen,
Im Feierkleid den Sänger zu besingen!
Ich kann nichts Andres als die Pritsche schwingen,
Die lust'ge schwang ich oft in Deinem Namen.

Drum in den edlen Kreis der Herrn und Damen
Laß auch den heitern Gracioso bringen!
Ich bin Naturmensch, laß auch den Geringen
Dir nah'n wo Jene voll Hyperbeln kamen!

Ich bin des Volkes ächte Stimme: wären
Wir Graciosos nicht mit Dir im Bunde,
So könntest nicht ergötzend Du belehren!

War rauh der Ton, der kam aus meinem Munde,
Du mocht'st mich doch in keinem Stück entbehren:
Ich dank' Dir für die Ehr' in dieser Stunde.

Sonett an Don Juan Eugenio Hartzenbusch zur Calderonfeier.

Ein Zeuge komm' ich der erhab'nen Feier,
Die Spanien seinem Calderon bereitet,
Und denke Dein, der liebevoll geleitet
Der span'schen Dichtkunst jugendlichen Freier.

Du, der des kindlichen Gemüthes Schleier
Stets über Deinen hohen Geist gebreitet,
Der Calderon in Himmelshöh'n begleitet,
Sei heut' mit ihm gegrüßt von deutscher Leyer!

Ob still und schüchtern Du, der Nachgebor'ne,
Verschwand'st im Leben zwischen den Gestalten,
Die Deine Phantasie erschuf, die kühne,

Mit ihm vereint bist Du der Auserkor'ne,
Sein Fest ist Deins und mit ihm wirst Du halten
Das Scepter als der Fürst der span'schen Bühne!

Zur Feier des zweihundertjährigen Todestages Calderons.

Zweihundert Jahre — eine lange Zeit!
Und doch ein Tropfen nur zur Ewigkeit —
Zweihundert Jahre sind's, seitdem gestorben
Ein Dichter, der sich höchsten Ruhm erworben,
Der große Sohn Hispaniens, dessen Geist
In jedem Werk der Erde uns entreißt
Und wie auf Adlerschwingen uns erhebt
In jene Sphären, da er selbst nun lebt,
In dessen Verse zauberhafter Schöne
Es wie Gesang erklingt, wie Harfentöne,
Und mit dem Wohllaut Kraft und Gluth sich eint,
Der in der Sprache uns ein Maler scheint,
Da unschöpflich stets in neuen Bildern
Er farbenprächtig Alles weiß zu schildern —
Ein Dichter, der das Beste uns gegeben
Und der nur starb, um ewig fort zu leben! —
Nicht Spanien nur, und nicht sein Volk allein
Denkt in Verehrung mit Begeist'rung sein:

Nein überall, wo Calderon bekannt,
Wird er von Alt und Jung mit Lob genannt,
Und was er schuf, gepriesen und bewundert,
Ob zweimal auch erneut sich ein Jahrhundert,
Denn nur Gemeines wird zum Raub der Zeit,
Doch wahrer Größe blüht Unsterblichkeit! —
Drum hat sich heut', an seinem Todestag,
Da im Verklärungsglanz sein Auge brach,
Vereint in Süd und Nord, in Ost und West,
Der Völker Zahl, ihm zum Erinn'rungsfest,
So zeigen Alle, daß sie nicht vergessen,
Was sie an ihm besitzen und besessen!
Auch unser deutsches Volk, das ohne Neid
Der Fremde Größen ehrte jeder Zeit,
Bringt huldigend den Kranz des Ruhmes dar
Ihm, der bei uns schon lange heimisch war,
Der neben Shakespeare, neben Schiller, Goethe,
Gebracht des neuen Geistes Morgenröthe,
Ein Vorbild und ein Leitstern für so Viele,
Die seiner Bahn gefolgt zu hohem Ziele.
Und wenn der Alltagsruhm so Manchen lockt,
Wenn Gaukeltrug der Menge Sinn verstockt,
Dann ziemt's uns wahrlich, eingedenk zu sein
Der Geister, die gedient der Kunst allein,
Und uns an ihren herrlichen Gedichten
Beim drohenden Verfall empor zu richten.
Und bringt als Segen auch die Feier heut',
Die Calderons Gedächtniß uns erneut,
Daß wir zum Idealen wieder streben,
Dem er geweiht sein Schaffen und sein Leben:
Dann trägt sie uns den hoffnungsreichsten Samen

Und schmückt mit neuem Glanze seinen Namen. —
So laßt denn Arm und Reich und Alt und Jung,
Die fern und nah ihm bringen Huldigung,
An seinem Grab geloben uns und schwören:
Kein leerer Schein soll unser Herz bethören,
Dem Edeln nur, dem Schönen werde Gunst
Im hehren Reich der Poesie und Kunst!
Und ihm, der stets geopfert rein und wahr
An Gottes und der Musen Hochaltar,
Dem Dichter, der Unsterblichkeit errungen,
Ihm schalle von den Völkern aller Zungen
Ein Lobgesang im hellsten Jubelton:
„Heil Calderon! Heil Spaniens großem Sohn!"

Stuttgart 1881.　　　　　　　Moritz Blandarts.

Zur Calderonfeier.

I.

Salamanca! Salamanca
Du warst dieses Dichterfürsten
Sonnenaufgang! Winterblüthe —
Ward er einst im Mai begraben!

Auf dem Haupt trug er die Krone
Der Gedanken! In den Haaren
Schnee des Alters, doch im Herzen
Unvertilgbar hohe Liebe!

War er doch der ehrenwerthe
Weitberühmte Caballero
Dreier Herrscher, das Orakel
Ihres Hofes, feiner Sitte!

War er doch der Musen Vater,
War er doch der Stern der Bühne:
Edel, fromm und keusch, erhaben —
War er doch der Stein der Weisen

Die Bewunderung der Menschen
Seiner Zeit — ein Herz voll Güte,
Ohne Haß und Eigendünkel,
Ohne Feinde! War er doch

Eine Stütze der Verlaß'nen,
So bescheiden als gepriesen,
So bewährt in Wort als Thaten:
Dichter, Priester, Ritter, Held! —

II.

Also rühmen ihn die Spanier,
Und mit solchem stolzen Lobe
— Fast zu viel für einen Menschen —
Rühmt ihn auch mein Vaterland!

Schmückt mit seinen besten Gaben,
Kränzen, Liebern und Gebeten
In dem stillsten aller Tempel
Seinen Marmorsarkophag!

Sagt ihm: nach 200 Jahren
Bist Du mir wie jüngst gestorben,
Bist Du mir wie neu geboren,
Bist Du Geist von meinem Geist! —

Stuttgart 1881.　　　　　Julius von Günthert.

A Calderon.

Soneto.

Insigne Calderon! Tu nombre llena
Con su gloria los ámbitos del mundo,
Entre rivales mil el más profundo
De cuantos honran nuestra pátria escena.

Tu colosal figura me enagena,
Y ante ella prosternado me confundo,
Al ver que áun hoy se ostenta sin segundo
El raudal puro de tu rica vena.

Tú alcanzaste, cruzando el firmamento
Por anchos golfos de záfirea lumbre,
Del génio galardon, creadora llama.

Hespéria así con vigoroso aliento,
Del Parnaso admirándote en la cumbre,
Rey de sus vates férvida te aclama.

Sevilla.   Francisco Rodriguez Zapata.

Uebertragung des spanischen Sonettes des D. Francisco Rodriguez Zapata.

O Calderon, mit seinem Glanz, dem hehren,
Füllt Deines Namens Ruhm die Weltenhallen!
Du bist der tiefste von den tausend allen,
Die unsre vaterländ'sche Bühne ehren!

Nicht kann ich höchsten Staunens mich erwehren,
Ich muß vor Dir, dem Riesen, niederfallen,
Seh Deinen Dichtergeist ich heut' noch wallen
In reinem Strom gewaltig gleich den Meeren!

O Du, der durch das Firmament gedrungen
In breite Golfe saphirheller Lichter,
Hast Schöpfergluth, des Genius Lohn, errungen!

Dich preist Hesperiens Mund, bewundernd spricht er:
„Der sich zum Gipfel des Olymps geschwungen,
Ich grüße Dich als König meiner Dichter!"

A Calderon.

Soneto.

Niño era yo, y apenas discernia
Los signos que dan cuerpo al pensamiento,
Cuando tu extraño y varonil acento
Con balbuciente labio repetia.

Aun no toda su fuerza comprendia,
Ni alcanzaba á medir su atrevimiento;
Mas en él por oculto sentimiento
Raudal feliz de inspiracion bebia.

Despues mi canto férvido, sonoro,
Vibró ensalzando la virtud, la gloria,
Únicos astros cuya lumbre adoro.

Y hoy, que te admiro en la española historia,
Que estudio de tus obras el tesoro,
Me faltará un recuerdo á tu memoria? . . .

Narciso Campillo.

Uebertragung des spanischen Sonettes
des D. Narciso Campillo.

Ein Kind noch, unterschied ich kaum die Zeichen,
Die dem Gedanken erst den Körper geben,
Als meine Lippe, mocht' sie stotternd beben,
Sprach Deine Töne, männlich ohne Gleichen.

Noch faßt' ich nicht die Kraft, die sie erreichen,
Die Kühnheit nicht, zu der sie sich erheben,
Doch schon durch des Gefühls geheimes Weben
Trank ich daraus Begeist'rungsstrom, den reichen!

Dann zu der Tugend und des Ruhmes Preise,
Der einz'gen Sterne, drauf mein Aug' ich richte
Verehrungsvoll, klang meines Liedes Weise.

Und heut', da in der spanischen Geschichte
Ich ganz Dich schau' in Deines Lichtes Kreise,
Sollt' ich Dich heut' nicht preisen im Gedichte?

Dr. Joh. Fastenrath, Calderon.   3

Al eminente poeta español
D. Pedro Calderon de la Barca
en la fiesta de su Centenario.

Soneto.

Tras luengo plazo de ominoso olvido
Torna España á evocar tu noble historia,
Enaltecer ansiando la memoria
Del renombrado Vate esclarecido.

Cual astro por la niebla oscurecido
En tu patria mirábase tu gloria,
Mientra en justa y magnífica victoria
Era en el Rhin tu nombre repetido.

Hesperia al fin honrándose en tu fama,
Oh insigne Calderon, que el orbe admira,
Láuros te ofrece y férvida te aclama.

En tan digna ovacion mi alma se inspira;
Mas de tu génio á la esplendente llama
Tiembla mi humilde voz, calla mi lira.

Colonia.   J. Fastenrath

Uebertragung meines spanischen Sonettes auf Calderon.

Jetzt ist zu Ende des verhängnißvollen
Vergessens Frist, die ach gewährt so lange,
Da, edler Sänger, heut' mit hellem Klange
Die Spanier Dein Gedächtniß feiern wollen.

Nie hätte sich in Nebel hüllen sollen
Dein Ruhmesstern, o Meister Du im Sange,
Im Vaterland, indeß aus inn'rem Drange
Sie Deinem Namen Preis am Rheine zollen!

In Deinem Ruhm will sich Hesperien ehren,
O Calderon, vor dem die Welt sich neiget,
Und jubelnd möcht' es Deinen Lorbeer mehren.

Begeist'rungsgluth in meiner Seele steiget,
Doch ob der Flamme Deines Geists, des hehren,
Erbebt die Stimme mir, die Leyer schweiget!

Calderons Leben und Werke.

I.

Von dem größten dramatischen Dichter Spaniens, der
der Stolz der Weltliteratur und, wenn er auch erst Soldat
und später Priester wurde, doch von seiner fröhlichen, stür=
mischen Jugend bis an das Ende seines ehrenreichen, fried=
lichen Greisenalters, von immer gleicher Schaffensfreude er=
füllt, dem Dienst der Musen und seinem wahren Beruf, dem
des Dramatikers, treu blieb, besitzen wir nur eine einzige
Lebensbeschreibung, die mit dem Pomp spanischer Wortfülle
geschriebene, aber nur unvollständige seines Freundes D. Juan
de Vera Tásis y Villarroel. Doch das Wenige, was wir
von ihm wissen, genügt, um ihn als ein idealisch schönes
Bild spanischer Ritterlichkeit, als Lehrmeister kastellanischer
Ehre, als Muster aller gesellschaftlichen Tugenden, als Wohl=
thäter der Armen, als liebevollsten Freund, als verständigsten
Rathgeber, als Edelmann von Geburt und Gesinnung zu
lieben und zu bewundern, der so frei von Neid war, daß
sich Keiner getraute ihn zur Zielscheibe seines Neides zu machen,

und was sein Biograph uns verschweigt, sagen uns seine
zahlreichen Werke, in denen wir das Herz des großen Mannes,
des frommen, gläubigen, aber nicht fanatischen Katholiken,
die glühendste Verehrung der Gottheit, innigste Liebe zur
Natur und zarte Keuschheit, den Sinn des Spaniers für das
Wunderbare und die bis zur Exaltation gesteigerte Reizbar-
keit seines Ehrgefühls, den allem Niedern und Gemeinen ab-
gewandten Geist des Philosophen, die Seele des weisen Sit-
tenlehrers, die mit Besonnenheit und Klarheit gepaarte Begeisterung des Künstlers, den hohen Schwung und die mächtige
Phantasie des gottbegnadeten Dichters erkennen, der es vorzog,
den Besten seiner Zeit genug zu thun, den Gipfel des spanischen Parnasses ohne Führer zu erklimmen und fast das
ganze 17. Jahrhundert hindurch dem spanischen Theater als
heller Stern zu leuchten, statt nach Rang und Würden im
Heer, am Hof oder in der Kirche zu trachten.

Don Pedro Calderon de la Barca, der uns als
überaus freundlich in seinem Umgang geschildert wird, erscheint nach dem Bild, das von ihm uns überkommen, als
ein Mann von ernsten Gesichtszügen, mit lebhaftem, durch-
bringendem Blick und hoher Stirn, die die Tiefe seiner Gedanken verkündet. Bescheiden wie er war, lebte er, auch als
das Glück ihm lächelte und er auf der Brust das Kreuz der
Ritter von St. Jago trug, in Madrid in einem engen und
wie die meisten Wohnungen jener Zeit unansehnlichen Hause
der Calle Mayor, das mit der Nummer 95 bezeichnet ist
und sich durch einen Denkstein als Wohnung des Dichters
zu erkennen giebt.

Dieser wurde geboren in Madrid, am 17. Januar
1600, als der Sohn eines Edelmanns, Don Diego Calderon
de la Barca, der unter Philipp II. und Philipp III. die

Stelle eines secretario de cámara del Consejo de Hacienda bekleidete und aus seiner Ehe mit der edlen Doña Ana Maria de Henao, deren Ahnen aus Mons im Hennegau stammten, drei Söhne und eine Tochter hatte, die als Nonne ein Jahr nach ihrem Bruder, dem großen Dichter, starb. Pedro empfing von seinen sittenreinen Eltern eine christliche Erziehung und kam als neunjähriger Knabe in die Jesuitenschule zu Madrid, wo er Rhetorik und Poetik lernte und durch so große Frühreife sich auszeichnete, daß er noch vor dem vollendeten fünfzehnten Jahr die Universität Salamanca besuchen konnte, auf der er bis zum Jahr 1619 dem Studium der Mathematik, Philosophie, Geographie, Chronologie, Geschichte und Rechtswissenschaft oblag. Noch vor seiner Studentenzeit schrieb er, kaum über 13 Jahre alt, sein erstes dramatisches Werk: „El Carro del Cielo" (Der Wagen des Himmels), das leider verloren gegangen, und als 20jähriger Jüngling zeigte er in dem von mystischer Romantik erfüllten Drama „La Devocion de la Cruz" (Die Andacht zum Kreuz), dem er 2 Jahre später das von Corneille in seinem „Heraclius" benutzte Schauspiel „En esta vida todo es verdad y todo mentira" (In diesem Leben ist Alles Wahrheit und Alles Lüge) als Vorläufer seines philosophischen Dramas „La Vida es sueño" folgen ließ, schon die volle Größe seines Genius, dem es vergönnt war, mit dem am 3. März 1680 im Buen Retiro aufgeführten Schauspiel „Hado y divisa de Leonido y de Marfisa" (Loos und Spruch von Leonido und Marfisa), dem Werk des 80jährigen, eine lange, ruhmvolle Dichterlaufbahn würdig zu schließen. 1620 und 22 betheiligte er sich an den poetischen Wettkämpfen, die bei Gelegenheit der Beatification und Kanonisation San Isidors stattfanden, und trug einen der Preise davon. Von 1619 bis 1625 weilte er in Madrid, wir

wissen nicht, ob ohne Anstellung oder im Dienst eines großen
Herrn. Es gielt in Spanien als ausgemachte Sache, daß
er, dessen poetischer, ritterlicher Geist und gefühlvolles Herz
sich leicht dem Zauber der Liebe hingaben, damals in den
Straßen der Hauptstadt, in die capa, den spanischen Mantel,
gehüllt, die Toledanerklinge im Gürtel, als Theilnehmer an
nächtlichen Liebesabentheuern vor dem Gitterfenster einer
Schönen eine ähnliche Rolle gespielt habe wie die Galane
seiner unerreichten Intriguen = Lustspiele oder Degen= und
Mantelstücke (Comedias de capa y espada), in denen das
Leben immer auf der Degenspitze schwebt, aber Liebe und
Ehre unwandelbar bleiben: waren doch damals, wie die
Gräfin d'Aunoy in zwei Briefen, datirt Madrid den 27. Juni
und den 25. Juli 1679, schreibt, die nächtlichen Cavalcaben
zu Ehren der Damen ganz allgemein in Madrid, und lebte
doch Calderon in einem Lande, das die erwähnte französische
Dame nach Allem, was sie gehört, für das Vaterland der
Liebe halten mußte. Sicher ist, daß der heißblütige Jüngling
damals in Madrid mehr als einmal sein Schwert zog und
der tyrannischen Gottheit: Ehre den verlangten Tribut zahlte.

1625 ward er Soldat und als Sohn eines Landes, in
dem Schwert und Leyer immer in Einklang und der militä=
rische Ruhm mit dem literarischen unauflöslich verbunden, wußte
er den Dienst der Musen mit dem der Waffen zu einen. Sol=
daten waren sie ja fast alle, die größten Geister Spaniens: Sol=
bat war der unsterbliche Cervantes, „el Príncipe de los ingenios"; Soldat war der süßeste der spanischen Lyriker, Garcilaso;
der größte spanische Epiker, D. Alonso de Ercilla, und der Vater
des spanischen Theaters, Lope de Vega; Soldaten die Geschicht=
schreiber Mendoza, Moncaba und Melo, und mit dem Helm des
Kriegers bedeckte sein Haupt selbst der originellste spanische Philo=

ſoph, Raimundo Lulio. Calderon wurde Soldat, denn damals
erwarb ſich den Namen eines Caballero nur der, der in den
Waffen ſeine Tapferkeit und Geſchicklichkeit erprobt; um für
einen vollkommenen Mann zu gelten, mußte man Beides
zugleich, Feder und Degen, zu handhaben wiſſen, und das
Patent des Genies mußte, wie mit Recht der ſpaniſche Akademiker D. Cayetano Roſell in ſeiner vor 2 Jahren im
Almanach der Madrider „Ilustracion Española y Americana"
veröffentlichten Biographie Calderons ſagt, auf dem Schlachtfeld contraſignirt ſein. Poetiſcher hat Niemand den Soldaten-
ſtand als Calderon in dem romantiſchen Schauſpiel „Para
vencer á amor querer vencerle" (Um Liebe zu beſiegen,
muß man ſie beſiegen wollen) durch den Mund des D. César
verherrlicht, indem er ihn als eine Religion ehrbarer Männer
preiſt und das Heer die beſte Republik nennt, in der nicht
der ererbte, ſondern der erworbene Adel gilt und nicht das
Kleid die Bruſt, ſondern die Bruſt das Kleid ſchmückt.

Als erſtes Schauſpiel, welches der Dichter als Soldat
ſchrieb, nennen wir „El Sitio de Breda" (Die Belagerung
von Breda).

Von 1625 bis 1635 wurden, während der Dichter im
Felde war, 25 Theaterſtücke deſſelben, die faſt alle zu ſeinen
Meiſterwerken zählen, in Madrid aufgeführt. Es ſind dies
das romantiſche Drama „El Jardin de Falerina" (Der Garten
der Falerina), das eine Heldenthat Ritter Rolands behandelt;
das Intriguen-Luſtſpiel „Casa con dos puertas mala es de
guardar" (Ein Haus mit zwei Eingängen iſt ſchwer zu hüten),
und die Krone der Degen- und Mantelſtücke: „La Dama
Duende" (Die Dame Kobold), ein Luſtſpiel, in dem Alles
erquickender Blüthenduft iſt und das ebenſo wie die beiden
vorher genannten Theaterſtücke 1629 entſtand; ferner die

reizenden, poetiſchfriſchen Luſtſpiele „Peor está que estaba"
(Es ſteht ſchlimmer als es ſtand) und „Mejor está que
estaba" (Es ſteht beſſer als es ſtand) aus den Jahren 1630
und 1631; das Scherzſpiel „El Astrólogo fingido" (Der
erdichtete Sterndeuter), das bezaubernde Luſtſpiel „La Banda
y la Flor" (Die Schärpe und die Blume) vom Jahre 1632,
das, um mit Valentin Schmidt zu reden, die Mißlichkeit des
Umganges mit den Fürſten, da wo die allen Menſchen natür=
lichen Leidenſchaften aufgeregt ſind, mit großer Wahrheit dar=
ſtellt; ferner das Drama „Un castigo en tres venganzas"
(Eine Strafe mit drei Sühnungen), das bewundernswerthe,
wenn auch für unſer Gefühl herbe und verletzende Trauer=
ſpiel aus dem Jahr 1633: „El Médico de su honra" (Der
Arzt ſeiner Ehre), das 1634 verfaßte unvergleichliche, ſym=
boliſch=philoſophiſche Drama „La Vida es sueño" (Das Leben
ein Traum) und folgende Stücke aus dem Jahr 1635: das
Intriguenſpiel „Con quien vengo, vengo" (Wem ich folge,
dem folge ich), welches das Ehrengeſetz für den Edelmann
enthält, dem beizuſtehen, mit dem er gekommen; die Schick=
ſalstragödie „El mayor monstruo los celos" (Eiferſucht das
größte Scheuſal), das romantiſch=mythologiſche Drama „El
mayor encanto amor" (Ueber allen Zauber Liebe), das Ver=
wickelungsſtück „Bien vengas mal, si vienes solo" (Willkom=
men, Unglück, wenn du allein kommſt), das bereits erwähnte
„Para vencer à amor querer vencerle," das Luſtſpiel „El
Galan Fantasma" (Der Liebhaber als Geſpenſt), aus dem
der Dichter ein Seitenſtück zur „Dame Kobold" machen wollte;
das herrliche, poeſievolle und verwickelungsreiche Drama
„Basta callar" (Schweigen genügt); das Heiligendrama „El
Purgatorio de San Patricio" (Das Fegefeuer des heil. Patri=
cius); das farbenprächtige Drama „La gran Cenobia"; das

aus einem spanischen Ritterroman geschöpfte und im extra-
vaganteſten Wunderbaren ſchwelgende Schauſpiel „La Puente
de Mantible" (Die Brücke von Mantible); das Schauſpiel
aus der ſpaniſchen Geſchichte „Saber del mal y del bien"
(Wohl und Weh), welches die Launen der Schickſalsgöttin,
die nach Willkür erhebt und ſtürzt, als das Element darſtellt,
in welchem die Geſinnung des edlen Mannes ſich läutert;
die wunderbare Tragödie „El Príncipe constante" (Der ſtand-
hafte Prinz), die als ächtchriſtliches Drama, ebenſo wie „El
Mágico prodigioso" und „La Vida es sueño", zu den koſt-
barſten Edelſteinen im Diadem der calberonianiſchen Muſe
gehört; das von einem tiefen Gedanken beſeelte und auch in
der Form anmuthige romantiſche Schauſpiel „Lances de
amor y fortuna" (Fälle der Liebe und des Glückes) und das
Mantel- und Degenſpiel „Mañana será otro dia" (Morgen
iſt auch ein Tag). Erwähnt iſt hierbei nicht das Drama
„Amor, honor y poder" (Liebe, Ehre und Macht), das zu
den ſchwächſten des Dichters gehört und zu Hauptperſonen
Eduard III., König von England, und Eſtela von Salveric
(die Gräfin von Salisbury) hat.

Calderon, der von ſich wie ſein Ulises in „El mayor
encanto amor" (Ueber allen Zauber Liebe) ſagen konnte:

> „Aunque inclinado à las letras,
> Militares escuadrones
> Segui; que en mi se admiraron
> Espada y pluma conformes;"

(Obgleich Freund der ſchönen Wiſſenſchaften, bin ich doch
den Kriegerſchaaren gefolgt; denn an mir wurden Schwert
und Feder gleichermaßen bewundert),
ſtand zehn Jahre lang in den Reihen der tapferen ſpaniſchen
Soldaten in Mailand und Flandern, ohne indeß für ſeine

militärischen Dienste den verdienten Lohn zu empfangen; 1635 aber, als der Vater des spanischen Theaters, Lope de Vega, gestorben und nur Calderon im Stande zu sein schien, den „Fénix de los ingenios", das „Mónstruo de la naturaleza" (dies Wunder der Natur) zu ersetzen, rief ihn der König Philipp IV. an den Hof mit dem Auftrag, Stücke für die königlichen Theater zu schreiben, und verlieh ihm 1637 das Ritterkleid von St. Yago, eine Auszeichnung, die indeß wahrscheinlich mehr dem Dichter als dem Soldaten galt, die ihn aber dermaßen freute, daß er das rothe Zeichen dieses Ordens stets auf seinem Rittergewand und später auf dem schwarzen Priestermantel trug.

Bis 1640 blieb der gefeierte Dramatiker, nur für das Theater thätig, in Madrid, wo er 1636 die reizende, durch die Kunst der Verwicklung ausgezeichnete Komödie „El Escondido y la Tapada" (Der Versteckte und die Verhüllte) und das ernste Mantel= und Degenstück „La desdicha de la voz" (Das Unglück der Stimme) schrieb, in welchem die Gabe des Gesanges nur Unheil über ihre Besitzerin bringt. 1637 verfaßte er unter Anderem das als treues Sittenbild interessante Intriguenstück „Hombre pobre todo es trazas" (Der Arme macht lauter Schwindeleien), die gleich dem „Médico de su honra" furchtbare Tragödie „A secreto agravio secreta venganza" (Gegen geheimen Schimpf ge= heime Rache), die köstliche Posse „No hay burlas con el amor" (Mit der Liebe ist nicht zu spaßen) und das geniale, philosophische Heiligendrama „El Mágico prodigioso" (Der wunderthätige Magus). 1638 schrieb er die vortreffliche Komödie „No hay cosa como callar" (Nichts geht über Schweigen) und 1640 unter Anderem das äußerst lebendige, einen wahren Wirrwarr der Verwicklungen enthaltende Intriguen=

luſtſpiel „Los empeños de un acaso“ (Die Verwidlungen des Zufalls), und das intereſſante romantiſche Schauſpiel „Las manos blancas no ofenden“ (Die weißen Hände kränken nicht), das im Gedanken vortreffliche Schauſpiel „Mujer, llora y veucerás“ (Weine', Weib, und du wirſt ſiegen), das zur Heldin eine Fürſtin von Thüringen hat, während er in dem mythologiſchen Schauſpiel „Ni Amor se libra de amor“ (Auch Amor erliegt der Liebe) das liebliche Märchen von Amor und Pſyche behandelte.

Schon hatte er ſeit 1635 zwanzig Theaterſtüde auf die Bühne gebracht, als 1640 ein Aufſtand in Catalonien aus= brach, der die Ritter der Militärorden in's Feld rief. Der König aber wollte ſeinen geliebten Dichter nicht ziehen laſſen und beauftragte ihn deshalb ein Stüd zu ſchreiben. Es war dies die verloren. gegangene Komödie „Certamen de amor y celos“ (Wettkampf der Liebe und Eiferſucht), die auf dem großen Teiche des Buen Retiro auf ſchwimmendem ſceniſchen Apparat aufgeführt wurde. In aller Eile voll= endete ſie der ehrliebende Dichter, um dann als treuer Ritter der Fahne ſeines Ordens zu folgen und in Catalonien dem Heer des Conde-Duque de Olivares ſich anzuſchließen. 1644 ſchrieb er die würdigſte Verherrlichung des Chriſtenthums, das wunderherrliche Drama „La Exaltacion de la Cruz“ (Die Erhebung des Kreuzes\), das die Befreiung des heiligen Kreuzes aus der Haft des perſiſchen Königs Chosroes und deſſen Wiederaufrichtung im Tempel zu Jeruſalem durch den griechiſchen Kaiſer Heraclius im Jahre 629 zum Gegen= ſtande hat, und außerdem das wahrhaft maifriſche Luſtſpiel „Mañanas de Abril y Mayo“ (April= und Maimorgen), und nach dem Feldzug ging er 1648 in die Stille von Alba de Tórmes, wurde aber im folgenden Jahre durch ein königliches

Detret an den Hof Philpps IV. zurückgerufen, um die Feste und Triumphbogen für den Einzug der Königin Maria Anna von Oesterreich, mit der sich Philipp vermählt, zu entwerfen und zu beschreiben. Wie wenig selbstsüchtig der große Dichter war, geht daraus hervor, daß er die Autorschaft des umfang= reichen Werkes, in welchem er den Einzug der neuen Königin in elegantester Form beschrieben, einem Kammerherrn von Kastilien überließ.

Von 1649 bis 1651 schrieb er als Hofdichter in Madrid 25 Theaterstücke, unter denen sich Dichterwerke ersten Ranges befinden. Chronologisch geordnet, sind die folgenden die vor= züglichsten: das Intriguenstück und Meisterwerk der Charakter= zeichnung und Komik „Guárdate de la agua mansa" (Stille Wasser sind tief); die ergreifende Tragödie „El Pintor de su deshonra" (Der Maler seiner Schmach); das anmuthige, in blühendster Sprache geschriebene Lustspiel „El Secreto á voces" (Das laute Geheimniß) und der erste Theil der grandiosen Tragödie „La Hija del Aire" (Die Tochter der Luft), der ebenso wie die beiden letztgenannten Stücke 1650 erschien, während der zweite erst 1664 an's Licht trat; ferner die aus dem Jahre 1651 herrührenden Werke: das durch vollendete, eines Shakespeare würdige Charakterzeichnung be= rühmte Drama „El Alcalde de Zalamea" (Der Richter von Zalamea); das anmuthige, in der Manier des Lope de Vega gedichtete Lustspiel „El Alcaide de su mismo" (Der Aufseher über sich selbst); das lebensvolle Drama vom Aufstand der Morisken in den Alpujarras „Amar despues de la muerte" (Lieben bis jenseit des Todes), ein Stück, in welchem die Morisken als Opfer des Unglücks und der Uebermacht mit allen spanischen Tugenden ausgerüstet erscheinen; das Schauspiel „Amigo, amante y leal" (Freund, Liebender und

Unterthan), das die Collision verschiedener Pflichten behandelt; das im Farbenschmuck der Poesie schimmernde Drama „La Aurora en Copacabana" (Die Morgenröthe in Copacabana), das die Verklärung des Sonnencultus der Peruaner zum Christenthum meisterhaft darstellt und in der allegorischen Figur der Idolatria eine vorzüglich gelungene Personifikation des Götzendienstes enthält; die geniale, wahrhaft vollendete Tragödie „Los Caballos de Absalon" (Das Haar des Absalon), in der Val. Schmidt die glänzendste Recht= fertigung des Benehmens Philipps II. gegen seinen Sohn Don Carlos gefunden, die ein Spanier von seinem Stand= punkt aus geben konnte; ferner die interessante, in ebenso natürlicher wie kunstvoller Sprache geschriebene geschichtliche Tragödie „La Cisma de Inglaterra" (Die Kirchen= trennung von England), die im Gegensatz zur Verherrlichung der Elisabeth durch Shakespeare in seinem Heinrich VIII. der ketzerischen Königin den Makel der unehelichen Geburt anzuheften sucht; das phantastische Schauspiel „El Conde Lucanor" (Der Graf Lucanor); die schöne Komödie „¿Cual es mayor perfeccion?" (Welches ist größere Vollkommen= heit); die im Plan geistvolle, aber in Bezug auf die Sprache etwas kalte Komödie „De una causa dos efectos" (Aus einer Ursache zwei Wirkungen), in der die Wirkungen der Liebe nebeneinander gestellt werden, welche die Dummen klug und die Klugen dumm macht; das von des Dichters Frömmig= keit und unendlicher Kunst zeugende Drama von Chrysanthus und Daria „Los dos amantes del Cielo" (Die beiden Lieben= den des Himmels); die Lustspiele „Fuego de Dios en el querer bien" (Feuer des Himmels tilge der Liebe Gluth) und „El encanto sin encanto" (Der Zauber ohne Zauber), letzteres eine Nachahmung der „Dame Kobold"; die meister=

hafte, durch sittliche Reinheit strahlende Dichtung „Los Hijos de la fortuna, Teágenes y Cariclea" (Die Kinder der Fortuna, Theagenes und Chariklea); das wirkungsvolle Drama „El Josef de las mujeres" (Der weibliche Joseph), welches die Legende von der heiligen Eugenia behandelt; die Scenen aus dem Leben des „Luis Perez el Gallego" und das voll- endete Trauerspiel „La Niña de Gomez Arias" (Das Mädchen des Gomez Arias), dessen Glanzpunkt, die Rede der un- glücklichen Dorothea vor dem erbarmungslosen Gomez, wie Val. Schmidt mit Recht bemerkt, eine unergründliche Tiefe und unerschwingliche Höhe des Gefühles zeigt. Auch muß noch das geistliche Schauspiel „El gran Principe de Fez" (Der Großfürst von Fez), das reizende Lustspiel „Primero soy yo" (Zuerst komme ich) und das Lustspiel „Tambien hay duelo en las damas" (Auch die Frauen haben ihre Ehrensachen) genannt werden.

Plötzlich, im Jahre 1651, sehen wir den großen Dichter, vielleicht von dem Wunsche beseelt, nach den Stürmen seiner Jugend und seines Mannesalters im Frieden der Kirche in ehrenvoller Stellung otium cum dignitate zu genießen, in den Priesterstand eintreten. Nicht befremden kann uns dies bei einem Manne, der schon im Frühling seines Lebens in dem dramatischen Gedicht „La Devocion de la Cruz" seinen tiefreligiösen Sinn kundgegeben. Aber auch als Priester des Herrn hörte er nicht auf, was für ihn ein Gebot der Noth- wendigkeit war, dramatischer Dichter zu sein, indem er von jetzt an weltliche Stücke nur im Auftrag des Königs und, sein Greisenhaar mit dem Lorbeer Zions schmückend, theo- logische Dramen über das Mysterium des heiligen Abendmahls (Autos sacramentales) schrieb. Gleichwohl wissen wir aus einem Briefe, den er um's Jahr 1653 an den Patriarchen

von Indien richtete, daß selbst dies dem stets katholischen,
orthodoxen und frommen Priester von gewisser Seite verdacht
wurde, als ob das Priesteramt mit der Poesie unvereinbar
sei. Philipp IV. aber verlieh ihm 1653 eine Kaplanstelle
an der Kathedrale zu Toledo und fügte 10 Jahre später
eine Stelle bei der königlichen Kapelle hinzu, deren Einkünfte
er noch durch eine Pfründe in Sicilien vermehrte. Im
Jahre 1663 trat der Dichter und Priester in die Congregacion
de Presbiteros naturales de Madrid, die er auch zu seiner
Universalerbin einsetzte. Dreißig Jahre lang war er noch
unausgesetzt thätig, ohne daß die Gluth seines Gefühles
erloschen. Man könnte sein eigenes oft gebrauchtes Bild
auch auf ihn anwenden: er war ein Aetna, der das Feuer
unter dem Schnee der weißen Haare verbirgt. Und um
mich eines schönen Vergleichs des D. Patricio de la Escosura
zu bedienen, wie der weiße Schwan, der an einem heißen Tage
auf den stillen Wassern eines friedlichen Sees ruhig nach dem
schattigen Ufer schwimmt, schritt Calderon dem sicheren Hafen
seiner Lebensfahrt, dem Grabe, zu. Der Tod Philipps IV.
beraubte ihn eines Gönners, aber wenn ihn auch der apathische
Karl II. nicht so wie sein Vorgänger schätzte, so blieb ihm
doch der Beifall des Publikums ungeschmälert.

1652 schrieb er unter Anderem die Komödie „Cada una
para sí" (Jeder für sich allein) und „No siempre lo peor
es cierto" (Nicht immer ist das Schlimmere gewiß); 1653
die Oper „Andrómeda y Perseo"; 1656 das treffliche Drama
aus der spanischen Geschichte „Gustos y disgustos son no
más que imaginacion" (Neigung und Abneigung liegen nur
in der Vorstellung) und das tiefsinnige mythologische Festspiel
„Amado y aborrecido" (Hier geliebt und dort verschmäht),
in welchem der Dichter die Liebe als das stärkere Gefühl

in der Seele des Menschen über den Haß siegen läßt; 1660 schrieb er die 1aktige Zarzuela*) „La púrpura de la rosa" (Der Purpur der Rose) und das liebliche Schauspiel „El Castillo de Lindabrídis" (Das Schloß der Lindabridis), das alle Anmuth der phantastischen Ritterromane enthält; 1662 verfaßte er das Intriguenstück „Dar tiempo al tiempo" (Man muß der Zeit Zeit lassen), das vorzügliche „Antes que todo es mi dama" (Meine Geliebte über Alles), das feine Lustspiel „Dicha y desdicha del nombre" (Glück und Unglück des Namens) und das geniale mythologische Drama „Celos áun del aire matan" (Eifersucht selbst auf die Luft tödtet). Im Jahr 1664 entstand der zweite Theil der Tragödie „La Hija del aire", der den ersten noch überragt. 1666 folgten die mythologischen Schauspiele „Eco y Narciso" und „El Mónstruo de los Jardines" (Das Wunder der Gärten). 1667 schrieb er das großartige Drama, das den Stempel der Vollendung trägt: „El postrer duelo en España" (Der letzte öffentliche Zweikampf in Spanien) und 1679 bearbeitete er in dem mythologischen Festspiel „La estatua de Prometeo" (Die Bildsäule des Prometheus) in tiefsinniger Weise die Mythe vom Prometheus.

Noch ist zu erwähnen, daß Calderon auch gemeinschaftlich mit anderen Autoren Stücke schrieb, z. B. „El Pastor Fido" mit Solis und Coello.

Außer den bis jetzt angeführten Theaterstücken verdient besondere Beachtung das geistliche Schauspiel vom Jahre 1637: „La Vírgen del Sagrario" (Die Jungfrau des Hei-

---

*) Zarzuela heißt im Spanischen ein Singspiel oder eine Operette. Es verdankt seinen Namen einem königlichen Lustschloß unweit Madrid.

ligthums), welches sich auf das wunderbare Wiederfinden eines uralten Marienbildes der Kathedrale zu Toledo bezieht. Weniger bedeutend aber ist das Drama vom nämlichen Jahre: „Argenis y Poliarco", und auch dem Drama „Júdas Macabeo", ebenfalls vom Jahre 1637, welches sich als ersten Theil des Dramas ankündigt, können wir unmöglich Geschmack abgewinnen. Aus dem Jahre 1639 rühren die mythologischen Festspiele „Apolo y Climene" und „El Hijo del Sol, Faeton" (Der Sohn der Sonne, Phaeton) her. 1657 erschien das mythologische Festspiel „El Golfo de las Sirenas" (Der Golf der Sirenen) und im folgenden Jahre das Festspiel „El Laurel de Apolo" (Der Lorbeer des Apollo), welches den herrlichen Spruch enthält:

Pues solo amar sabe él que ama
Aun mas allá de la muerte.

(Nur der weiß zu lieben, der über den Tod hinaus liebt.)

Zu den weniger bedeutenden Werken gehört auch das Drama „Las armas de la hermosura" (Die Waffen der Schönheit) vom Jahre 1652, welches die Geschichte Coriolans behandelt, aber an die Stelle der Römerwelt die Fabelwelt setzt. Aus demselben Jahre stammt das mittelmäßige mythologische Festspiel „La fiera, el rayo y la piedra" (Die Waldfrau, der Strahl und der Stein). Dagegen zeigt den Meister das Intriguenstück „El Maestro de danzar" (Der Tanzmeister) vom Jahre 1640. Aus dem Jahre 1653 stammt das romantisch=historische Schauspiel „Darlo todo y no dar nada" (Alles geben und nichts geben), in welchem Alexander und Diogenes erscheinen. Manierirt ist das mythologische Festspiel vom Jahre 1669: „Fieras afemina amor" (Wilde macht Liebe weibisch) und als welkes Drama

bezeichnet Schmidt auch mit Recht das mythologische Fest=
spiel „Fineza contra fineza" (Aufopferung gegen Aufopfe=
rung), welches Calderon 1672 dichtete. Auch dem Feststück
zum Geburtstage des Königs Karl II.: „El secundo Esci=
pion" (Der zweite Scipio), welches 1676 erschien, läßt sich
nichts Gutes nachrühmen, ebenso wenig dem 1678 gedichte=
ten romantischen Schauspiel „Duelos de amor y lealtad"
(Kampf der Liebe und Pflicht).

Interessant und außerdem als sicherste Grundlage für
die Berechnung der Zahl von Calderons Werken äußerst
wichtig ist die Antwort, welche er am 24. Juli 1680 dem
Herzog von Veragua gab, als dieser ihn gebeten, ihm ein
Verzeichniß seiner Komödien und Autos zu geben. Beide
Briefe sind zuerst als Anhang zu einem Lobgedicht gedruckt,
das Don Gaspar Agustin de Lara unter dem Titel „Obe=
lisco fúnebre" herausgab. In seinem Antwortschreiben be=
klagt sich der greise Autor, der aus sich seine Schöpfungen
nicht herausgab, über die Buchhändler und Buchdrucker wie
folgt: „Nicht zufrieden, meine schlecht ausgefeilten, fehlerhaf=
ten Werke ohne meinen Willen an's Licht zu ziehen, bürden
sie mir auch noch die fremden auf, als wenn ich an meinen
eigenen Irrthümern nicht genug hätte, und selbst diese geben
sie schlecht abgeschrieben, schlecht corrigirt, mangelhaft und
unvollständig, so daß ich E. E. versichern kann, daß ich
meine Schauspiele, wiewohl sie mir nach ihren Titeln be=
kannt sind, dem Context nach nicht wiedererkenne." Nach
dem für den Herzog angefertigten Verzeichniß beläuft sich
die Zahl der Komödien Calderons auf 111, die seiner Autos
auf 68. Nach den neuesten Ausgaben indeß beträgt die
Zahl der ersteren 121, die der letzteren 73. Als unzweifel=
haft ächte Stücke, die der Dichter wohl aus Altersschwäche

selbst zu erwähnen vergaß, nennen wir das reizende, durch
Komik und dichterischen Schwung gleich ausgezeichnete Lust=
spiel „La Señora y la criada" (Die Herrin und die Magd);
das treffliche Schauspiel „Nadie fie su secreto" (Niemand
vertraue sein Geheimniß), das als ein Seitenstück zu „El
Secreto á voces" zu betrachten; das Drama aus der Hei=
ligenlegende „Las Cadenas del Demonio" (Die Ketten des
Dämons); das großartige geistliche Schauspiel „La Sibila
del Oriente" (Die Sibylle des Morgenlandes); die herrliche
Tragödie „Las tres justicias en una" (Drei Vergeltungen
in Einer) und die Burleske „Céfalo y Prócris".

Auf die unvergleichlichen, von Dantescher Symbolik er=
füllten Stücke, die der priesterliche Dichter, von der Muse
des Glaubens begeistert, zur Verherrlichung des Frohnleich=
namsfestes schrieb, die Autos sacramentales, werden wir
noch besonders zurückkommen. Außerdem schrieb er nach der
Angabe des Vera Tassis noch 200 loas geistlichen und welt=
lichen Inhalts (d. h. Vorspiele), von denen aber nur wenige
auf uns gekommen, und 100 sainetes (d. h. kleine burleske
Dramen mit Musik und Tanz), die aber ebenfalls größten=
theils verloren gegangen zu sein scheinen; ferner eine Be=
schreibung des Einzuges der Königin=Mutter, ein Gedicht in
Oktaven über die letzten Dinge, einen Traktat über den Adel
der Malerei und einen andern zur Vertheidigung des Schau=
spiels, und endlich noch unzählige Canzonen, Sonette und
Romanzen.

Der Fürst der kastellanischen Dichter, der das Menschen=
leben mit allen seinen Räthseln in den Kreis seiner Dichtung
zog, der König der spanischen Bühne, der durch den süßesten
Kunstzauber die Grazie mit dem Verstande vermählte, starb
in Madrid am 25. Mai 1681. Von ihm sagt sein erster

Lobredner, sein Zeitgenosse und Biograph Vera Tasis: „Er war im Heroischen gebildet und erhaben, im Moralischen gelehrt und spruchreich, im Lyrischen anmuthig und beredt, im Heiligen göttlich und sinnvoll, im Liebevollen edel und schonend, im Scherzhaften witzig und lebendig, im Komischen fein und angemessen. Er war sanft und wohlklingend im Vers, groß und zierlich in der Sprache, gelehrt und feurig im Ausdruck, ernst und gewählt in der Sentenz, gemäßigt und eigenthümlich in der Metapher, scharfsinnig und vollendet in den Bildern, kühn und überzeugend in der Erfindung, einzig und ewig im Ruhm.“

Nicht minder begeisterte Worte widmete der Doktor Manuel dem Andenken des Dichters in einer 1682 gedruckten Schrift. Durch seine Tugenden erwarb sich Calderon den Namen eines Verehrungswürdigen, und es fehlte selbst nicht an solchen, die für ihn, wenn auch vergeblich, die Ehren der christlichen Apotheose nachsuchten.

Seine irdischen Reste wurden von den Madrider Presbytern in der Erlöserkirche bestattet und, als diese dem Einsturz nahe war, 1840 in die Kapelle des Nikolausfriedhofes gebracht, von der sie später nach der Kirche des heil. Franciskus kamen. Aber auch hier blieben sie nicht: als der Versuch, ein Pantheon für die berühmten Männer Spaniens zu errichten, scheiterte, wurden sie nach der Friedhofskapelle zurückgebracht und 1880 unter großem Pomp in die Hospitalkirche der Calle de la Torrecilla de Leal getragen.

II.

Von seinen Zeitgenossen vergöttert, wurde Calderon im vorigen Jahrhundert in Spanien unter dem Einbrechen des

französischen Geschmacks von einer unversöhnlichen literarischen
Richtung angefeindet, wiewohl sich einige seiner Stücke, wie
„La Dama Duende" und „El mayor mónstruo los celos",
beständig auf dem Repertoire erhielten.   Deutschland aber
hat das große Verdienst, Calderon in diesem Jahrhundert
zuerst vollauf gewürdigt zu haben.   Der Erste, der den
spanischen Dichter in Deutschland auf den Thron erhob und
ihm auch in seinem Vaterlande wieder zu seinem Ruhme ver-
half, war August Wilhelm von Schlegel (in seiner Drama-
turgie 1809).   Freilich hatte er damals, seiner eigenen Aus-
sage nach, von den Schauspielen des Lope de Vega nur eine
unzureichende, von denen des Tirso de Molina, Alarcon,
Guevara und vieler Anderen gar keine Kenntniß.   Er irrte
daher, wenn er, diese Meister der dramatischen Poesie Spaniens
übersehend, in einseitiger Bewunderung Calderons denselben
als eine gigantische, aber isolirte Erscheinung, und nicht als
das Glied in einer großen Kette, als den Culminationspunkt
in einer langen Reihe betrachtete.   Der erste deutsche Lobredner Calderons wurde auch sein erster Uebersetzer, und auf
seine Anregung ergingen sich im Zaubergarten des großen
spanischen Dramatikers auch unsere Klassiker.   Als Goethe bald
nach den Erscheinen der Schlegelschen Uebersetzung den „standhaften Prinzen"*) in Weimar unter großem Beifall zur Auf-

---

*) Interessant ist auch was Wilhelm Grimm an seinen Bruder
Jacob, Halle am 28. August 1809, (Siehe S. 157 des Briefwechsels
zwischen Jacob und Wilhelm Grimm, Weimar 1881) schreibt:
„Ich bin erstaunt und gerührt worden wie niemals von dem
standhaften Prinzen; da ist ja der Muth der griechischen Helden
die Religion der christlichen und die Herrlichkeit aller Zeiten in einem
frischlebendigen, reinmenschlichen Bilde vereinigt, das jeder Gesinnung zugehört und jedes Gemüth befriedigen muß. Es ist orbent-

führung gebracht, sagte er: „durch Calderon werde der deut=
schen Bühne ein ganz neues Terrain erobert," und Immer=
mann, der in Düsseldorf mit dem „Wunderthätigen Magus"
die größte Wirkung hervorbrachte, pries den spanischen Autor
als „den Theaterdichter par excellence", als den Dramatiker,
der unter Allen die höchste poetische Kraft mit der größten
technischen Fertigkeit und vollkommensten Bühnenpraxis ver=
einigt habe.

Der Erste, der in Deutschland die Schauspiele Calde=
rons classificirte, ist Valentin Schmidt („Wiener Jahrbücher"
von 1822, Nr. 17 und 18), aus dessen gedruckten und unge=
druckten Papieren Leopold Schmidt das umfangreiche Buch:
„Die Schauspiele Calderons dargestellt und erläutert von
Friedr. Wilh. Val. Schmidt" (Elberfeld 1857) herausgab.
Glühender Bewunderer des spanischen Dichters gleich Schmidt
ist auch Adolph Friedrich von Schack (im dritten Bande seiner
berühmten Geschichte der dramatischen Literatur und Kunst
in Spanien" Berlin 1846), während Moritz Rapp in seinem
„Spanischen Theater" für Lope de Vega als den Dichter der
freien losgebundenen Phantasie und des spielenden Witzes,
der Realität und des bunten Weltwesens Partei nimmt.

---

lich abgelöst von jeder Besonderheit und allgemein weltlich geworden.
Ich setze ihn höher als die Andacht zum Kreuz, wo uns bloß das
Wunder interessirt, nicht die Menschen." Und S. 194 desselben
Briefwechsels heißt es in einem Briefe Wilhelms an Jacob, Halle
am 24. November 1809: „Wie unzulässig ein Urtheil über ein
geistreiches Werk ist, (zeigt) auch das sonderbare Beispiel, das mir
eben einfällt. Goethe, Arnim und Du ziehen die Andacht am Kreuz
vor, Savigny, Bettina, Brentano und ich den standhaften Prinzen,
und alle Urtheile sind doch hier gewiß unabhängig, und keine Partei erlaubt nicht einmal eine Gleichsetzung."

Calderon umfaßt das Weltliche wie das Heilige, die Geschichte und die Mythologie, das Leben im Königspalast und in der Hütte, die Gewohnheiten der feinen Gesellschaft des Hofes, die nächtlichen Geheimnisse am Gitterfenster der spanischen Dame und die Abenteuer und Thaten des Caballero, den Triumph des christlichen Glaubens im glorreichen Tode der Märtyrer und die ideale symbolische Welt. Nach einem schönen Ausdruck in einem Sonette Friedrich von Schlegels möchte ich ihn einen Sonnenstrahl der Geister nennen, dem alle Feen die diamantene Krone des Dichterhimmels bereiten sollten.

Aber bevor ich eine kurze Charakteristik seiner Werke zu geben versuche, müssen wir einen Blick auf das spanische Theater werfen, das mit ihm seinen Zenith erreichte.

Dem spanischen Volk, das sieben Jahrhunderte hindurch den Arabern gegenüber den wahrhaft epischen Kampf um seine Nationalität und für seine Religion zu bestehen hatte und den Spartanern gleich eher gewohnt war in der Schlacht zu fallen als das Leben am häuslichen Heerd zu genießen, mußte die dramatische Poesie, welche die ruhigen Genüsse der Cultur zur Voraussetzung hat, noch fern liegen. Wohl aber mußte sich in Spanien, das während der Invasion der Araber nur ein Zeltlager von christlichen Kriegern war, eine mystische und eine Kriegspoesie ausbilden. Die Romanze, deren Form von den Arabern stammte, wurde im Waffenlärm jener Zeit Grundlage und Ursprung der ächtspanischen Dichtung; ihr großer Rythmus, ihre energische Weise, ihre Assonanz, die dem Ohr schmeichelte, ohne der Feder des Dichters Schwierigkeiten zu bereiten, genügte Jahrhundertelang den Helden von Covadonga, Clavijo und Navas de Tolosa. Die alte Romanze wie D. Patrocinio de la Escosura treffend sagt, der

Schatz der Geschichte Spaniens und der encyclopädische Aus=
druck des Wissens jener Zeit. Aber so tief ist die drama=
tische Poesie in der menschlichen Natur begründet, daß selbst
in Spanien schon im Laufe des 11. Jahrhunderts das Volk
an dramatische Darstellungen gewöhnt wurde. Es geschah
dies durch geistliche Schauspiele, die sogenannten Myste=
rien, die von Geistlichen verfaßt und an den höchsten Fest=
tagen in der Kirche dargestellt wurden. Noch dauerte es
indeß bis zum zweiten Drittel des 14. Jahrhunderts,
bis die spanische Literatur einen eigentlich dramatischen
Charakter annahm. Mit der Darstellung des Todtentanzes
vom Jahre 1356, der „Danza general de la muerte, en
que entran todos los estados de gentes" und durch die
Schriftsteller des folgenden Jahrhunderts Marqués de Villena.
Rodrigo de Cota, Juan de la Encina und Lúcas Fernandez
wurde den großen spanischen Dramatikern, wenn auch äußerst
langsam, der Weg gebahnt, während die Herrschaft der Ara=
gonesen in Neapel und Sicilien die Spanier mit dem fein=
gebildeten italienischen Volke in Verbindung brachte und ihrer
Literatur mildere Formen gab. Als nun im Anfang des 16.
Jahrhunderts Spanien eine Großmacht geworden war, die
eine neue Welt mit ihren Schiffen entdeckt und mit ihren
Waffen erobert hatte, begann mit der fortschreitenden Bildung
auch das Drama sich rascher als bisher zu entwickeln. Und
schon damals traten zu gleicher Zeit zwei einander feindliche
Kunstrichtungen auf, nämlich die klassische, die in der Nach=
ahmung der Alten ihr Heil suchte und ihren Vertreter in
Torres Naharro fand, und die romantische, die, den vater=
ländischen Traditionen folgend, unbekümmert um Regeln und
Vorschriften, durch Gil Vicente, Juan de Malara, Lope de
Rueda, Luis de Miranda, Juan de Timoneda, Alonso de la

Vega, Gerónimo Bermudez, Juan de la Cueva, den Tragiker Cristóbal de Virués und Andrés Rey de Artieda in Spanien volksthümlich wurde. Auch der Dichter der „Numancia", des Lustspiels „La Entretenida" und vieler geistvoller entremeses (Zwischenspiele), Cervantes, hat sich eine Stelle in der Geschichte der dramatischen Dichtung Spaniens gesichert. Das spanische Theater aber war noch ein Chaos, als das „Wunder der Natur", wie Cervantes ihn nennt, der große Lope de Vega kam, um der Vater der spanischen Bühne, der Begründer des goldenen Zeitalters der dramatischen Poesie in Spanien zu werden. Er, der mit dem wunderbaren Instinkt des Genies den Geist seines Volkes erkannt, gab dem spanischen Drama die Form, die in Spanien noch heute als die nationale erscheint. Er vereinigte, wie D. Antonio Gil y Zárate sagt, in einem einzigen Strom, dem gewaltigen Strom der dramatischen Poesie Spaniens, die drei Quellen derselben, die bisher von einander getrennt waren: die Volkspoesie, die gelehrte Dichtung des Renacimiento, die an Athen und Rom sich begeisterte, und die in der Unwahrscheinlichkeit schwelgenden extravaganten Ritterbücher, in denen ebenso wie in den Romanzen der orientalische Sinn für das Wunderbare, der christliche Sinn für das Mystische und der spanische Sinn für Zweikampf und Turnier, die bis zum Wahnsinn gesteigerte Eifersucht, der in gleichem Grade gesteigerte Ehrenpunkt und ein aristokratisches Selbstgefühl in seltsamer Verknüpfung mit der tiefsten Ergebenheit für das monarchische Princip und die Person des Königs sich kundgibt. Lope de Vega, der fruchtbarste und phantasievollste Dichter, den jemals die Erde gesehen, ließ sich nicht von der klassischen Richtung verlocken: statt ein Nachahmer der Alten zu werden und sich die Fessel der drei aristotelischen Einheiten anzulegen, die sich der Spanier bei seiner glühenden Phantasie und seinem Verlangen nach ver= wickelungsreichen Stoffen unmöglich gefallen lassen konnte, zog er es vor das ächtspanische Drama zu schaffen, das mehr aus einem von Episoden erfüllten, in Dialog und Handlung gebrachten Roman als in einer ausschließlich für die Bühne concipirten Fabel besteht. Die Komödien Lope de Vegas sind daher alle dialogisirte nnd in Handlung gebrachte Romane und lassen sich nach dem Vorgang des D. Alberto Lista eintheilen in Spiegelbilder städtischer Sitten (die comedias de capa y espada) und in Bilder der Volkssitten, in idyllische, heroische, mythologische, mystische, tragische und philosophische Romane.

Lope hatte die glänzendste Plejade von Dichtern zu Nachfolgern. Die hervorragendsten derselben sind außer Cal= beron: der Interpret der schönsten Tradition des spanischen Romancero, der Tradition des Cid, D. Guillen de Castro; der Doktor Mira de Amescua oder de Méscua; Spaniens größter komischer Dichter, der epigrammatische Tirso de Molina; der Hofdichter Luis Velez de Guevara; Francisco de Rojas, der sich in seinem „Garcia del Castañar“ zu calberonianischer Höhe erhebt; Agustin Moreto und der große komische Dichter, der seinen Stücken klassische Regel= mäßigkeit zu geben verstand, D. Juan Ruiz de Alarcon. Ferner Juan Perez de Montalban, der König Philipp IV., Alvaro Cubillo de Aragon, Antonio de Solis, Fernando de Zárate, Matos Fragoso, Juan Bautista Diamante, Bánces Candamo, Conde de Villamediana, Zamora und Cañizares.*)

------

*) Als im vorigen Jahrhundert Comella durch seine rohen Schauspiele voll melodramatischer Effekte nur den Pöbel entzückte,

Durch Lope, der 1800 Komödien schrieb, und durch die
Werke seiner Nachfolger wuchs die Zahl der spanischen Ko-

wurde die Bahn Lopes und Calderons durch Jovellanos, Iriarte
und Huerta verlassen, aber sie erlangten mit ihren nach dem klassischen System gemodelten Stücken nur den Beifall der Literaten,
nicht den des Volkes, das immer an seinem nationalen Theater
hing. Aus dem ganzen vorigen Jahrhunderts ragen nur die durch
Lebenswahrheit ausgezeichneten komischen Stücke des D. Ramon de
la Cruz, die sogenannten sainetes, hervor. Das klassische System
genügte dem spanischen Volke, vielleicht nur ausnahmsweise, bei
großen Talenten, wie Leandro Fernandez de Moratin, dem Verfasser des Schauspiels „El Si de las niñas", oder Martinez de la
Rosa und Don Ventura de la Vega.

In die Bahn Lopes und Calderons sind in diesem Jahrhundert unter großem Beifall des spanischen Volkes wieder getreten
die Romantiker Angel de Saavedra, Duque de Rivas (Verfasser
des „Don Alvaro ó la fuerza del Sino"), Juan Eugenio Hartzenbusch, der Soldat und Dichter Antonio Garcia Gutierrez (Verfasser
des „Trovador"), Antonio Gil y Zarate, Patricio de la Escosura
(Dichter des Dramas „La Córte del Buen Retiro"), José Zorrilla
und Andere. In diesem Jahrhundert haben sich als Komödiendichter einen Namen gemacht der Mexikaner Manuel Eduardo Go-
rostiza und der fruchtbare Breton de los Herreros. Auch der vor
nicht langer Zeit verstorbene Lopez de Ayala war eine Zierde des
spanischen Theaters, und heute ist dies noch außer dem greisen,
aber geistesfrischen und fruchtbaren Gutierrez, dem Dichter des
„Trovador", der Autor der „Virginia" und des „Drama Nuevo".
D. Manuel Tamayo y Baus.

Gegenwärtig aber feiert in Spanien große Triumphe der Romantiker D. José Echegaray, der Dichter der Dramen: „La Esposa
del Vengador". „En el paño de la espada", „Cómo empieza y cómo
acaba", „Ó locura ó santidad", „Para tal culpa tal pena", „En
el pilar y en la cruz", „Algunas veces aqué", „Morir por no
despertar", „En el seno de la muerte", „Bodas trágicas", „Mar
sin orillas", La muerte en los labios" und „El gran Galeoto".

mödien zu einer fabelhaften an. Das Theater prangte in
üppigster Blüthenpracht des Frühlings. Ein halbes Jahrhundert lang, von 1588 bis zu seinem im Jahre 1635 er-
folgten Tode, war Lope der König der spanischen Bühne,
und so beliebt und angesehen war er, daß er nur sterbend
das Scepter einem Anderen überlassen konnte.

War Lope der Aeschylus, so ist unbedingt Calderon
der Sophocles der spanischen Bühne. Beide ergänzen einander. Beide sind Riesengestalten, die im Peristil des Tempels
der spanischen Thalia als schönste Zierde prangen.

War auch der Strom der Erfindungsgabe Calderons
nicht so reich wie der Lopes, so war er doch tiefer, ohne
darum die krystallene Klarheit einzubüßen, die uns in Lopes
Werken entzückt. Lope ist der fruchtbarere, Calderon der
tiefsinnigere Dichter, der größere Denker. Unter dem rau-
schenden Beifall der Zeitgenossen wandelte Calderon auf den
Bahnen seines großen Vorgängers fort: alle seine Werke
tragen den romantischen, chevaleresken Charakter. Lope hat
ohne Zweifel größere Zärtlichkeit und Einfachheit, vielleicht
auch größere Ursprünglichkeit und vielleicht ist er auch
weniger in Manierirtheit verfallen, aber dafür entschädigt
Calderon, wie Patricio de la Escosura, der selbst ein treff-
licher Dramatiker, mit Recht hervorhebt, durch seine Intui-
tion aller lyrischen und heroischen Affekte, durch seine Meisterschaft in der Wissenschaft der Ehre, durch seine instinktive
Wohlanständigkeit in der Galanterie, durch seine leichte Art
erhaben zu reden, durch seine vollkommene Herrschaft über
die Sprache, durch die Korrektheit seiner Zeichnung und die
Kraft seines unnachahmlichen Colorits. Lope concipirte den
„Alcalden von Zalamea", Calderon vollendete ihn. Lope
berührt seine Gegenstände bloß oberflächlich; er gleicht dem

Schmetterling, der sich kaum die Zeit gönnt, auf dem Blatt einer Lilie zu ruhen; Calderon dagegen vertieft sich in seinen Gegenstand; er ist wie die Biene, die allen Honig aus den Blumen schlürft, die sie geküßt. In Lopes Stücken läuft die Fabel dahin, wie es der Zufall und die Begeisterung des Augenblicks will; in denen Calderons aber gehorcht sie der klugen Berechnung des Dichters, der mit vollendeter Kunst Alles vorgesehen. Sein Plan ist überlegt, seine Exposition klar, seine Verwickelungen sind geschickt combinirt. Die Auflösung des Knotens in seinen Stücken hat stets etwas Ueberraschendes, Unverhofftes, aber sie ist nie unwahrscheinlich.

Es ist wahr, die Galane Calderons haben alle eine gewisse Familienähnlichkeit; aber der Dichter verdient keinen Tadel für das, was in der Natur der Comedias de capa y espada lag. Und daß er Meister in der Charakterzeichnung war, hat er an Gestalten wie Sigismund in dem Drama „La Vida es sueño“, Heraklius in der „Exaltacion de la Cruz“, Herodes und Marienne in „El mayor mónstruo los celos“, D. Lope und Pedro Crespo in „El Alcalde de Zalamea“ gezeigt.

Die Jünglinge in seinen Dramen sind mehr ritterlich als sentimental, seine Greise sind edel, seine Damen ebenso stolz ihrem Liebhaber gegenüber wie unterwürfig vor ihrem Vater, und die Diener, die auch er als die wahren Personifikationen des gesunden Menschenverstandes in seinen Komödien und Dramen nie fehlen ließ, verdienen ihren Namen „graciosos“ stets durch die Anmuth ihrer Rede. Ich kann daher dem Herrn Wilhelm Meyer nicht beistimmen, wenn er in seiner Schrift: „Ueber Calderons Sibylle des Orients“ (München 1879) S. 27 sagt: „Sprechen komische Personen, oder geringe Personen über gewöhnliche Dinge, so fühlt

man, wie der Dichter sich Zwang anthut, als ob ein Aeschy=
lus Komödien schriebe oder ein Herkules ein Weibergewand
spänne".)

Ein Vorwurf aber, der Calderon nicht erspart werden
kann, ist der, daß er dem schlechten Geschmack seiner Zeit,
dem schwülstigen Modestil, dem estilo culto, der nach dem
cordobesischen Dichter Góngora Gongorismus genannt wird,
allzuviel Concessionen gemacht.

In seinen Intriguenstücken ist Calderon ein vortreff=
licher Maler der Sitten seiner Zeit, in seinen Tragödien
zeigt er sich als großer lyrischer Dichter und tiefer Kenner
des menschlichen Herzens, aber dem historischen Gemälde
fehlt gänzlich die Lokalfarbe; Anachronismen und geogra=
phische Irrthümer finden sich häufig, und allzu oft stört uns
der Gongorismus und das Ueberwuchern des komischen
Elements. Durch und durch Spanier, läßt er selbst die Per=
sonen fremder Nationalitäten und ferner Zeiten in der eigen=
thümlichen Weise des kastellanischen Genius reden und han=
deln. In seinen mythologischen Festspielen, die er für den
Madrider Königspalast schrieb,*) gibt er mehr als bloß
Dekorationsstücke: er weiß mit Geschick die romantischen Aben=
teuer der Götter des Olymps auf eine menschliche Hand=
lung zurückzuführen.

Unsere größte Bewunderung aber verdient er in den
beiden philosophischen Dramen „Das Leben ein Traum" und

---

*) Die Stücke Calderons wurden in dem eleganten Theater
aufgeführt, welches Philipp IV. im Anfange seiner Regierung in
dem Palaste von Buen Retiro vor den Thoren von Madrid er=
richtete. Festspiele fanden aber auch in den Gärten des Palastes,
über dem großen Teiche des Buen Retiro statt, wo das Bühnen=
gerüst auf Barken ruhte.

„Der wunderthätige Magus" und in seinen Autos sacramentales, den theologischen Dramen, die er in den letzten
dreißig Jahren seines Lebens verfaßte.

Ueber den Helden des ersten der beiden philosophischen
Dramen sagt Angel Lasso de la Vega in seiner Jubiläums-
schrift über Calderon, die ich nicht genug als ein Werk aus-
dauernden Fleißes und geläuterten Geschmackes rühmen kann:
„Sigismund, der das menschliche Wesen auf Erden symbo-
lisirt, stellt sich uns von zwei Seiten dar: einerseits als der
Mensch, der bloß den groben Trieben der Materie, den ver-
kehrtesten Instinkten, der Sinnlichkeit der Leidenschaft folgt;
andererseits als das Wesen, das schon vernünftig denkt, indem es aus einer flüchtigen Scene, der es im Traume beigewohnt zu haben vermeint, die Existenz der übrigen Menschen, die es damals kennt, deducirt; als ein Wesen, das
auf sein Gewissen und seine Vernunft hört, seinen Geist er-
weitert, sich von seinen Irrthümern befreit und sich den
Unterschied klar macht zwischen der Verunft und dem Instinkt,
zwischen dem moralischen und dem materiellen Leben, und
das erkennt, wie vorübergehend die Dauer menschlicher Größe
und menschlichen Glückes ist."

Im „Wunderthätigen Magus" zeigt Calderon in der
Person des Cyprian, des spanischen Faust, daß das menschliche Wissen, das in seinem Studium die Wahrheit durch-
schimmern sah, nichts ist, wenn es nicht der Gnade gewürdigt wird, diesen Strahl flüchtigen Lichtes zu benutzen; und
in der sympathisch-idealen, von Gott begnadeten Gestalt der
Justina zeigt der Dichter, daß, wo die Gnade dem Menschen
zur Seite steht, es des Wissens nicht bedarf, um sich zum
Himmel zu erheben.

Merkwürdigerweise finden sich Faustmotive auch noch in

anderen Schöpfungen Calderons. So ist z. B. „El Josef
de la mujeres" der weibliche Faust.

Zu bemerken ist noch, daß Calderon mit genauer Er=
wägung des Inhalts jeder Scene in kunstreicher Abwechselung
bald die Romanze (die trochäischen Reihen mit Assonanz der
Endvokale im 2., 4., 6. Vers u. s. w.) anwendet, bald die
Redondille (oder vierzeilige Strophe, in der der 4. Vers
auf den 1., der 3. auf den 2. reimt), bald die Quintille
(oder fünfzeilige Strophe mit verschiedener Reimstellung) und
die Decime oder Espinele (paarweise Verbindung der Quin=
tille zu einer zehnzeiligen Strophe), bald die Oktave, das
Sonett, die Terzine, die Lira (oder sechszeilige Reimstrophe,
von deren abwechselnd drei= und fünffüßigen Jamben die
vier ersten Kreuzreime haben, die beiden letzten dagegen mit=
einander reimen), die Silva (d. h. eine Mischung drei= und
fünffüßiger gereimter Jamben ohne Strophenabtheilung), die
Endechas oder dreifüßigen Trochäen mit Assonanzen in jedem
zweiten Vers, und die durch das Band der Assonanz zu=
sammengehaltenen Anacreonticas oder Jamben von sieben
Silben. Auch finden sich in den Calderonianischen Dramen
letras oder Themas mit dazu gehörigen Glossen und als
Gesänge eingestreut die älteren national = spanischen Lieder=
formen.

Jetzt aber müssen wir endlich von den erhabensten
Schöpfungen des calderonianischen Genius, von seinen Autos
sacramentales sprechen. Die eucharistischen Poeme, die
Autos sacramentales, welche das Mysterium der Mysterien,
das Wunder der göttlichen Liebe, die Transsubstantiation.
verherrlichen, sind die eigenthümlichste und zaubervollste Er=
scheinung der spanischen Poesie, die duftigste Blüthe der dra=
matisch=religiösen Kunst, die wunderbarste Gestaltung der

dramatischen Poesie Spaniens. Schon von Alters her, seit den Dichtungen des Villena, Marqués de Santillana und des Juan de Mena, war die Phantasie des Spaniers mit allegorischen Gestalten vertraut, und mit solchen sind ganz die nationalsten Schöpfungen des spanischen Geistes, die Autos sacramentales, erfüllt. In ihnen erscheinen als allegorische Figuren bald die Eigenschaften Gottes, bald die Symbole der Kirche, die Religionen, die Länder und Völker der Erde, die menschlichen Tugenden und Laster, die Elemente, die Jahres- und Tageszeiten, die Naturprodukte, besonders die Aehre und die Rebe, die das Brod und den Wein für den Tisch des Herrn liefern; und in diesen Autos werden selbst die historischen Personen allegorisch.

Don Eduardo Gonzalez Pedrojo hat die vorzüglichsten Autos zusammengestellt in dem Werke „Autos Sacramentales desde su origen hasta fines del siglo XVII." Lope de Vega und Valdivielso cultivirten diese Gattung symbolischer Poeme, deren Anfänge uns in den Autos des portugiesischen Dichters Gil Vicente begegnen. Aber Calderon machte sie erst zu wahrhaft theologischen Dramen und gab ihnen jene Gedankentiefe, jenen Reichthum, jene Feinheit sinnbildlicher Beziehungen, jene Weihe, jene heilige Gluth, die sie zum Herrlichsten erhebt, was die christliche Mystik geschaffen. Und in der Vollendung, die der Meister der Allegorie, der priesterliche Sänger, um die Mitte des 17. Jahrhunderts den Autos verliehen, diente er dem Moreto zum Muster.

Die Autos wurden ursprünglich in der Kirche, dann aber auf Gerüsten (carros) im Freien aufgeführt und erfreuten sich beim spanischen Volke der größten Verehrung. Auch selbst in ihnen fehlte die „lustige Person", der Gracioso, nicht.

Lorinser hat die Autos des Calderon und Ludwig
Braunfels das tiefsinnige calderonianische Auto „La Cena
de Baltasar" (das Festmahl des Belsazar) meisterhaft übertragen.

Welch' eine Fülle von Gedanken bietet die lange Reihe
der von biblischem Geist durchdrungenen allegorischen Poeme
des heiligen Dichters dar, der selbst die Gestalten der Mythologie zu genialen Analogien benutzt und kühn genug war
in dem Auto „El Verdadero Dios Pan" den fabelhaften
heidnischen Gott Pan mit dem wahren Gott, der sich uns
selbst im Brode (Pan) gibt, zu vergleichen! Kühn ist auch
die Assimilation, die er in seinem Auto „Psíquis y Cupido"
wägen durfte, indem er Cupido als den Erlöser darstellt,
der in seinen Händen den Kelch und die geweihte Hostie
trägt. Als Muster der Autos, dieser wunderbaren Mischung
von Dichtung, Scholastik und Theologie, möchte ich vor
Allem das philosophische „Lo que va del hombre à Dios",
das eine phantastische Scene à la Holbein enthält, „El Divino Orfeo". „El Gran Teatro del mundo", das an die
alten Todtentänze erinnert, „El Pintor de su deshonra"
und „La Vida es sueño" hervorheben; dann „A Dios por
razon de Estado", „El Tesoro escondido", „El Gran
Mercado del mundo"; die biblischen „Mística y Real Babilonia", „Las Espigas de Ruth", „La Siembra del Señor",
das ebenso wie das von Ruth die Parabel vom heiligen
Sämann enthält; Quien hallará mujer fuerte?, das sich auf
Deborah als das starke Weib bezieht; El Arbol del mejor
fruto", „La Serpiente de metal", in welchem Moses erscheint; „La Primer flor del Carmelo", in welchem Abigail
vorgeführt wird; „Los Misterios de la Misa", „La Devocion de la Misa", „No hay instante sin milagro", „El

5*

Sacro Parnaso", „La Humildad coronada por las plantas", „La Viña del Señor", „Los Alimentos del hombre", „La Nave del Mercader" und viele andere.

Mit 81 Jahren schrieb Calderon noch das romantische Auto „Amar y ser amado y Divina Filotea."

Wenigstens den Inhalt eines Autos möchte ich dem Leser vorführen. Ich wähle das erhabene Auto, das ein wahres Poem: „El Divino Orfeo." Welch' eine wunderbare Analogie begegnet uns hier! Orpheus wird vom genialen Dichter zum allegorischen Vertreter des Schöpfers aller Dinge gemacht! Auf einem schwarzen Schiff, dessen Steuermann der Neid, erscheint als Corsar der Fürst der Finsterniß auf den schwarzen Gewässern des Lethe, um die menschliche Natur, die noch nicht geboren, deren künftige Geburt er aber voraussieht, in seine Gefangenschaft zu bringen. Plötzlich — doch ich kann nicht besser den Inhalt des Autos als mit den Worten Schacks erzählen — „plötzlich bricht von oben eine sanfte Musik in das Reich des Schreckens hinein. Man erblickt eine Himmelskugel und in ihrer Mitte den göttlichen Orpheus, eine Leyer in der Hand haltend, zu seinen Füßen die sieben Tage und die menschliche Natur, in Schlaf versunken. Orpheus beginnt zu singen und weckt durch seine Stimme die Schlummernden. Der erste Tag erhebt sich, eine Fackel in der Hand haltend und die Nacht erleuchtend, der zweite die Gewässer von den Festlande theilend, der dritte Blumenkränze und Früchte tragend. Zuletzt schlägt die menschliche Natur die Augen auf und kniet dankend vor dem Schöpfer nieder, der sie aus dem Nichtsein ins Sein gerufen; der göttliche Orpheus überträgt ihr die Herrschaft der Erde und ergibt sich dann in den Armen des siebenten Tages der Ruhe. Die Himmelskugel schließt sich wieder. Der Fürst

der Finsterniß hört in ohnmächtiger Wuth, wie die neuge=
borene Schöpfung die menschliche Natur durch ein Loblied
feiert, ruft den Fährmann Charon und überträgt ihm die
Herrschaft über die schwarzen Gewässer, mit dem Befehl,
Keinen hinüberzulassen, ohne ihn seiner Herrschaft zu unter=
werfen. Er selbst nimmt eine Verkleidung an, in welcher
er die Menschheit zu verführen hofft. Man wird in das
Paradies versetzt, wo die sieben Tage sich unter Gesang und
Tanz des neuen Seins erfreuen; die menschliche Natur tritt
hinzu und ermahnt sie, ihres Schöpfers nicht zu vergessen,
worauf Alle eine Hymne zum Lobe des Höchsten anstimmen,
die an Schwung und Erhabenheit mit den schönsten der Psal=
men wetteifert. Unter sie mischen sich der Fürst der Finster=
niß und der Neid in Gärtnertracht, und es gelingt ihnen, die
menschliche Natur zu bethören; sie läßt sich von ihnen bei Seite
führen und zum Genusse des verbotenen Apfels überreden.
Kaum hat sie davon gekostet, so wird sie von namenlosen
Schmerzen befallen und klagt, daß die ganze Schöpfung vor
ihr umgewandelt sei; die Tage ziehen an ihr vorüber, aber
der eine trägt statt der Fackel ein Flammenschwert, der andere
statt der Blumen Disteln und Dornen, und hinter jedem folgt
der Neid in vervielfältigter Gestalt und in dem schwarzen
Mantel der Nacht. Die menschliche Natur sinkt, von Jammer
überwältigt, ohnmächtig zu Boden, und der Fürst der Finster=
niß bemächtigt sich ihrer, sie in sein stygisches Reich fort=
schleppend. Da tritt der göttliche Orpheus auf, hört von
ferne die Schmerzensrufe der Unglücklichen und beschließt, sie
zu befreien. Man sieht ihn in das Reich der Finsterniß
hinabsteigen, eine mit dem Kreuz geschmückte Harfe tragend
und süße Lieder singend. Charon verweigert ihm den Ueber=
gang, der keinem Lebenden verstattet werde; Orpheus ruft:

„So tödte mich, ich sterbe freiwillig!" und Charon gibt ihm den tödtlichen Streich, sinkt aber zugleich selbst sterbend nieder, indem er ruft: „So liegt der Tod besiegt zu deinen Füßen; schreite nun über meine Leiche hinweg in das finstere Reich!" Der himmlische Held klagt: „Mein Gott, mein Gott, so hast du mich verlassen!" während ihn der Todesnachen an's jen= seitige Ufer trägt. Donner, Blitz und Erdbeben. Die Tage eilen jammernd herbei, indem sie den sechsten (den Freitag), der ohnmächtig zu Boden gesunken ist, umringen; plötzlich aber werden ihre Klagen durch einen Freudenruf unterbrochen. Orpheus kommt in dem schwarzen Nachen, auf dessen Maste ein Kreuz ruht, zurück und singt: „Oeffnet, ihr Aufenthalte der Trauer, die Riegel und Schlösser eures düstern Kerkers!" Zu seinen Füßen schmiegt sich der besiegte Tod, hinter ihm aber folgt Euridice, die befreite menschliche Natur, in einem anderen Schiffe, auf welchem der fünfte Tag (Donnerstag) das Sakrament spendet. Unter Freudengesängen der Erlösten gleiten dann die beiden Fahrzeuge dem Aufenthalte des ewigen Friedens entgegen."

Am 25. Mai dieses Jahrs wird in den festlich geschmück= ten Straßen von Madrid wieder ein Auto Calderons zum Himmel schallen. Zum Sänger selbst aber, der in den Wohnungen des Friedens weilt, möge die Dichtung bringen, die ihm sein begeisterter Bewunderer, der priesterliche sevilla= nische Dichter Francisco Rodriguez Zapata, geweiht!

Der Autor hat mir dieselbe soeben für dies Büchlein gesandt, und theile ich sie hier nicht bloß im Original, sondern auch in meiner Uebertragung mit:

A Calderon.

Romance.

> Nadie pudo emular su luz brillante
> Entre tanto rival.
> D. M. J. Quintana.

A orillas del Manzanares
Naciste en dichoso dia,
Para ser entre sus hijos
La antorcha más peregrina,
Para extender por el mundo
Sus ráfagas nunca vistas
De la dramática escena
En las esferas más limpias.
Eres en ellas un astro,
Que en órbita inmensa gira,
Y en la noche de los siglos,
Ni se amengua, ni se eclipsa.
¿Quién feliz podrá alcanzarte
En los espacios, do brillas
Con los albores del genio
Y con su potencia activa?
¿Quién á las altas regiones
Que portentoso dominas,
Hasta oir del almo Coro
Las misticas armonías?
Tus Autos sacramentales
Solemnes lo preconizan,

Del más encumbrado trono
Lanzando centellas vivas.
Nadie ensalzó la pureza,
La hermosura de Maria,
Cual tú en la Hidalga del Valle,
Flor del Carmelo bendita.*)
Si de Belen nos conduces**)
A las nevadas colinas,
Para cantar elocuente
Del Salvador la venida;
Más claros lucen los cielos,
Toda la creacion se anima,
Vístese el campo de flores
Con fragancias exquisitas:
A bandadas por los aires
Más dulces las aves trinan,
Y mayor encanto ofrece
De la aurora la sonrisa:
Pára su curso el torrente,
Pára el arroyo sus linfas,
Y absortos los anchos mares
Su bravo furor mitigan.
Colmo del amor eterno,
La Sagrada Eucaristia
Nos presenta en luz velada
Tu Devocion de la Misa;
Y del Señor en la Siembra,
Cual fruto de aúreas espigas,

---

*) „La primer Flor del Carmelo": Auto sacramental.
**) „En el Mayor dia de los dias" y en otros varios Autos.

Tan angélico alimento,
Fuente de salud y vida:
De Dios el pan verdadero,
Donde encuentra sus delicias
El que, por la fé guïado,
Amoroso lo reciba.
Si en el campo de la historia,
Aguila caudal, te fijas,
¿Quién secundará tus vuelos?
¿Do hallarémos quien te siga,
Ya al trazar de las naciones
Las imponderables dichas
O ya en menudos escombros
Sus espantosas ruinas?*)
¿Quién, si con pincel valiente
Héroes preclaros nos pintas,
Desnudando el fuerte acero
En provechosas conquistas?
¡Oh Constantino y Éraclio!
Sus hechos aun electrizan
Los corazones, do el fuego
De la Religion se anida.
¡La Cruz, la cruz redentora,
Por el musulman cautiva,
Y por ellos exaltada
Con magestad inaudita!
„Iris de paz interpuesto
Entre las supremas iras
Y los delitos del mundo,“

---

*) „La Torre de Babilonia“: Auto sacramental.

Del triunfo mayor Insignia.
¡La vida es sueño! dijiste,
Y tu acento repetía
Con emocion temblorosa
La humana raza dolida.
¡La vida es sueño! Y la muerte,
Blandiendo letal cuchilla,
Desde el oriente al ocaso
Torva clavaba su vista.
¡La vida es sueño! Y los cetros
I las coronas caian
Como en otoño las hojas
Que arrastra el viento marchitas,
Al par de falsos placeres
Y de ilusiones mentidas.
¡Todo, todo sombra vana,
Polvo sutil y cenizas!
Al amor puro prestaste
Con tus apacibles tintas
Tal encanto, que su llama
Más blanda y dulce se aviva.
Tú embelleces las virtudes,
La lealtad y la hidalguía,
El patriotismo acendrado,
El valor en nobles miras.
Tus damas, tus caballeros
Vénse por aqueste prisma,
Las costumbres conociendo
De la edad en que vivias.
Maravillanme en tus obras
Las tramas mejor urdidas,

De tus planes la grandeza
Y la numerosa rima:
Ora plácido arroyuelo,
Que por vegas se desliza
O ya imponente cascada
Que ráuda se precipita.
Así los pérfidos celos*)
Y los vicios combatias,
Cuando pujantes alzaban
Con pavor su faz altiva.
Siempre las sagradas Musas
Te acariciaron propicias,
Y con mirtos y laureles
Tu docta frente cenian.
¿Qué extraño, pués, que la Iberia,
Con tus glorias embebida,
Al cabo de luengos lustros
Sus homenages te rinda;
Y que en tales ovaciones
Tu egregio nombre bendiga,
Y guirnaldas mil te ofrezca
Por su Instituto Sevilla?

Sevilla 2 de Abril de 1881.

Francisco Rodriguez Zapata.

*) „El Tetrarca ó el mayor mónstruo de los celos": Comedia.

An Calderon.

Romanze.

> Von so vielen Nebenbuhlern konnte Keiner
> seinem strahlenden Licht nacheifern.
> D. M. J. Quintana.

Heil dem Tag, da Du geboren
An des Manzanares Strande,
Um zu leuchten seinen Söhnen
Als die wunderhellste Fackel,
Ihren nie geseh'nen Lichtglanz
Zu verbreiten durch die Lande
In der Bühne allerreinsten
Sphären, in den heil'gen Autos!
Du, Du bist ein Stern darinnen,
Der in unermeßnen Bahnen
Kreist und sich in der Jahrhundert'
Nacht verfinstert nicht und abnimmt.
Wer kann glücklich Dich erreichen
In den Räumen, drin du strahlest
Mit des Genius Licht und seiner
Allgewalt, der wunderbaren?
Wer in jenen Regionen,
Wo Du als ein Herrscher waltest
Und den mystisch hehren Klängen
Aus dem heil'gen Chore lauschest?
Feierlich verkünden's Deine
Autos, die sacramentales,

Funken von dem Throne sprühend,
Der am allerhöchsten raget.
Niemand pries Marias Reinheit
Und ihr jungfräuliches Prangen
So wie Du in Carmels Blume,*)
In des Thales Edeldame.
Wenn Du uns zu Bethlems Hügeln
Führest in dem Tag der Tage,**)
Um zu singen mit beredtem
Munde des Erlösers Ankunft,
Klarer leuchten dann die Himmel,
Dann belebt sich neu die ganze
Schöpfung und es schmückt mit Blumen
Sich die Flur, die duft'ger prangen;
Süßer in den Lüften trillern
Dann die Vögelein in Schaaren,
Und der Morgenröthe Lächeln
Bietet einen größer'n Zauber.
Seinen Lauf hält ein der Strom und
Auch das Bächlein seine Wasser,
Und es zähmet seine wilde
Wuth das Meer selbst voller Staunen.
Ihn, den Gipfelpunkt der ew'gen
Liebe, stellst im Abendmahle
Du uns in gedämpftem Lichte
Dar und in der Messe Andacht;
Stellst uns dar die Himmelsspeise
In des heil'gen Sämanns Aussaat
Als die Frucht der goldnen Aehren,

*) und **) Titel Calderonischer Autos.

Quell, draus wie das Heil empfahen;
Stellst uns dar des wahren Gottes
Brod, wo Wonnen der erlanget,
Der vom Glauben ward geleitet
Und der liebend es empfangen.
Wenn den Blick auf der Geschichte
Feld Du lenkst, ein Königsabler,
Wer kann Deinem Fluge folgen?
Wer, wenn Du der Nationen
Glück, das unaussprechlich, malest,
Oder ihren jammerreichen
Sturz uns zeigst in Trümmerhaufen?*)
Wer, wenn uns Dein mächt'ger Pinsel
Helden malt im Ruhmesglanze,
Welche nur der Welt zum Vortheil
Ihren Stahl entblößt, den starken?
O Heraklius, Constantinus!
Noch begeistern ihre Thaten
Alle Herzen, die das Feuer
Heil'ger Religion entflammet.
O das Kreuz, Kreuz der Erlösung,
Das der Muselmann gefangen,
Ward von ihnen aufgerichtet
Mit noch nie geseh'nem Glanze!
Kreuz, das sich als Friedensbogen
Zwischen ihn, den Zorn der Allmacht,
Stellet und der Welt Verbrechen,
Hehrstes Siegeszeichen prangt es.
Es ist Traum das Leben! riefst Du,

*) In dem Auto: „Der Thurm von Babel."

Und die ganze Menschheit sprach es
Nach mit zitternder Erregung,
Sprach es nach in tiefem Jammer.
Es ist Traum das Leben! Und vom
Aufgang bis zum Niedergange
Bohrt der Tod die grausen Blicke,
Seine Todessichel schwang er.
Es ist Traum das Leben! Scepter
Fielen und die Kronen sanken,
Wie vom Winde fortgerissen
Welk im Herbst die Blätter fallen,
Gleich erlognen Illusionen
Und den Freuden gleich, den falschen.
Alles, Alles leerer Schatten,
Alles Staub und Alles Asche!
Du, Du hast geliehn der reinen
Lieb' mit Deinen sanften Farben
Solchen Zauber, daß noch holder
Sich belebt der Liebe Flamme.
Und die Tugenden verschönst Du,
Treu' und Ehr' des Edelmannes,
Tapferkeit in hohen Zielen,
Glüh'nde Lieb' zum Vaterlande.
Hieran stets erkennt man Deine
Caballeros, Deine Damen,
Und erkennt der Zeit Gebräuche,
Da auf Erden Du gewandelt.
Ich bewundre das Gewebe
Voller Kunst in Deinen Dramen,
Staun' ob Deiner Pläne Hoheit,
Ob des Reims, des mannigfalt'gen.

Balt ein sanftes Bächlein ist er,
Lieblich gleitend durch die Auen,
Balt ein Wasserfall, ein mächt'ger,
Der da stürzt mit wildem Brausen.
Und bekämpft hast Du das Scheusal
Eifersucht*), bekämpft die Laster,
Wenn gewaltig sie erhoben
Schaudervoll das stolze Antlitz.
Immer waren Dir die heil'gen
Musen hold und sie umwanden
Deine Denkerstirn mit Lorbeer
Stets und mit dem Myrthenkranze.
Ist's ein Wunder drum, wenn trunken
Heut' von Deinem Ruhme Spanien
An dem Ende langen Zeitraums
Seine Huldigungen darbringt
Und in höchsten Ovationen
Segnet Deinen edlen Namen
Und wenn heute Dir Sevilla
Bietet tausende Guirlanden?

*) In dem Trauerspiel: „Eifersucht das größte Scheusal."

Druck von Emil Herrmann senior in Leipzig.

Calderon in Spanien.

Von

Dr. Johann Fastenrath.

Mit einem Anhang: Die Beziehungen zwischen Calderon's „Wunderthätigem Magus" und Goethe's
„Faust." Von der Akademie der Geschichte in Madrid
preisgekrönte Schrift des D. Antonio Sanchez Moguel.

Leipzig,

Wilhelm Friedrich.

A S. M. el Rey de España

D. Alfonso XII.

—

Cuando miré que el pueblo castellano
Al mas noble entusiasmo respondia,
Y en fecha memorable enaltecia
De Calderon el estro soberano;

Narrar el triunfo á mi nacion, ufano,
Quise de aquel, á cuyo genio un dia
Homenajes y aplausos ofrecia
El elevado espíritu germano.

Si en este libro realicé mi idea,
Aceptadlo, Señor: que en el se vea
Cual timbre augusto vuestro excelso nombre:

Y mostraré con gratitud de nuevo
Las nobles pruebas de bondad que debo
Al Monarca español de alto renombre.

Colonia, 16 de Noviembre de 1881.

Juan Fastenrath.

—

1. Calderon in Spanien.

(Das Calderonfest in Madrid. — Camoens, Calderon und Cervantes.)

Dein gedenk' ich, Calderon,
Und um Dich zu singen, bet' ich,
Denn auch in der Kunst betret' ich
Heiligthum der Religion.
Ja, ich bet' zu Gottes Thron,
Denk' ich deß', was Dir gegeben,
Denn durch Deines Geistes Leben
Durftest Gott Du so bezeugen,
Daß die Kniee der muß beugen,
Der zu Dir sich will erheben.

Nach dem granadinischen Dichter Antonio Lopez Muñoz.

Glücklich bin ich, wenn ich begeistert sein darf, und ich darf es sein Angesichts des wunderbarschönen Festes, mit dem das Spanien des 19. Jahrhunderts in den denk-würdigen Maitagen des Jahres 1881 unter den Auspicien eines poesiefreundlichen Königspaares den Spanier des 17. Jahrhunderts geehrt hat, der, in 68 jähriger literarischer Thätigkeit, als Knabe von 13 wie als Greis von 81 Jahren, immer die gleiche Frische, Gluth und Gedankentiefe, immer

dieselbe Anmuth und ritterliche Art bewahrend, das Muster=
bild eines christlichen Dramatikers und nach dem göttlichen
Dante das größte katholische Genie war. In der Vor=
ahnung des herrlichen Festes, mit dem Spanien am 200.
Todestage seines großen Sohnes eine jahrhundertalte Schuld
an Calderon, den Ersten unter den Besten, den Dichter,
Priester, Ritter und Philosophen abtrug, durch den wir
heute noch das Spanien vergangener Zeiten bewundern,
gleichwie wir, Dank der Asche des Vesuv, noch jetzt das
römische Pompeji erblicken, sagte Romualdo Alvarez Es=
pino, der General=Sekretär der Gabitanischen Akademie:
„Europa müßte taub sein, wenn es das Geräusch dieser
Feier nicht vernähme, und unermeßlich müßte die Trennung
zwischen Himmel und Erde sein, wenn die Klänge dieses
Festes mit reinstem Jubel nicht hörte die dankbare spanische
Seele Don Pedro Calderon de la Barca's.... Das
Calderonfest ist das Auto des 19. Jahrhunderts, ein gran
Teatro del Mundo,*) ein religiöser Akt der iberischen
Halbinsel, der zum Dache das Firmament, zur Leuchte die
Sonne, ein Grab zum Altar und zum Priester ein Volk
hat." Und ein Portugiese, J. C. Rodrigues da Costa
schrieb begeistert für den Dichter, dem Portugal die Ver=
herrlichung seines Heldensohnes, des unglücklichen Infanten
Don Fernando, des „Principe Constante", verdankt: „Das
Centenarium Calderon's muß für Spanien das sein, was
das des Camoens für Portugal war: die Morgenröthe
eines neuen Tages, der Beginn einer großen historischen
Bewegung, die glühende Sehnsucht, den Primat der In=

---

*) „El gran Teatro del Mundo" ist bekanntlich der Titel
eines der berühmtesten von Calderon's Autos Sacramentales.

teligenz, der Freiheit und des Fortschritts unter den neu=
lateinischen Völkern zu erlangen."

Portugiesische Dichter priesen Gil Vicente und Al=
maida Garett, Lope de Vega und Calderon als die
Eckfteine des glorreichen iberischen Theaters, besangen nicht
minder den Dichter, dessen letzter Seufzer gleich dem des
Schwanen ein Sang war,*) den großen spanischen Drama=
tiker Don Pedro Calderon de la Barca, wie den un=
fterblichen lufitanischen Epiker Luis de Camoens, der seine
Seele mit den Worten aushauchte: „Vaterland, wir sterben
zusammen!" Und aus dem Riesenhymnus der spanischen
Dichter, die Calderon in dem Hochgefühl feierten, einen
folchen Heros zu besitzen, den man nach einem seiner
bewunderungswürdigsten Dramen einen „wunderthätigen
Magus", nach einem seiner erhabenften Autos einen „gött=
lichen Orpheus" nennen könnte, klangen vor Allem die Töne:

---

*) Wie wir aus der „Coleccion epistolar" wissen, welche Don
Gregorio Mayans 1734 in Madrid veröffentlichte, schrieb der be=
rühmte Don Antonio Solis y Rivadeneyra in einem höchst be=
merkenswerthen Briefe vom 11. Juni 1681: Es starb unser guter
Freund don Pedro Calderon, singend, wie man vom Schwan sagt,
denn selbft in der Gefahr seiner Krankheit that er Alles, was er
konnte, um das zweite Auto des Corpus zu vollenden, und dann
vollendete er's, oder es vollendete es mit ihm D. Melchor de Leon.
Man sagt mir, daß dasjenige, welches er vollendet, zu den beften
zählt, die er in seinem Leben gemacht hat, und ich habe diesen
Verluft auch mit Rücksicht auf unsere alte Freundschaft schmerzlich
empfunden und bin jetzt darüber aufgebracht, daß Niemand unter
dem Adel Spaniens seine Exequien feiert, und daher der Fall ein=
tritt, daß dies die Komödianten besorgen, indem sie hierzu und
zu einer Predigt Guerra's, des Trinitariers, Einladungen ergehen
lassen, als die einzigen Gönner großer Geister. Beweis genug
dafür, daß der Beifall dieses Lebens sich in Moder verwandelt!"

„Alles in diesem Leben voll Illusion und Täuschung ist Traum, nur nicht Dein Ruhm, Sonne des Dramas, die vor zwei Jahrhunderten unterging, Genius, der ob der Vergänglichkeit alles irdischen Glücks und in der Erkenntniß, daß der Mensch, einem elenden Verbrecher gleich, die Kette unersättlichen Verlangens tragen muß, durch die Lippen Segismundo's den Seufzer ausstieß: Des Menschen größte Schuld ist geboren zu werden!*) Vielleicht war Dein Leben ein Traum, aber es wachte Dein Gefühl, und Dein Gedanke entfaltete mächtig die Schwingen! Wenn das Leben ein Traum ist, so ist Dein Traum Leben, und ihm ward das Vorrecht, im Arm des Ruhms zu erwachen. Nie hat man den Tod von der Freude begleitet gesehen; aber heute, wo das Vaterland des Tages gedenkt, an dem Du die sturmbewegte Welt verließest, um zu dem hohen Sitz emporzusteigen, der Deinem Werthe zukommt, ist das Licht des Firmamentes heller, und es lächeln die Blumen! Das Leben ist ein Traum, wenn man im Leben das Unsterbliche vergißt, welches den Geist entzückt, und der Traum ist Leben, wenn die Materie im Traume wünscht vom Unsterblichen absorbirt zu werden! Dein Traum ist des Vaterlandes höchste Ehre und sichert dem Träumer ein ewiges Erwachen. Du glänzest in den Annalen der Bühne, wie der zauberische Mond in der Sommernacht, der im Krystall des Sees sich spiegelt. Du, o Calderon, dessen Genius das Vergessen zum Sclaven gemacht, bedarfst zu Deiner Ehre der Stimme eines großen Volkes nicht, das heute Dir zujauchzt, da das Gewicht zweier Jahrhunderte auf Deine Stirne gesunken, in der der Genius glühte, denn Alles ist ein Traum, nur nicht Dein Ruhm!"

*) 1. Akt, 2. Scene, in „Das Leben ein Traum."

Diese Klänge, Dem geweiht, der in allen Jahrhun=
derten sein Centenarium haben muß, und von dem einer
der gefeiertsten spanischen Dichter der Gegenwart, Don
Ramon de Campoamor, sagte:

„Tan grande fué que ante él todo es pequeño,
Un delito el nacer, la vida un sueño.“

(So groß war er, daß Alles klein auf Erden,
Das Leben Traum, Schuld das Geborenwerden!)

Diese Klänge sind ein Nachhall der beiden Sonette,
die Don Juan Eugenio Hartzenbusch und Don Juan Nicasio
Gallego der Sonne der spanischen Bühne, dem Genius ge=
sungen, der den schönsten und fruchtbarsten Traum des
Lebens geträumt, dessen Leben der Traum des Poeten und
dessen Tod der Traum des Ruhmes war.

Das Sonett des Hartzenbusch, des berühmten Madrider
Dichters, dem es ebensowenig wie dem Don Juan Nicasio
Gallego vergönnt war die Calderonfeier zu erleben, lautet
im Original:

Soneto.

Con voz clamaste de pesar profundo
Al contemplar la pequeñez humana,
„Sombra es la vida, como el sueño vana;
Y fantástico sueño el bien del mundo.“

Pero brillando tú, claro y fecundo
Sol en los cercos de la escena hispana,
¿Cómo ilusion te pareció liviana
La fuerza de tu ingenio sin segundo?

Tú, desde el envidiado Manzanares
Al Arno, al Rhin y al Plata, mereciste
Respeto, admiracion, lauros y altares;

Y pues eterna vive tu memoria,
Con mas justa razon decir debiste:
„Sueño todo será; verdad mi gloria."

Hier meine Uebertragung:

Sonett.

Als Du vor's Aug' die Kleinheit Dir gestellt
Des Menschenseins, sprach Deiner Stimme Beben:
Ein leerer Traum, ein Schatten ist das Leben,
Ein Traum phantastisch ist das Gut der Welt!

Doch da als Sonne Du dem Zauberfeld
Der span'schen Bühne hellen Glanz gegeben,
Wie konnte Dir als flücht'gen Traumes Weben
Erscheinen Dein Genie, Du Geisteshelb?

Du, dem vom Manzanares bis zum Rheine
Und bis zum Arno sie, zum Plata zollen
Bewund'rung, Ehrfurcht, Lorbeer und Altar,

Da ewig doch Ein Name lebt, der Deine,
So hätt'st mit größerm Recht Du sagen sollen:
Wenn Alles Traum auch, ist mein Ruhm doch wahr!

Das Sonett des Juan Nicasio Gallego lautet im Original:

En la traslacion
de los
restos de Don Pedro Calderon de la Barca, al cementerio de San Nicolás.

Gloria y delicia de los pátrios lares,
¡Buen Calderon! de tu fecunda vena
El copioso raudal el orbe llena
Venciendo espacios y cruzando mares.

Difunden hoy tus dramas á millares
Las prensas de Leipsick, los oye Viena,
Y hasta en las playas bálticas resuena
El cisne del modesto Manzanares.

¡Oh hispana juventad! Si al árduo empeño
De hollar del Pindo la sublime altura
No te alentare porvenir risueño,

Esa pompa, ese mármol te asegura
Con muda voz, que si la vida es sueño,
Siglos de siglos el renombre dura.

Auch diesem Sonett möge meine Uebersetzung folgen

Bei der Uebertragung
der Ueberreste Don Pedro Calderon de la Barca's zum Friedhof von St. Nicolaus.

Der hochberühmt am heim'schen Herd gesessen,
O Calderon, ich seh' den Raum bezwingen
Die Fluthen Deines Geistes, sehe bringen
Durch Meere was Du sangest unvergessen!

Es drucken Deine Dramen Leipzigs Pressen
Zu Tausenden, es höret Wien Dein Singen,
Das selbst an balt'schen Ufern muß erklingen,
Der kleine Manzanares freut sich dessen!

O span'sche Jugend, wenn zu dem Bestreben,
Zu Pindus' steiler Höhe Dich zu wagen,
Dir nicht der Zukunft Lächeln Muth mag geben,

Wird dieser Pomp Dir, dieser Marmor sagen
Mit stummer Stimme, daß, wenn Traum das Leben,
Wird durch Jahrtausende der Ruhm getragen!

Die britte der Poesien aber, die vor dem Säcularfest
Calderon's in Spanien gedichtet worden, ist folgende Grab=
schrift, von Francisco Martinez de la Rosa geschrieben:

Epitafio.

Sol de la hispana escena sin segundo
Aquí Don Pedro Calderon reposa:
Paz y descanso ofrécele esta losa,
Corona el cielo, admiracion el mundo.

Dies lautet in meiner Uebertragung:

Grabschrift.

Hier ruht, der Sonne sonder Gleichen war
Der span'schen Bühne, Calderon's Gebein:
Ihm bringet Frieden dieser Leichenstein,
Der Himmel krönt, die Welt Bewund'rung bar. *)

---

*) Oder: Der Himmel Kron', Preis . . . . bar.

Wäre es ihm, der im Hinblick auf seine Werke mit mehr Recht als der lateinische Dichter von sich hätte sagen können: „Non omnis moriar"; wäre es ihm, dem Fürsten der spanischen Dramatiker, an seinem Säkularfest verstattet gewesen, ein zweiter Lazarus, die Gruft zu verlassen, mit welch tiefem Staunen hätte er alle Kreise seines Vaterlandes von dem Einen Gedanken erfüllt gesehen, ihn, eine der hellsten Leuchten der spanischen Literatur, das Symbol des spanischen Nationalgenius, den Dichter zu ehren, der, um mich eines Ausdrucks des Professors der spanischen Literatur an der Universität Granada, Don Leopoldo Eguilaz y Yanguas, zu bedienen, „die corrales de comedias *) und die öffent= lichen Plätze Spaniens in eine große Akademie verwandelte, in welcher in der Form dramatischer Katechismen dem Pub= likum zeitweise Lektionen dogmatischer Theologie, scholastischer Philosophie, heiliger und weltlicher Geschichte, der Symbolik und der Mythologie, der Höflichkeit und des feinen An= standes, der Politik und der Moral, der Grammatik und Rhetorik gegeben wurden."

Drei berühmte Söhne des 16. Jahrhunderts: Camoens, geboren 1525; Cervantes geboren 1547; Calderon, ge= boren 1600, stellen in ihren Werken den Geist und die Seele der iberischen Halbinsel dar. Dem portugiesischen Volke war es beschieden, den Reigen der iberischen Säkular= feste zu eröffnen, indem es den 300. Todestag des Luis de Camoens feierte, dessen episches Gedicht Os Lusiadas die Geschichte nicht bloß Portugals, sondern der ganzen Halb= insel bis zum ruhmreichen Unternehmen Vasco de Gama's poetisch verherrlicht.

---

*) Die corrales de comedias (Schauspielhöfe) waren Höfe, an denen die Hinterseiten verschiedener Häuser zusammenstießen.

Die Camoensfeier in Lissabon im Jahre 1880 aber
war die Wiege des Calderonfestes in Madrid im Jahre 1881,
und aus dem großartigen Calderonfeste möchte der, welcher zu
demselben den ersten Impuls gegeben, der begeisterte spanische Schriftsteller Don Luis Vidart eine würdige Cervantesfeier hervorgehen sehen. Sind doch diese drei Riesengenien,
deren Namen die Jahrhunderte in Marmor und Erz schreiben,
die ersten Iberiens und singt doch Rafael Araujo y Prádanos
in einer spanischen Decime mit Recht, die ich also verdeutsche:

> Dich, Iberien, o Matrone,
> Sah der Erdkreis staunend an,
> Da zwei Welten unterthan
> Waren Deiner stolzen Krone!
> Daß von Zone Du zu Zone
> Strahlest auf dem Herrscherthron,
> Zeig' die Zeichen nur, die hoh'n,
> Die im Schild Dir unverloren,
> Daß Cervantes Du geboren,
> Camoens und Calderon!

Von diesem Dreigestirn der spanischen Poesie sagt José
Navarrete:

> Zum Schwerte bald und bald zur Feder greifend,
> Ein Camoens, ein Calderon, Cervantes,
> Stellt dar in Werken, die unsterblich leben,
> Die Größe wie den Wahn des Vaterlandes.

Calderon und Cervantes! Beide haben in Riesen-
schöpfungen das Spanien ihrer Zeit dargestellt. In dem bittern
Lachen des Cervantes wie in dem finstern Ernst Calderon's
empfindet man die letzten Zuckungen des Kolosses, der unter

dem Gewicht seines Ruhmes und seiner Verirrungen, seiner Laster und seiner Tugenden zu Boden sank.

Der große Epiker Camoens, der große Dramatiker Calderon, dessen Dichter-Individualität vor dem nationalen Gedanken seiner Schöpfungen zurücktritt, und Cervantes, der Verfasser des Don Quijote, dieses epischen Gedichtes in Prosa, sind einander ungemein ähnlich in ihrem Entschluß von der Aula zum Soldatenstand überzugehen, in ihren Lebensschicksalen, in ihrer Armuth, in ihren Leiden und in der epischen Tendenz ihrer Dichtung, und mit begreiflicher Ungeduld möchte der Cervantist Vidart, der die Seele des Calderonfestes gewesen, das Centenarium des populärsten aller Schriftsteller der pyrenäischen Halbinsel, des unsterb=lichen Cervantes, dem des Calderon naherücken und des=halb nicht erst den 300. Todestag des „Manco de Lepanto", das Jahr 1916, abwarten, denn dann könnte vielleicht die löbliche Sitte der Säkularfeste nicht mehr bestehen, und der im Leben so unglückliche Cervantes, der es nach dem Urtheil der meisten Madrider Schriftsteller und des Portugiesen Teófilo Braga zuerst verdient von der ganzen iberischen Nation gefeiert zu werden, hätte noch Unglück über das Grab hinaus. Er schlägt daher vor, schon 1884 eine große Cervantesfeier zu begehen, denn dann werden es 300 Jahre, daß die Galatea erschien, und daß Cervantes, der bis dahin der Manco de Lepanto, der Gefangene von Argel, der Veteran bei der Einnahme der Insel Tercera gewesen, in das literarische Leben eintrat. Ob die Idee Vidart's Anklang finden wird, oder ob die spanische Nation es vorzieht, ihre ganze Kraft aufzusparen für das Jahr 1892, das große Centenarium des Columbus, das Fest der Entdeckung von Amerika, (eines Ereignisses, das in der

weltlichen Geschichte seines Gleichen nicht hat und in der
religiösen, wie Don Juan Valera sagt, nur verglichen werden
kann mit dem Tag des Sinai, an dem Moses mit den
Gesetzestafeln herabstieg, mit dem Tag, an dem Sahianumi
von Kapilavastu floh, mit dem Tag, an welchem Mahomet
aus Mekka floh, und mit dem Tag, an welchem Jesus auf
dem Kalvarienberg starb) weiß ich nicht. Das aber weiß
ich, daß Spaniens Ehre nach der glänzenden Apotheose
Calderon's auch die des Cervantes erheischt, und daß, wenn
auch für den Dichter des Dramas „Das Leben ein Traum"
die Eine Schöpfung des Segismundo mehr Werth hat als
alle Denkmale, das Volk, das ihn mit Stolz den seinen
nennt, doch durch diese Denkmale und Apotheosen sich selbst
ehrt, indem es der Poesie ihren Tribut zollt. Von ihr
sagt Francisco Perez Echevarría: „Die Poesie ist für die
Seele was die Sonne für die Erde: sie erleuchtet und ver=
schönt sie. Mag es die Reichen immerhin schmerzen, die
Dichter sind die bezorzugten Wesen der Erde. Ihr wirk=
liches Vermögen ist größer. Seht Euch an, was Calderon
und was Krösus der Welt hinterlassen haben und vergleicht.
Das Vermächtniß eines Buches ist oft mehr werth als das
Vermächtniß einer Welt. Von Amerika haben wir etwas,
was uns das Schicksal niemals entreißen kann: die Araucana von Ercilla. Niemand weiß, wie weit mit der Zeit die
Kanonen reichen werden, aber mit Bestimmtheit weiß man,
daß sie nie so weit reichen werden wie eine Idee. Man
muß weinen, wenn man an der Gerechtigkeit auf Erden
zweifelt. Aber wenn man die prunkhafte Figur des großen
Conde=Duque de Olivares neben den bescheidenen Calderon
stellt, so muß man lachen und an die Gerechtigkeit des
Himmels glauben."

Wie sehr die Spanier Cervantes lieben, mag man daraus entnehmen, daß der treffliche Novellist J. Ortega Munilla im Madrider „Imparcial" schrieb: „Das Festcomité der Calderonfeier hat den guten Entschluß gefaßt, den historischen Festzug am 27. Mai nicht an der Statue des Cervantes vorüberziehen zu lassen. Diesen Gedanken hat ihm das Gewissen Spaniens eingegeben."

Als Deutscher aber freue ich mich unendlich, daß Calderon, diese Ceder des Libanon, die sich gen Himmel erhebt, jetzt in Spanien geehrt worden, ward er doch zuerst in diesem Jahrhundert von Deutschen gewürdigt, und gerne theile ich hier mit, was Gonzalez Serrano über Calderon und Goethe sagt, nachdem er die Stellen aus dem „Wunderthätigen Magus" (3. Akt, 21. Scene):

> Cipriano : porque á saber llego
> Que, sin el gran Dios que busco,
> Que adoro y que reverencio,
> Las humanas glorias son
> Polvo, humo, ceniza y viento.
> (Cyprian: weil ich jetzo es erfahren,
> daß ohn' den Gott, den ich suche
> und vor dem ich niederfalle,
> aller Ruhm der Menschen ist
> Staub und Rauch und Wind und Asche).

den Worten aus dem 5. Akt von Goethe's Faust gegenübergestellt:

> Ja! diesem Sinne bin ich ganz ergeben,
> Das ist der Weisheit letzter Schluß;
> Nur der verdient sich Freiheit wie das Leben,
> Der täglich sie erobern muß.

Gonzalez Serrano sagt darauf: „Die großen Genien (und Calderon ist es ohne Zweifel) sind Genien ihrer Zeit oder der Ewigkeit, nationale oder menschliche. Calderon ist der Dichter seiner Zeit und national; er hat sich das Ideal seiner Zeiten, das katholische Ideal, so assimilirt, daß er es zum Mark und inneren Nerv aller seiner Schöpfungen macht, daß er deshalb für Staub, Rauch, Asche und Wind Alles erklärt, was nicht ist, lebt und athmet im Katholicismus. — Goethe, ein Dichter, der Calderon nicht an Genie übertrifft, überragt ihn an Conception und Transcendenz: er ist Dichter aller Zeiten, er ist menschlich und erklärt zum Lebensgesetz Handlung und Kampf. Wer von Beiden hatte Recht? Wer von Beiden gibt den Schlüssel des Räthsels? Beide werden es wissen, dort in der erhabenen Region der Ewigkeit; wir Lebenden können kaum, Jeder nach seinen Neigungen, etwas von dem ahnen, was die von Beiden geahnte Wahrheit einschließt, da die ganze und vollkommene Wahrheit erst das Schicksal offenbaren muß, das in die Nebel und Halbschatten des Künftigen gehüllt ist, welches die Zukunft des Menschen und der Menschheit verbirgt."

Calderon, für den der Porticus des Grabes zur glänzendsten Apotheose geworden, ist die lebendigste Inkarnation des spanischen Genius, jenes Genius, der seine Karabellen an die Gestade von San Salvador trug, der, von Magallanes geführt, die Meere des Ostens durchschiffte, der den Halbmond in den Staub darniederwarf und den Mauren aus dem paradiesischen Granada vertrieb, der die Schiffe in Neu-Spanien verbrannte und das Banner der Civilisation in Peru und am La Plata aufpflanzte. Das Fest zu Ehren Calderon's hat den spanischen Charakter in seinem vollen

Glanze gezeigt; es hat bewiesen, daß dem großen Dichter
die Macht innewohnt, den Willen Aller zu eblem Beginnen zu einen. Und wer wollte noch am spanischen Volke
zweifeln, wenn er es eins sieht im Denken, Fühlen und
Handeln, wenn er sieht, daß es einen Helben seiner Geschichte feiert, der seinen Ruhm nicht den Waffen, nicht dem
Stolz der Macht, nicht der Herrschaft der Gewalt verdankt,
sondern der Begeisterung, mit der Gott ihn erfüllt, und dem
schöpferischen Keim, der in seinen Werken liegt? Spanien
hat sich durch die Erinnerung an ihn, seinen Schutzgeist,
erhoben, der zu ihm spricht: „Steh' auf und wandle! Sei
das Vaterland der Intelligenz und Du wirst groß sein, sei
das Vaterland der Seele und Du bist ewig!"

Ich aber dachte an die Worte des großen patriotischen
Sängers Quintana in seiner Tragödie „Pelayo":

Kein Vaterland gibt's, Veremundo? Trägt es
Nicht in dem Busen jeber gute Spanier?
Es athmet unaufhörlich in dem meinen:
Der Väter Religion, die hocherhaben,
Der Väter Sitten, Sprache, heilige Gesetze,
Sie haben einen Altar hier, den rein bewahren
Ich werb' zu allen Zeiten. *)

---

*) Hier der spanische Text, den ich oben in meiner Ueber-
setzung wiedergegeben:

¿No hay patria, Veremundo?¿ No la lleva
Todo buen español dentro del pecho?
Ella en el mio sin cesar respira:
La augusta religion de mis abuelos,
Sus costumbres, su hablar, sus santas leyes
Tienen aquí un altar que en ningun tiempo
Profanado será.

Der berühmte spanische Kritiker im ersten Drittel dieses Jahrhunderts, Larra, gedachte in einem seiner besten Artikel der vielen Fälle, in denen Europa den spanischen Boden zu seinem Ringplatz gemacht, denn hier haben Rom und Karthago ihren jahrhundertlangen Kampf entschieden; hier stritten acht Jahrhunderte hindurch das Kreuz und der Halbmond; hier verwundete der englische Leopard den gallischen Kaiserabler und half dem spanischen Leu die Welt von der napoleonischen Militärherrschaft zu befreien. Man sollte daher, meint Larra, auf dem verwüsteten spanischen Boden eine Fahne aufpflanzen, auf der man die Worte läse: „Hier war das Schlachtfeld!" Aber nach den literarischen, wissenschaftlichen und Volksfesten des Centenariums Calderon's, die in Madrid vor den Vertretern von Europa gefeiert wurden, müßte die Inschrift, ehrend für Spanien, lauten: „Hier war das Turnier des Geistes! Hier war der öffentliche Tribut, der dem Genius dargebracht wurde, dessen Siege kein Blut kosten und der der ganzen Menschheit angehört!"

An diesen Festen, deren Erinnerung die Zeit nicht auslöschen wird, da sie stets ein Echo finden werden in den spanischen Herzen, habe ich theilgenommen als Vertreter des „Allgemeinen Deutschen Schriftsteller-Verbandes" und des „Literarischen Vereins in Stuttgart". Ich habe dieselben bereits kurz in dem ersten Heft der Zeitschrift: „Auf der Höhe" (vom 1. Oktober 1881) beschrieben. Aber ich will sie hier ausführlicher schildern, zur Genugthuung der Nation, die durch den Mund der beiden Schlegel und Böhl von Faber's die Größe Calderon's den eigenen Landsleuten desselben verkündet, und dem Volke zur Ehre, das für seine großen Söhne das Emblem der Dankbarkeit rein hält und das wie auf Cervantes, den Romandichter ohne Gleichen, stolz sein darf auf Calderon und die ununterbrochene Galerie großer dramatischer Autoren, auf das gewaltige Repertoire seiner dramatischen Schöpfungen, ein lebendiges Denkmal der Ideen und Gefühle, der Traditionen und Sitten der spanischen Nation.

Und mit Carlos Coello rufe ich in Bezug auf Calderon aus, dessen Gestirn im Osten aufging, als das des Lope de Vega nach glorreich vollendeter Mission im Westen untergegangen:

> Unter seines Geistes Bann
> Steht die Welt, ruft tausendtönig:
> Lope war der Bühne König,
> Calderon ist ihr Tyrann!
> Seinen Strom ergründen kann
> Die Kritik doch nimmermehr:
> Wenn das große weite Meer
> Seine Fluth beginnt zu heben,
> Ward nur Hauch der Welt gegeben,
> Anzustaunen, was so hehr!

Und ich spreche mit Marcos Zapata vom Dichter, dessen Idealismus ein Protest gegen den Verfall des Vaterlandes, ein Sehnen nach zukünftiger Größe, ein civilisatorischer Gedanke war:

> Charakter in jedem Profil,
> Poem in jeglichem Plan
> Und Muth zu erhabenem Ziel,
> Grabstichel der Federkiel,
> Die Seele gleich dem Vulkan.

Licht, Farbe und Harmonie,
Gedanken und Leidenschaft
Und Ströme von Poesie,
Eine Welt von Philosophie
Ist Calderon und seine Kraft!

Nicht leugnen darf ich jedoch, daß ebenso wie nach
Ansicht vieler Madrider Schriftsteller mehr als Calderon
Cervantes die Huldigungen der ganzen Nation verdient
hätte, auch dem Lope de Vega als Dramatiker von einigen
spanischen Schriftstellern (z. B. Don Ventura de la Vega)
der Vorzug vor Calderon gegeben wird, und daß Don
Juan Valera nicht bloß Lope de Vega, den Gründer des
spanischen Theaters, sondern auch Tirso, der bisher stets
nur als der Dritte in der Hierarchie der spanischen Drama=
tiker betrachtet wurde, über Calderon stellt. So sagt der
eben erwähnte Valera in seiner Studie über Don Ventura
de la Vega, den Autor des Dramas: „El Hombre de
mundo“ und der Tragödie: „La muerte de César“:
„Lope ist Epiker, Lyriker und Dramatiker zugleich; seine Ge=
fühle und Leidenschaften sind menschlicher; es sind die
aller Zeiten und nicht wie bei Calderon ein treuer Spiegel
der Gefühle und Leidenschaften eines Zeitalters, in welchem
der große Sinn der Spanier, auf ein kolossales Unter=
nehmen gerichtet, eine diesem Volk zu exclusiv eigenthümliche
Kultur erzeugte, in der uns, wenn wir sie jetzt auch ganz
verstehen, doch Manches falsch, ungeheuerlich oder wenigstens
übertrieben erscheint.“ Und derselbe Valera fügt, nachdem
er von dem exclusiv katholischen Gedanken in den Werken
Calderon's gesprochen, der für die Männer dieses Jahr=
hunderts, namentlich wenn sie nicht Spanier sind, etwas
Exotisches hat, was ihm bei Einigen, wie bei den beiden Schle=

gel, einen befonderen Reiz verleiht, die Bemerkung hinzu: „Oft überzeuge ich mich, daß, wenn Spanien wiederum an Macht und Reichthum so groß würde wie Großbritannien und sich bemühte seine alten Dramatiker zur Geltung zu bringen, die Gestalten eines Lope und Tirso leicht auf das Niveau Shakespeare's oder über dasselbe hinaus steigen würden, wenn auch Calderon unter ihm bliebe, da er später und in einer Zeit größerer Corruption und größeren Verfalles erschien."

Hierauf möchte ich erwiedern, daß das Urtheil über einen Dichter mit den Machtverhältnissen der Nation, der er angehört, gar nichts zu thun hat. Jedenfalls aber hat die spanische Decime des Valentin Marin y Carbonell Recht, die ich folgendermaßen verdeutsche:

> Land, in welchem seinen Stahl
> Einst Guzman im Kampf geschwungen;
> Dem Velasquez Ruhm errungen
> Und Murillo's Bildersaal;
> Land, dem hohes Ehrenmal
> Wurde von des Kriegs Hero'n,
> Aus der Gruft die Legion
> Kannst beschwören du von Riesen:
> Ihn, Cervantes, hochgepriesen,
> Lope, Tirso, Calderon!

So will ich denn erzählen von den Calderonianischen Festen, bei denen die spanische Muse des Enrique de Cis=neros selbst eine der gelungensten Schöpfungen des Dichters, den Alkalden von Zalamea, in einer Romanze redend ein=führt, die ich hier in meiner Uebertragung folgen lasse:

Der Alkalde von Zalamea
beim Centenarium Calderon de la Barca's.

Bei dem Christ! nach Zalamea
Ist gedrungen das Geräusch
Dieses Festes. Es zu feiern
Hab' auch ich mich sehr gesehnt,
Der Alkalde lebenslänglich
Durch den König unsern Herrn,
Doch durch Calderon noch mehr es
Wurde, durch des Dichters Werk,
Der als besten der Alkalden
Einen Bauer hingestellt.

Ich repräsentir' des Bürgers
Macht und die Vernunft, das Recht
Unterdrückter Bürgersleute
Gegen den, der es verletzt.
Bin Justiz, die ordentliche,
Tugend ohne Wappen hehr,
Und dem Kriegsmann gegenüber
Als rechtschaffner Mann ich steh'.

Sein Jahrhundert überflügelnd
Und die beiden andern selbst,
Die ihm folgten, hat Don Pedro
Als er mich schuf, wohl geträumt
Von der Festigkeit des Richters,
Von der Gleichheit vor'm Gesetz,
Von der Kürze des Processes
Und der Privilegien End'.

Und in seinem Geiste krönend
Solchen Fortschritt, hat den Knecht
Früh'rer Zeiten er verwandelt
In den Mann, der ehrenwerth;
Hat's gethan mit diesen Worten,
Drin Ihr seine Gluth erkennt:
„Wohl dem König Gut und Leben
Soll man weihen, doch die Ehr'
Ist ein Eigenthum der Seele,
Und die hat nur Gott zum Herrn!" —

Seine Seele sendet Strahlen,
Von lebend'gem Lichte!... Glänz'
Hell im Ruhm, Kastiliens Sonne!
Laßt uns rufen ihm zur Ehr'!
Und wer bei so edler Feier,
Wer bei dem erhabnen Fest,
Das geweiht dem großen Dichter,
Von Begeist'rung nicht entbrennt,
Ist — ich schwör's bei diesem Stabe! —
Ist kein Christ, kein Spanier mehr.

Die Calderonianischen Feste aber, diese Tage des
Gottesfriedens, in denen zwei Namen: Calderon und Spanien Alles beherrschten, haben nicht bloß die Spanier, sondern alle gebildeten Nationen durch den Mund ihrer Dichter
mitgefeiert, und Don Antonio Alcalbe Vallabares durfte
den hehren Schatten Calderon's mit den Worten begrüßen:

Mira, de pueblos lejanos
vienen á ofrecerte flores
afamados trovadores

de nuestras almas hermanos:
suenan los himnos germanos;
canta el arpa provenzal,
te brindan lauro inmortal
á más de la noble Galia
desde América hasta Italia,
deste el Rhin á Portugal.

(Schau! von fremden Völkern kommen Dir Blumen
zu bieten berühmte Troubadours, unserer Seelen Brüder:
es tönen die deutschen Hymnen; es singt die provenzalische
Harfe; unsterblichen Lorbeer bringen sie Dir außer dem
edlen Gallien von Amerika bis Italien, vom Rhein bis
Portugal.)

Vorüber sind die Calderonianischen Feste, aber das An=
denken an die Sühne bleibt, die in Spanien dem Dichter
widerfahren, der mystische Harfen vernahm, der den Accent
der tragischen Muse zu sprechen wußte und dessen „Luis
Perez el Gallego" vielleicht die Originalidee von Schiller's
Räubern einschließt; dem Dichter, der, weitentfernt an der
Vertreibung der Moriscos mit Schuld zu sein, in „Amar
despues de la muerte" und in „La niña de Gomez
Arias" diejenigen vertheidigt, die der verbannten Race treu
geblieben, und welcher stets den Cultus der Ehre gepflegt, der,
wenn er auch Aberglauben und Fanatismus erzeugt, doch
im Leben der Völker Wunder vollbringt.

Vorüber ist der historische Festzug, aber jeder Spanier,
der ihm beigewohnt hat, muß stolzer und jetzt noch mehr sich
als Spanier fühlen.

Vorüber sind die Feste des Gedankens, in denen
Calderon in der Seele Aller, vom König bis zum Bettler,

vom General bis zum Gemeinen, vom Künstler bis zum niedrigsten Handwerker war und jede Körperschaft der pyrenäischen Halbinsel einen Kranz niederlegte auf das Grab des Dichterfürsten, dessen unscheinbares Mausoleum neben der Sakristei der Kirche der Presbíteros Naturales de Madrid im umgekehrten Verhältniß zu den Verdiensten dessen steht, dem es geweiht ist, gerade wie das Haus, das er bewohnte, an die Enge des Grabes erinnert.

Vorüber sind die Feste von Madrid, in denen alle Nationen im Namen der allgemeinen Brüderlichkeit und Deutschland als das Gehirn der Menschheit begrüßt wurde.

Vorüber sind die Feste, aber Calderon, des menschlichen Ruhmes ewiges Symbol, in welchem wir Genie und Tugend zugleich lieben, bleibt, und ich rufe mit dem spanischen Dichter Don Manuel del Palacio aus:

Erst gestern vor dem Leichenstein
    In einer Kirche Schooße,
Gleichwie bescheidne Muschel
    Schließt eine Perle ein,
Beugte die Knie' das Königspaar,
    Beugte die Knie' der Große,
Das Scepter zu verehren,
    Das Gott verleiht allein!

Heut' bleibt vom ungewohnten Lärm
    Der Wagen und Kanonen
Und von des Volkes Brausen
    Und der Begeist'rung Ton,
Von Schilden und Dalmaticas
    Und Fahnen zu Millionen
Nur Ein Gedächtniß übrig,
    Ein Name: Calderon!

Vorüber, letzte Echos, zieht
Der jubelreichen Klänge!
Vorüber, süße Lieder
Mit eurem mächt'gen Ton!
Vorüber, schöne Bilder, zieht,
Der Stunde Lustgepränge!
Vorüber, Eines bleibet,
Das Ew'ge: Calderon!

2. Beginn der Madrider Calderonfeier am 22. Mai 1881.

(Die Sitzung der Asociacion de Profesores Mercantiles. — Der Festakt der Universität. — Die velada der Comision ejecutiva del Centenario. — Die historische Ausstellung.)

Spaniens Genius, er lebt ganz
In drei Wundern, in drei Riesen:
In Cervantes. hochgepriesen,
Calderon, Romanzenkranz.
Freiheit, neuer Aera Glanz
Ward der Kunst von diesen Dreien.
Kann vom Tod sie nicht befreien
Werke, die von Menschen kamen,
Wird die Zeit doch der drei Namen
Ewigkeit bestät'gen, weihen!

Nach Don Ventura Ruiz Aguilera.

Um die Mitte des Mai 1881, der diesmal in Madrid ein wahrer Wonnemonat war, als ob das zauberische Valencia, als ob ganz Hesperien dorthin seine Blumen und Kränze gesandt, kam ich in der Metropole Spaniens,

der Stadt des Calderon, an, um das Gedächtniß des Dichters
mitzufeiern, dessen Ideale Religion, Ehre und König, dessen
Mutter Spanien, dessen Vaterland die Welt war. Am
Bahnhof sah ich sie wieder, die treuen Freunde, die Brüder
meiner Seele, die Dichter und Schriftsteller des gastlichen
Madrid: die begeisterten Calderonsänger Don Ventura Ruiz
Aguilera und Don Antonio Alcalde Valladares, von denen
der Erstere gleich dem erhabenen Helden seiner Muse die
Universität Salamanca seine alma mater nannte, und den
Lustspieldichter Don Manuel Juan Diana, der mit seinem
„Recept gegen Schwiegermütter" zuerst einen für Poesie
und Kunst schwärmenden König, Ludwig I. von Baiern,
und dann ganz Deutschland ebenso wie Spanien und Frankreich ergötzt. Als wäre ich einer der Ihrigen, wurde ich
gleich der Comision ejecutiva del Centenario de Calderon
zugeführt, die sich am 17. Januar 1881, dem 281. Ge-
burtstag des unsterblichen Dramatikers, konstituirt und den
Staatsmann und Schriftsteller Don Antonio Romero Ortiz
zu ihrem Präsidenten und zu Mitgliedern die beiden Urheber des Gedankens einer Calderonfeier, Don Manuel
Maria José de Galdo und Don Luis Vidart, ferner den
Geistlichen Don Florencio Menendez y Gonzalez als Vertreter der von Don Jerónimo de Quintana gegründeten
Congregacion de Presbíteros naturales de Madrid (Congregation der aus Madrid gebürtigen Geistlichen), der
Calderon angehört hatte und die seine sterblichen Ueberreste
und sein Gedächtniß bewahrt, den Generallieutenant Don
Miguel Trillo Figueroa als Vertreter des Heeres, welches ja
auch den großen Dichter in seinen Reihen sah, und außerdem
Don Emilio Arrieta, den Direktor der Escuela de Música y
Declamacion, und Don Andrés Borrego, den Dekan der Ma-

briber Presse, zu Mitgliedern zählte und Don Jesus Pando y
Valle zum Sekretär hatte. Diesen Männern vor Allem ge=
bührt der Ruhm, Spaniens und Madrid's Annalen durch ein
wahres Nationalfest bereichert zu haben, welches Jeden, der es
gesehen, zu dem Ausruf begeisterte: „Das Spanien des
19. Jahrhunderts ist die würdige Tochter des Spaniens
Calderon's." Sie haben durch den Feuereifer, mit dem
sie alle Spanier erfüllten, die Charakteristik zu Schanden
gemacht, die R. Gil Osforio y Sanchez in der „Correspon=
dencia Musical" vom 25. Mai 1881 von den heutigen
Spaniern im Gegensatz zu denen früherer Zeiten entwirft,
wenn er in seinem Aufsatz: „El mayor mónstruo, los
años" (der Ungeheuer Größtes die Jahre) sagt: „Die
Spanier jener Jahrhunderte (der Zeit der Epopöen von
Granada, Pavia, Otumba und Lepanto) glauben, sie sind
fanatisch, stürzen sich in jede Art aufregender, wenn auch
oft unfruchtbarer Thaten und leben von der Einbildungs=
kraft. Die heutigen Spanier sinnen, berathen, sprechen und
rühren sich nicht: sie leben von der Verstandesthätigkeit.
Damals wurde ein toller Streich ohne Ueberlegung gethan,
auf jede Weise gethan; heute wird etwas Gutes, etwas
Nothwendiges, vom gesunden Menschenverstand Eingegebenes
gedacht, viel besprochen und nicht gethan. Wir haben den
Don Quijote begraben und den Sancho Panza zur Hoch=
schule erzogen." Es war gut, daß jene Männer, die Cal=
deron heute zu seiner Apotheose verhalfen, nicht an die
Worte dachten, die ein 16jähriger Knabe, Julio Nombela
y Campos, in der Madrider „Ilustracion Española y
Americana" vom 8. Mai 1881 schrieb: „Calderon ist
träumend gestorben, und es ist nicht möglich ihn aufzuwecken.
Errichtet ihm Piedestale, feiert sein Centenarium mit prunk=

reichen Festen, strengt all Euren Geist an, um einem so erhabenen Dichter die verdienten Ehren zu zollen, und Ihr werdet es nicht erlangen. Die Welt wird sein Haupt nicht mit der Aureole der Begeisterung zu umgeben vermögen, denn wenn sie dem großen Manne zujauchzt, wenn sie ihn bewundert und seinen Namen mit Liebe und Verehrung ausspricht, wird Calderon schweigsam und kalt bleiben und sein Drama wird der Menschheit zurufen: En este mundo todo es sueño (In dieser Welt ist Alles Traum!) Und der Kampf wird beginnen zwischen dem Endlichen und dem Unendlichen, zwischen dem Himmel und der Erde, zwischen dem Genius und dem Ruhm, zwischen Calderon und der Welt, zwischen dem Traum des Lebens und La vida es sueño."

Noch ehe der 25. Mai, der erste Tag des Centenariums, erschien, an welchem das Concert der Huldigungen für Calderon begann, 20000 Teppiche von den Balkonen herabhingen und 80000 Lichter brannten, befand sich, dem Ausdruck des Alkalden von Madrid Don José Abascal zufolge, das Gehirn des literarischen Europa in Madrid, war Festfreude auf jedem Antlitz zu lesen, und ertönte jede Sekunde auf der puerta del Sol der Name Calderon's von den Lippen der Verkäufer und Verkäuferinnen Calderonianscher Dramen und Festprogramme. In allen Schaufenstern prangte des Dichters Bild, und die schönen Kränze waren ausgestellt, die ihm die Verehrung geweiht. Das kleine vierstöckige mit Balkonen versehene Haus Nr. 95 der calle Mayor, in welchem Calderon gelebt und gestorben,*)

---

*) Dies Haus liegt in dem ehemaligen Bezirke der Platerias, in welchem die Gilde der reichen Madrider Goldschmiede wohnte. Wer athmet nicht hier das Arom der Unsterblichkeit, wer da weiß

uub das so enge war, daß, wie Don José Fernandez Bremon
sagt, wenn Calderon's Leichnam hätte fühlen können, er
keinen Unterschied wahrgenommen haben würde zwischen
der Enge des Grabes und seiner früheren Wohnung; dies
kleine Haus, sage ich, wurde vollständig von einer Trauer-
dekoration bedeckt. Dieselbe zeigte zwei durch einen Streifen
mit einander verbundene Obelisken, die Titel der Hauptwerke
Calderon's, sein Bild, von der Fama und der Unsterblichkeit
getragen, und die Worte: „Heute vor zwei Jahrhunderten
erwachte in diesem niedern Hause zur Unsterblichkeit der
Dichter von „Das Leben ein Traum." Und weiter unten
las man die Inschrift: „Das Volk von Madrid seinem
berühmten Sohne Don Pedro Calderon de la Barca."

Den churriguereßten Stil zeigte die Dekoration der
Façade des Universitätsgebäudes, welche Calderon's Bild,
von zwei Engeln und zwei Göttinnen der Fama umgeben,
uns vorführte, sowie Scenen aus „Das Leben ein Traum",
„Der Alkalde von Zalamea" und „Der wunderthätige Magus",
das klassische Vítor, welches die Studenten jener Zeit bei
jedem fröhlichen Ereigniß auf die Wände der Universitäten
schrieben, die Portraits von Philipp IV. und Alfonso XII.
und die allegorischen Figuren der Fakultäten.

In der calle de Alcalá aber war in einer Höhe von
70 Fuß ein Berg, der Helikon, errichtet, vom Tempel der
Musen gekrönt, in dessen Mitte Don Pedro Calderon de
la Barca erschien, umgeben von der komischen und der tra-

---

daß in diesem Bezirk Calderon starb und Lope de Vega am
25. November 1562 geboren wurde (nämlich in der puerta de
Guadalajara, en casas de Jerónimo de Soto, wie sein Biograph
Montalvan sagt und, wie D. Ramon de Mesonero Romanos
gefunden, in der calle Mayor No. 82)?

gischen Muse, während auf dem spiralförmigen Wege zu
diesem Tempel von elliptischer Form die Fama sichtbar wurde
und Spanien mit dem Finger auf Calderon wies. Und
am Fuße des Berges befanden sich allegorische Trophäen
und eine Calderon, den Ritter, Soldaten, Priester und Dramatiker ehrende Inschrift.

Glücklich die Asociacion de profesores mercantiles, denn ihr war es beschieden, die erste zu sein,
die dem Dichter huldigte, den einst Luzan und Moratin an-
gegriffen und Sismondi den Poeten der Inquisition genannt.
In dem Saal der Spanischen Bank fand die Festlichkeit
am 22. Mai Vormittags statt, durch die Gegenwart rei-
zender Damen verherrlicht und durch ein Orchester von 60
Musikern verschönt. Er, der im Parlament wie auf dem
Lehrstuhl sich den Ruf eines der ersten Redner Spaniens
errungen, Don Joaquin Maria Sanromá, hatte den Vorsitz,
und die Ehre, an seiner Seite zu sitzen, wurde dem Vertreter Deutschlands, dem Verfasser dieses Büchleins, zu Theil.
Don Ruperto Esteban de San José begann mit der Verlesung einer historischen Studie über den Handel im 17.
Jahrhundert und sprach so gut und schön zu den Landsleuten des Cervantes und Calderon, des Solis und Jovellanos, indem er sich an Perikles erinnerte, der jedesmal
wenn er zu seinen Landsleuten redete, zu sich selber sagte:
„Bedenke, daß Du zu Griechen, zu Athenern sprichst.“ Nach
Verlesung einer preisgekrönten Schrift über die Organisation
der Handelsschulen aber kam die Krone des Ganzen, die
zündende Rede Sanromá's. Er zeigte, daß sich in Spanien
der Handel auch mit der Literatur verträgt, daß die Künste
am meisten unter handeltreibenden Nationen und unter dem
Schutz der Kaufleute geglänzt; daß England, ein Handels-

volk, den Shakespeare erzeugt; daß in Tagen, nicht ferne
der Zeit Calderon's, sich das kaufmännische Genua mit Marmor=
palästen geschmückt; daß das merkantile Venedig seine Tempel
mit bewundernswürdigen Denkmalen geziert und einen Tizian
und Tintoretto, einen Veronese, die Palmas und Sansovino
zur Blüthe gebracht, und daß auch heute die merkantile
Generation Spaniens Athenäen gründet, Lehrstühle eröffnet
und literarische Wettkämpfe feiert, und daß das, was sie zum
Centenarium Calderon's thut, ein Symptom dafür ist, daß
sie stets Allem zu entsprechen weiß, was es im Lande Großes,
Edles und wahrhaft Patriotisches gibt. „Was ist ein Cente=
narium?" ruft der Redner aus und fährt dann fort: „Dem
Anschein nach ist es bloß eine Erinnerung der Liebe, einem
großen Genius, einem auserwählten Sohne des Vaterlandes
dargebracht. Aber in Wirklichkeit hat es einen höheren
Sinn. Ein Centenarium ist die feierliche Heraufbeschwörung
eines Jahrhunderts durch ein anderes; es ist die Familie,
die zeitweise ihren Stammbaum sucht und befragt; es ist
das Kind, welches das Geheimniß seiner eigenen Kraft
zwischen Staub und Gebein unter dem Leichentuch seines
Vaters sucht. Und da die Völker nur das zu erfassen ver=
mögen, was sie sehen, was sie mit Händen greifen, was
mit Macht ihre Augen oder ihre Phantasie trifft, so sucht
das Jahrhundert der Nachkommen im Jahrhundert der Vor=
fahren eine Gestalt, einen Koloß, eine erhabene Personifi=
kation, die es lebendig wiederspiegelt, und dann wird das
Jahrhundert Fleisch, und das Wort des Fleischgewordenen
Jahrhunderts geht auf die zukünftigen Generationen über
zum Staunen und zur Erbauung der Völker. Calderon
nimmt als Dichter den ganzen Raum des 17. Jahrhunderts
ein: er ist ein Stern, der mehr als 60 Jahre lang mit

vollem Licht an unserem Horizonte glänzt. Das 17. Jahr=
hundert war der Anfang und auch der Grenzstein unseres
Verfalls. Wir gewannen nicht mehr jene gewaltigen Schlachten
früherer Zeiten. Amerika, das wir unser nannten, war ein
Amerika für die Anderen. Wir bauten keine Schiffe, sie
verfaulten uns; wir gründeten keine Universitäten, wir grün=
deten Klöster; unsere Wissenschaft verlor sich in den un=
bestimmten Regionen der Mystik; unsere Religion wurde
immer finsterer, fanatischer und terroristischer; unsere Sprache,
die reiche Sprache des Cervantes, verlor ihren Glanz, ihre
ursprüngliche Glätte und Schönheit. In so unglücklicher
Lage aber gewährte das Schicksal Spanien Eine mächtige
Hilfsquelle: die Kunst. An die Kunst klammerten unsere
Großväter voll Verlangen sich an; durch die Kunst lebten
und glänzten wir; durch die Kunst rettete unsere Nationalität
ihren Ruhm und den alten Glanz ihres Namens, wie jene
Damen, die, immer elegant und früher schön, in den Ge=
heimnissen der Toilette ihren natürlichen Schutz gegen die
Unbilden der Jahre suchen. Die gegenwärtige Generation
hat sich nach einem Typus umgesehen, der jenen ästhetischen
Moment, jene Kunstepoche der spanischen Nation in vollen=
deter Weise personificire. Zu diesem Typus hat sie Calderon
de la Barca erwählt. Ist die Wahl zutreffend? Unzweifel=
haft ist sie's, denn, wie Hartzenbusch sagt, ist Calderon derjenige, der am besten den Nationalcharakter in seinem wahren
Ausdruck und in seiner edlen schönen Erscheinung darstellt.
Verfolgt in den Blättern Calderon's die historische Kindschaft
vom Spanier des 17. Jahrhunderts bis zum Spanier des
19. Jahrhunderts und Ihr werdet etwas Eigenthümliches
gewahren. Unsere Formen haben gewechselt, der spanische
Fond ist unverändert geblieben. Nicht mehr jene schmucken,

händelsüchtigen Galane, aber unter der prosaischen Tracht
der unseren fühlt Ihr den Stolz und die ererbte Würde der
Race schlagen. Nicht mehr jene famosen Vermummungen
in schwarze Mäntel, jene vergoldeten Gitter, jene verräthe-
rischen Jalousien, aber bei unseren in freier Luft erzogenen
Weibern werdet Ihr jene Züchtigkeit und Ehrbarkeit bemerken, die schon damals lebhaft gegen gewisse von Fremden
eingeführte Sitten abstach. Liebeshändel unter Kavalieren
werden nicht mehr in einem dunkeln Gäßchen, beim Schein
der klassischen Laterne, unter dem historischen Heiligenbild
ausgefochten; aber noch oft wird bei uns die Liebe in Blut
ertränkt, die Eifersucht in Gift aufgelöst und die Ehre mit
dem Degen verfochten, und auf dem Grund unserer Gesellschaft besteht noch eine gewisse Frömmigkeit, die sehr der
Intoleranz gleicht, und es gibt politische Kabalen, die an
die besten Intriguen am Hof der Philipps erinnern, und
Favoriten gibt es, nicht der Könige, sondern des Glückes,
die für Genies gelten möchten, und öffentliche Lustbarkeiten
gibt es, so brutal wie die der früheren Zeit. Und die beim
Publikum beliebtesten Dichter sind die, die am besten an
den Calderonianischen Cyclus erinnern. Aber ist damit
gesagt, daß wir Spanier nicht die Söhne unseres Jahrhunderts sind? Wir sind es, und zwar seine ächten Söhne.
Fern sei es von mir, das Gegentheil zu behaupten. Nur
in dieser Mischung von Altem und Modernem, von Gebil-
detem und Rohem, von Bäurischem und Feinem, erscheint
gerade der typische und hervorragende Bestandtheil unserer
Race. Das gegenwärtige Jahrhundert ist ein denkendes,
diskutirendes und praktisches, und wir sind es auch. Das
gegenwärtige Jahrhundert neigt sich einerseits zu hoher
Spekulation, andererseits zur Industrie; und zur Wissen-

schaft und Industrie neigen auch wir uns mit besonderer
Vorliebe hin. Täusche ich mich nicht, so ist dies die heil=
samste Lehre, die wir aus dem Centenarium schöpfen können.
Wenn es im Jahrhundert unseres größten Verfalls unsterb=
liche Geister gab, welche unserem Namen neuen Glanz ver=
liehen, was können wir nicht thun, die ein wiedergeborenes
Spanien überkommen, wir, die wir alle Elemente des mo=
dernen Lebens für uns haben, die Gleichheit, die keinen
Abstand zuläßt, die Association, die keinen Widerstand zu=
läßt, die Nationalehre, die nicht einmal Discussionen gestattet?
Was können wir nicht thun, die wir mehr als das
haben, etwas was noch größeren Werth als alles das hat,
die belebende Luft der Freiheit? In wenigen Tagen werden
wir den großen historischen Festzug sehen. Wenn Calderon's
Büste, im Triumph durch die Straßen von Madrid geführt,
sich plötzlich beleben könnte, wenn ein Funke jenes großen
Geistes mit einem Male aus seinen Augenhöhlen strahlte,
welche Dinge, welche Wunder würde er nicht anzustaunen
haben, ohne aus der ersten unserer Straßen herauszutreten?
Der Lozoya, der in unterirdischen Galerien durch unsere
Stadt fließt; die Gasbrenner, welche die Nacht erwarten,
um sie in die Sonnenhelle des Tages zu verwandeln; die
elektrischen Nerven, welche die Lüfte durchschneiden, um unseren
Jubel in die Provinzen und in's Ausland zu tragen:
Wunder über Wunder, eine Ueberraschung nach der andern!
Das, würde der große Dichter sagen, hätte man zu meiner
Zeit weiße oder schwarze Magie, Satans= oder Zauberkunst
genannt. Das, würde Calderon sagen, ist der Traum des
Lebens für mich, der „das Leben ein Traum" geschrieben!
Das, würden wir ihm erwiedern, nennen wir heute einfach
Produkte der Industrie. Und wer hat diese Werthe her=

beigeschafft, wer hat sie vertheilt, wer hat sie kombinirt? Einzig und allein der Handel. Wer hat daher ein besseres Recht als der Handel und die Industrie, um dem erhabenen Schatten Calderon's die Ehren des 19. Jahrhunderts zu erweisen?"

Das ungefähr war die Rede Sanroma's, aber zu Anfang sprach er einige Worte, die ich gerne auslasse, soweit sie von mir selber handeln, aber nicht auslassen darf, insofern sie Deutschland zum Ruhme gereichen. „Was Ihr seid, was Ihr geltet, Profesores mercantiles", hub der Redner an, „zeigt Euch die Gegenwart eines Ausländers, des Doktor Fastenrath . . . . . . Deutschland grüßt Euch, grüßt Ihr Fastenrath!" Da erhob sich Deutschland zur Ehre und zum Gruße die ganze Versammlung und klatschte stürmischen Beifall, unendlicher Jubel erfüllte meine Brust, und gleich wollte ich antworten im Namen meines Vaterlandes und meinen Dank freudig hineinschmettern in das festliche Haus, aber noch lange war der Redner nicht fertig.

Endlich aber durfte ich dem Drange des Herzens genügen, und da ich schon vor zwei Jahren gewagt vor den ersten Professoren und Akademikern von Madrid im Ateneo einen Vortrag in spanischer Sprache über den Kölner Dom zu halten, so wagte ich es auch jetzt als Vertreter Deutschlands beim Calderonfest in das schöne Idiom des Cervantes, in die Sprache meines Adoptivvaterlandes, meine ganze Seele zu legen. Ich überbrachte Spanien die Grüße vom Vaterlande Goethe's und Schiller's und sprach mit südlicher Gluth von dem, was Deutschland, mein Vaterland, für Calderon gethan, diesen Paladin der Liebe und Ehre, diesen Titan des Gedankens, dessen gesegnetes Gedächtniß die Freude der spanischen

Geſchichte iſt und der aus dem Leben Spaniens einen Traum,
einen Traum des Ruhmes gemacht.

Dann ging es zur Univerſität, wo eine Feſtlich=
keit zu Ehren Calderon's unter dem Vorſitz des Königs
im Beiſein der Königin und der drei Infantinnen von Spanien,
Doña Iſabel, Doña Paz und Doña Eulalia, ſtattfand.
Auf den Bänken der Eſtrade ſaßen die Madrider Doktoren
in ihren ſchmuden, jenach der Fakultät, der ſie angehörten,
verſchiedenartigen Mänteln, und in der erſten Reihe Ange=
ſichts der Majeſtäten der Rektor der Universidad Central,
Piſa Pajares, und neben ihm der Vertreter Deutſchlands,
dem jetzt in dieſem Büchlein die Bewunderung für Calderon
die Feder führt. In der Mitte der Eſtrade war auf einem
kleinen Piedeſtal die Büſte des großen Dichters zu ſchauen.
Der feierliche Akt begann mit den Worten des Ministro
de Fomento, Sr. Albareda: „Se. Majeſtät der König erlaubt den Anweſenden ſich zu ſetzen und den Doktoren ſich
zu bedecken". Dann wurde eine Symphonie geſpielt und
der Dekan der philoſophiſchen Fakultät Don Francisco Fer=
nandez y Gonzalez las ſeine Rede, in der er Calderon pries
und als ſeine deutſchen Bewunderer und Interpreten die
beiden Schlegel, von der Malsburg, F. Wilhelm Schmidt
und Keil, Solger, Lemde, von Schad, Koberſtein und Roſen=
kranz lobend erwähnte und es wahrſcheinlich machte, daß
Calderon, der Stolz der Univerſität Salamanca, als 14jähriger
Knabe Zögling der Univerſität von Alcalá de Henares
war, denn in den Matrikelbüchern der letztgenannten Hoch=
ſchule, welche im Archiv der Madrider Univerſität aufbe=
wahrt werden, erſcheint unter den Immatrikulirten „Po. Calderon de Madrid ed. 14." Indem heute die Univerſität
Madrid, bemerkte der Redner, Calderon nach ſeinem Tode

krönt, thut sie dasselbe, was die Escuela Complutense dem
Figueroa für seine lyrischen Gedichte, dem Luis Galvez de
Montalvo für sein bukolisches Poem „El Pastor de Filida",
was Griechenland seinen ausgezeichnetsten Rednern, was Rom
auf dem Kapitol dem Virgil gethan, und wie am 8. April
1341 Petrarca und 1552 von der Universität Alcalá Benito
Arias Montano gekrönt worden, so schmückt jetzt die Uni=
versität Madrid Calderon am Säkulartage seines Todes
mit dem Kranz der Poesie. Nach dieser Rede wurden die
Namen der Söhne der Madrider Universität proklamirt,
die als Sieger aus dem von der alma mater zum Ruhme
Calderon's eröffneten poetischen und musikalischen Wettstreit
hervorgegangen. Jeder der jugendlichen Sieger empfing,
vom Publikum freundlich begrüßt, den Preis aus des Königs
Hand und mehrere Gedichte wurden von ihren Verfassern selbst
vorgetragen. Rührend war es zu sehen, daß sich unter ihnen
auch einer befand, der blind war wie der Sänger von Smyrna,
der Meister der gesammten europäischen Literatur, und mein
Auge füllte sich mit Thränen, als ich aus dem Munde des
jungen Blinden, mit Namen Cándido Rodriguez Pinilla,
die Schlußworte seiner Decimen vernahm: „Spanien komm,
und Deinem Calderon mögen heilige Huldigung mit ihrer
beredten Sprache die Thränen Deiner Augen zollen!"

Es mögen hier ein paar Decimen eines anderen der
preisgekrönten Studenten, des Atanasio Morlesin Soto,
in meiner Nachbildung Platz finden:

An Calderon.

Zweie nur bei uns erreichen
Dich in Tagen, die vergangen,
Denn nur Deinem Ruhmesprangen

Lope und Cervantes gleichen.
Zwischen Beiden ehrenreichen
Platz hat man Dir zuerkannt.
Stets dem Guten zugewandt,
Sprachst Du's aus in jedem Drama,
Daß der König geht der dama,
Gott geht vor dem Vaterland!

Du hast, von der Hoffnung Strahl,
Von des Glaubens Licht erfüllt,
Die Geheimnisse enthüllt
Unsres Erdenseins zumal.
Und vor Dir bleibt keine Wahl
Unsrer Seele: sie steht still!
Das entflammte Weltall will,
Bringst Du Dramen, hohen Ruhm,
Bringst du Autos, Märtyrthum,
Daß der Sehnsucht Gluth es still'!

Auf den Vortrag der Poesien folgte eine schöne Kom=
position aus dem 17. Jahrhundert, ein Chor für Sing=
stimmen, vom Madrider Orfeon vorgetragen.

Mehr indeß als die vorgelesenen Dichtungen, denen
es an Neuheit der Gedanken fehlte, befriedigte die aus=
erwählte Zuhörerschaft ein nach Art der poetischen Aka=
demien des 17. Jahrhunderts von dem Direktor und
Professor der Escuela Superior de Diplomática, Don
Juan de Dios de la Rada y Delgado eigens für das
Fest gedichteter Dialog, in welchem zwei spanische Stu=
denten, Licio und Aurelio, über Moral und Verdienste der
Calderonianischen Stücke streiten. Der Verfasser nennt seinen

Dialog: „Vitor á Don Pedro Calderon!" (Hoch Don
Pedro Calderon!)

Meine Uebertragung möge hier folgen:

Hoch Don Pedro Calderon!

Einzige Scene.
Licio und Aurelio.

Licio: Hochansehnliche Versammlung,
Die Du eine würd'ge Gabe
Vorbereitet zu dem Ruhme
Calderon's, Ruhm dieser Aula,
Da Du akadem'sche Sitzung
Willst in diesem Wettkampf haben,
Zur Erinnerung an jene,
Die sich damals einen Namen
Machten, einen wohlverdienten,
Weil sie fein und witzreich waren,
O verzeih', wenn ich, so hohe
Pflichten zu erfüllen trachtend,
Das ersetze mit dem guten
Willen, was dem Geiste mangelt.

(Er liest.)

Calderon.

„Ich staun' als hehres Musterbild ihn an,
Der treu als Christ, als Ritter war vollendet!
Als er erfüllt, wozu er ward gesendet,
Bezeichnet ew'ger Lorbeer seine Bahn.

Ein Wunder, unbegreifliches Arkan,
Vermocht' so viel sein Genius, der uns blendet,
Das er aus sich das Göttliche uns spendet,
Und hat's doch nur mit Menschenkraft gethan!

Die Schöpfungen, die tausende, die leben
Durch seinen Hauch, als Frucht der Erde bringen
Die Tugend, die er ihnen eingegeben,

Und mochte seinen Leib der Tod bezwingen,
Den hehren Namen sie zum Licht erheben
Und schreiben ein ihn in der Zeiten Schwingen!"

Aurelio: Zwar verständig sind die Bilder
Und des Sinngedichtes Sprache,
Doch verdienet der nicht solchen
Lobspruch über alle Maaßen,
Der das Idiom Kastiliens
Quälte mit geschraubten Phrasen,
Mehr als Góngora in Worten
Dunkel gleichwie in Gedanken.

Licio: Wer nur auf die Oberfläche
Wellenreicher Wasser schauet,
Findet die Korallen schwerlich,
Die sie auf dem Grund bewahren;
Wer vom Vogel bloß die Flügel,
Die gefalteten, betrachtet,
Wird sein Fliegen schlecht begreifen,
Wenn er steigt zum Himmelsraume;
Wer da bloß die Rose ansieht,
Statt zum Kuß sich ihr zu nahen,
Der wird schlecht den Duft verstehen,
Der erhöhet ihren Zauber;
Und wer bloß die Form sieht und sich
Nicht vertieft in den Gedanken,
In den Sinn nicht einbringt, der erst

Seinen Werth bestimmt, den wahren,
Der sieht kaum was seine Denkkraft
Mag erschauen, wenn sie wach ist.
Wohl wußt' auch der große Dichter,
Daß das Künsteln eine Farce,
Und es tritt in seinen Werken
Darum selten nur zu Tage,
Ohne daß der Gracioso
Ihm mit Spott und Witzesanmuth
Trefflich diene, die viel besser
Wirken als der Lehren tausend.

         (Nach einer kleinen Pause.)

Philosoph in jenen Stücken,
Die voll Mythen sind und Zauber;
Philosoph in den Komödien,
Die heut' richt'ger heißen Dramen.
Stets hat er erhab'ne Ziele
Und erreicht sie. Seine Autos,
Die dem Sakrament geweihet,
Feiern, halten hoch den Glauben;
Selbst in den Intriguenstücken
Sind der Lehren viel enthalten.
Im „fingirten Astrolog", in
„Schwindeleien macht der Arme"
Wie beredt hat er gegeißelt
Den Betrüger und den Gaudieb!
Und der Aberglaube findet
Seinen Wahn, den abgeschmackten,
Abgethan in „Dame Kobold"
Gleichwie im „Galan fantasma."
Und zum Zeichen, daß ein wirksam

Mittel er für Alles habe,
Hat im Stück: „Was ist vollkommner?"*)
Auch der Dichter strenge Mahnung
Für den Stolz einfält'ger Schönen,
Für Unwissenheit, die prahlet.
Liebe zur Gerechtigkeit, die
Unpartheiisch, ohne Makel,
Hat sein „Schultheiß Zalamea's"
Tief mit ew'ger Schrift gegraben.
Synthesis des hohen Genius,
Der die ganze Welt umspannet
Von den edelsten und höchsten
Zu den niedern Leidenschaften,
Hebt empor auf Glaubensflügeln
Uns sein „Wunderthät'ger Magus,"
Hebt „Es ist ein Traum das Leben"
In dem Tiefsinn der Betrachtung
Den Gedanken zu Regionen,
Zu Regionen, unerschaffen,
Wo zu viel ist die Materie
Und wo es dem Geiste mangelt,
Denn es kann der Flug nicht folgen
Schöpfungen, so hocherhaben,
Und allein an der Bewund'rung
Muß er sich genügen lassen.

    (Nach einer kleinen Pause.)

Die Natur der Menschen schildert
Calberon in seinen Dramen,

_____

*) Das Stück heißt: Cuál es mayor perfeccion hermosura ó
discrecion?

Wie sie liebt in seiner Zeit und
Sich gefreut in seinen Tagen.
Schilderer des Menschenlebens,
Hat zu malen er's verstanden
Mit dem Wahn, den sie beweinen.
Mit der Größe, drob sie staunen;
Arzt der Ehre, welche seinem
Vaterlande gab das Dasein,
Wenn geschickt er zeigt die Wunde,
Thut er's nur, daß sie erlange
Heilung durch den Hoffnungsbalsam,
Den Religion gibt, die erhab'ne.

Aurelio: Dieses leugn' ich. Niemals konnte
Religion, die gottentstammte,
Vollmacht zu Verbrechen geben,
Vollmacht zu der Menschen Rache,
Denn wer ob der Ehre tödtet,
Tödtet gegen Gottes Satzung.
Ehre ist der Menschen eitles
Und veränderliches Traumbild,
Doch des Herrn Gebot ist ewig,
Denn von Ewigkeit befahl er's.
Und für Calderon ist Ehre
Selbst der Seele vorgegangen;
Folglich, als er seines Namens
Größe wollt' zum Gipfel tragen,
Schloß, mehr menschlich er als göttlich,
Er die Seele für den Balsam.

Licio: Ich mach' Unterschied: wenn Ehre
Form des Hochmuths ist, nichts anders,

Nur auf Dünkel und auf Worte
Ihre ganze Größe bauet,
Geb' ich's zu. Doch wenn die Ehre
Auf der Tugend ruht, der starken,
Wenn sie Form ist leichtzerbrechlich
Eines Wesens ohne Makel,
Leugn' ich, denn sie hochzuhalten,
Wird dann Gott so wohl gefallen,
Wie das reinste der Gebete,
Welches ihm die Unschuld darbringt.
Als ein Christ hat diese Ehre
Calderon stets hochgehalten;
Dieser Ehre wird Verehrung
Stets gezollt von dem Rechtschaffnen.
Dieses ist des Guten Ehre
Und die Ehre ist's von Spanien.
Geb' der Himmel, daß uns immer
Solche Ehre mög' entflammen,
Und daß Calderon noch lebte
Und uns lehr', sie hochzuhalten!

Aurelio: Ich beharre drauf. Begriffe
   Von der Ehre, so erhaben,
   Können mit den Sitten seiner
   Weiber sich nur schlecht vertragen.

Licio: Dieses leugne ich von Grund aus.
   Niemals in Don Pedro's Dramen
   Ist der Ehebruch getreten,
   Denn weil einzig durch Gedanken,
   Durch verwegene, die Reinheit
   Sich verdunkelt seiner Damen,

Gab er, da geheim der Schimpf war,
Ihnen auch geheime Rache,
Denn es war damals nicht Mode,
Sie zu ziehn an's Licht des Tages,
Denn ihr Angesicht zu zeigen,
Machte selbst Unkeuschheit schamroth.
Wenn bei ihm verliebte Mädchen
Liebesschwärmereien nachgeh'n,
Suchen immer sie nach Gründen,
Zu entschuldigen ihr Wagen,
Und es ist sogar die Ehe,
Die solch Schwärmen reinigt, manchmal
Züchtigung vergangnen Leichtsinns,
Leichten Lebenswandels Strafe.

Aurelio: Selbst so kräftige Beweise
 Können ihn nicht ganz entlasten,
 Denn noch Flecken gibt's, die trüben,
 Was du Großes an ihm anstaunst.

Licio: Doch ich find' sie nicht. Sollt' Einer
 Auch an seinem Ruhm sie schauen,
 Ohne Flecken wirst Du sehen
 Nicht einmal der Sonne Strahlen!

Aurelio: Gib doch nach!

Licio: Ich unterliegen?
 Die Vernunft läßt es nicht zu.

Aurelio: Licio, Du siegtest, Du,
      Denn Du ließt Dich nicht besiegen*)
      Ich wollt' prüfen, ob gediegen
      Deines Staunens Grund möcht' sein.
      Und ich sah sofort es ein:
      Kaum that Dein beredter Mund
      Der Bewund'rung Gründe kund,
      Waren Deine Gründe mein.

      Calderon, o Geist, von Funken
      Jenes ew'gen Lichts erhellt!
      Seele, die, in Traum versunken,
      Sah jenseits des Traums der Welt!
      Dort sahst Du das Leben; trunken
      Warst so von Begeist'rung Du,
      Deine Gluth, sie war so groß,
      Daß, als in des Grabes Ruh'
      Lag Dein Leib, aus Todesschooß
      Du flogst bessrem Leben zu.

Licio: Vom Geborenwerden bis
      Zu dem Tod ist's ungewiß,
      Was das Wahre von den beiden,
      Ob das Bleiben ist das Scheiden,
      Ob das Scheiden Bleiben.**) Dies

---

*) Der Dichter wendet hier die Worte an, welche der Dämon in Calderon's „Wunderthätigem Magus" zu Justina spricht. Dieser sagt nämlich: Venciste, mujer, venciste,
                    Con no dejarte vencer.

**) Dies sind die Worte einer Decime aus Calderon's Gedicht „An den Tod," in welchem die Kürze des Lebens mit den Versen veranschaulicht wird:

Weiß kein Mensch. Doch sonder Bangen
Kann die Seele ihre Bahn
Wandeln, die stets voll Verlangen
Nach dem Guten, himmelan
Blickend, durch die Welt gegangen.

Drum nicht in Vergessensnacht
Ruht er in des Grabes Raum;
Ob er schläft im ew'gen Traum,
Ist sein Geist noch, der da wacht.
Ueber seinem Grab mit Macht
Sich die Wahrheit hoch erhebt,
Die mit glühendem Verlangen
Sein Gedächtniß, daß es lebt,
Seines Ruhmes lichtes Prangen,
In die Ewigkeiten gräbt.

Wunder ward er hoch und hehr
Durch drei Formen auserlesen,
Die nur eins in ihrem Wesen:
Das ist Liebe, Glauben, Ehr'.
Des Gewissens Ernst eint' er
Glühender Inspiration,
Licht war er der Religion,
War der Ritter Stolz und Zier.
Heil, ruft Heil, Genossen Ihr,
Heil Hispaniens großem Sohn!

Dies war der Dialog, der, in Romanzenform begin=
nend, ein Sonett bringt, dann scholastische Discussionen
im Geschmack des 17. Jahrhunderts mit ihrem „folglich“

Desde el nacer al morir,
Casi se puede dudar
Si el partir es el parar,
O el parar es el partir.

und „ich unterscheide" enthält und mit Decimen schließt.
Trefflich vorgetragen wurde der poetische Dialog von zwei
Schauspielern, Don Manuel Catalina und Don Pedro
Ruiz de Arana, die zum Schlusse unter den Klängen einer
Calderon=Hymne die Büste des Dichters bekränzten. Da=
rauf überreichte der Rektor der Königin und den Prinzef=
finnen kostbare Bouquets, und als würdige Gemahlin des
Königs, der ein Herz für Poesie hat, der Dramen von
Calderon und Schiller auswendig weiß und die Majestät
der Intelligenz dadurch ehrt, daß er gleich seinen Vorgängern
Carlos I. und Philipp die Ateliers der Künstler besucht,
huldigte die Königin in sinnigster Weise dem Genius Cal=
deron's, indem sie, am Piedestale vorüberschreitend, ihren
Blumenstrauß fast unbemerkt auf dasselbe niederfallen ließ.
Wer es aber sah, pries die Zartheit der königlichen Frau,
die so schön den zu ehren wußte, der in seinen bewun=
derungswürdigen Versen den spanischen Nationalcharakter
wiederspiegelt, ebenso wie Velazquez und Murillo in ihren
herrlichen Bildern das Licht des spanischen Himmels gemalt.

Abends gab die Comision ejecutiva del Centenario im Teatro Real in Gegenwart der Majestäten eine
glänzende velada, deren musikalischer Theil indeß — besonders
durch das zauberhafte Spiel des Klaviervirtuosen Tragó
und des Geigerkönigs Sarasate, der ebenso wie der Fürst
der Tenore, Gayarre, Pamplona seine Vaterstadt nennt —
bemerkenswerther war als der poetische Theil.

Zur Calderonfeier gehörte aber auch die große von
den Granden von Spanien veranstaltete, am 22. Mai er=
öffnete historische, archäologische und numismatische Ausstel=
lung, die sogenannte Exposicion de arte retrospec-
tivo. Dort in krystallener Urne prangt mit den Schlüsseln

von Tunis das Schwert des Don Alvaro de Bazún, ersten Marqués de Santa Cruz, ein wahres Poem nationalen Ruhmes, und gleichfalls in krystallener Urne das Helden= schwert jenes edlen Don Alonso Perez de Guzman el Bueno, der dem Mauren, der ihm den Sohn tödten will, wenn er, der Vater, die Veste nicht übergebe, den Dolch zuschleudert, den er mit seinen Thränen benetzt, indem er ihm die Worte zuruft: „Tödte meinen Sohn, aber erwarte nicht, daß ich den Platz übergebe." Dort sind die Rü= stungen der Tellez de Giron, von denen der Romancero singt. Dort sind auch das Schwert des Alvarez de Toledo, Herzogs von Alba, die Fahne des Don Miguel de Oquendo, die Gebetbücher des katholischen Königspaares, Karl's V., Philipp's II. und Philipp's III., historische Fächer, die der Königin gehören, und eine Menge glorreicher Zeichen der edelsten Geschlechter der ritterlichen Nation, deren siegreiche Waffen den Völkern Gesetze schrieben. Hier die Namen von einigen dieser berühmten Geschlechter: es waren die Fernan=Nuñez, Estepa, Camarasa, Medina=Sidonia, Valme= diano, Alba, Osuna, Pino=Hermoso, Benisayó, Alcañices, Sástago, Heredia, Vendaña, Vega de Armijo, Cerralvo, Torrecilla, Bailén, Superunda, Tendilla, Huéscar.

Gleich den Granden, den Gelehrten, den Studenten und den Profesores Mercantiles ehrten auch die Handel= treibenden den Dichter, indem sie in der calle del Principe 15 Bogen errichteten, die, mit den Attributen der Komödie und des Handels, mit Calderonianischen Versen und den Titeln seiner Werke geschmückt, Nachts im Glanz der Illu= mination gleich einem hellleuchtenden Gewölbe erschienen und der ganzen Straße ein phantastisches Aussehen gaben.

3. Fortsetzung der Calderonfeier am 23. Mai.

(Die Sitzung des Congreso de Arquitectos. — Die
Sitzung der Academia Española. — Die lyrisch=
dramatische velada (Abendunterhaltung) der Escuela
Nacional de Música. — Die Madrider Theater).

Du starbst, o Calderon, und Dich beweinen
Muß unsre Bühne. Könnt' ich Dir das Leben,
O Dichter, wiedergeben mit dem meinen,
Ich würd' mein Leben Dir, nicht Verse geben!

Je länger ich im Buch geblättert habe
Der spanischen Geschichte, desto sich'rer
Sag' ich: der Dichter that mit seiner Feder
Viel mehr als von den Philippen ein Jeder,
Als allesammt mit ihrem Herrscherstabe.

Aus der von der Real Academia Gaditana de Ciencias y Letras prämiirten Ode des José María Nogués.

Hörst Du die Schwestern klingen?
Kastiliens Lyras bringen
Dir ihre Klänge. Hörst aus fernen Zonen
Du süße Melodieen zu Dir bringen?
Sie kommen! Ja, sie sind's, die Nationen,

Die Dein Genie, das hehre,
Erfüllt mit Leben und Inspirationen.
Will Deine Ruhmeshalle,
Daß sich Dein Lorbeer und Dein Ruhm noch mehre?
Denn heute beugen sich vor Spanien Alle,
Die ganze Welt beugt sich zu Deiner Ehre!

Aus der von der Academia Española mit dem ersten Preise ge=
krönten Ode des José Devolx y García.

An der Calderonfeier betheiligte sich auch in hervor=
ragender Weise die Sociedad central de arquitectos, deren Sitzung in der Academia de Bellas Artes
de San Fernando der König mit seiner Gegenwart be=
ehrte. Calderon's Lob erklang, und ein Architekt las über
den Bau von Arbeiterwohnungen. Aus des Königs Hand
empfingen die Schüler ihre Preise, und die Versammlung
klatschte Beifall, als auch ein junger Arbeiter in bescheidener
Blouse einen Preis erhielt. Der König selbst sprach mit
jener gewinnenden Beredtsamkeit, die fast jedem Spanier
eigen ist, aber ihn noch in ganz besonderem Maaße auszeichnet:
„Heute, wo alle gebildeten Nationen sich in der Feier Cal=
beron's einen, glaube ich, daß die Flamme wiedererstehen
wird, die „das Leben ein Traum" hervorrief, und jene
Dome und Denkmale erhob, die der Ruhm der spanischen
Kunst sind. Diese gibt neue Beweise ihrer Lebenskraft,
und Gott wolle mir das Glück verleihen, sie in unserem
Lande zum Wohl des Arbeiters, dieses namenlosen Helden
des großen nationalen Werkes, beitragen und auf der Höhe
zu sehen, die sie im 16. und 17. Jahrhundert erreichte, in
denen die Geschichte Spaniens die Geschichte der civilisirten
Welt war."

Auf die am 23. Mai von den Architekten in Madrid
abgehaltene Sitzung folgte das Fest des Senats der spanischen Dichter, der ersten Akademie Spaniens, der Schützerin
der herrlichen spanischen Sprache, die Luis de Leon und
Garcilaso gesprochen, der Academia Española, in ihrem
vielumworbenen Haus in der calle de Valverde. Der
Präsident der Akademie, der Uebersetzer des Dante und der
Lusiaden des Camoens, General Graf von Cheste, betonte
in seiner Rede, daß dies Fest das erste sei, welches einem
Dichter in diesem Lande dargebracht werde, das überreich
an großen Männern, aber sparsam in ihrer Verherrlichung
sei. Bei diesen Worten fiel mir ein von Pedro de Madrazo
zur Calderonfeier gedichtetes spanisches Sonett ein, das in
meiner Uebertragung so lautet:

An Calderon.

Der Manzanares, der an seinem Rand
Dich sinnen, dichten sah und Lorbeer pflücken,
Auf Deiner Ehre Schild das Siegel drücken
Des Glaubens, der mit Tugend sich verband,

Als staunend er vernahm, daß lustentbrannt
Die Stadt sich will um Deinetwillen schmücken,
Den Meißel sucht und daß sie voll Entzücken
Als Wunder Dich der ganzen Welt bekannt,

Aus seiner umgestürzten Urne läßt
Des Stolzes und des Schmerzes Wort er schallen
Und ruft's der Stadt, die er benetzet, zu:

„O Adlershorst und der Gewürme Nest,
Im Leben kränkst den Genius Du vor Allen,
Im Tod ehrt Keiner ihn wie, Spanien, Du!"

Aber kehren wir zur Academia Española zurück, auf deren Bänken der Marqués de Molins, Castelar und Campoamor sitzen. Der Graf von Cheste begrüßte die Dichter der fremden Nationen, die, dem Rufe der Academia Española an alle Kulturvölker Folge leistend, durch ihre Poesien zu Ehren Calderon's, des Stolzes der spanischen Muse, den Glanz seines Säkularfestes erhöht. Dann las einer der trefflichsten Vorleser Spaniens, der berühmte Akademiker und Kritiker Don Manuel Cañete, die von der Akademie mit dem ersten Preis gekrönte, im Stil Francisco de Herrera's gedichtete Ode des Don José Devolz y García, eines Sohnes der Universität Granada, vor. und der junge Abelarto Ortiz de Pinedo recitirte die Dichtung seines Vaters Don Manuel Ortiz de Pinedo, welche das Accessit erhalten. In derselben kommt in Bezug auf Calderon, dessen heilige Leyer der Ruhm Kastiliens, der Satz vor: „Die Kirche Jesu ist sein Weltall. Sein Glaube faßt allein die Allgemeine Kirche, in der das Ewige lebt, und inmitten der allgewaltigen Kirche sein katholisches Spanien, das seinen Siegeswagen zu den schneebedeckten Anden trägt, um die Spende seines Ruhms als Tribut der heiligen Roma zu bringen."

Dann wurden die Namen der ausländischen Dichter proklamirt, die das auf Veranlassung der spanischen Ge-sandtschaft in dem betreffenden Lande gebildete Preisgericht als werth des Preises bezeichnet. Es sind dies: Edmund Dorer, der in deutscher Sprache gedichtet; der böhmische Dichter Svatopluk Čech; der Franzose Francis Melvil; der Grieche Constantin G. Xenos, der Holländer Albert Friedrich Johann Reiger, der Ungar Caspar Oltranyi, der Pole Plato Kostecki, der Portugiese Francisco Gomes de Amorim

und der Schwede Carl David af Wirsén. Dem spanischen
Publikum und der Akademie selbst wurden die Dichtungen
der erwähnten Poeten durch eine in der Heimath derselben
angefertigte spanische, italienische oder französische Ueber=
setzung in Prosa zugänglich. Bekannt ist die Kritik, die
der Madrider „Imparcial" vom 24. Mai über die Preis=
gedichte gefällt. Dieselbe ist ungemein günstig für Deutsch=
land als dasjenige Land, das mehr für Calderon's Ruf
als Spanien selbst gethan; dafür preist der dankbare Spanier
„die Musen, die der große deutsche Lyriker aus ihrem
Schlummer in den Wäldern des Arminius geweckt; die
Musen, die so einfachschlicht sind wie die Blumen, die zu
ihren Füßen wachsen, und so kräftig wie die Eichen, in
deren Schatten sie singen." Jedenfalls aber ist besonderer
Beachtung auch die schwedische Dichtung werth, die nach
einem Anruf an die Poesie, die bald Adler, bald Nachtigall
oder Taube, die im Norden wie im Süden lebt, frei ist
wie der Himmel und weiter wie die Erde, vom Mälarsee
sich zu der mit dem Kreuz geschmückten spanischen Kathe=
drale emporschwingt. Sie schildert die calderonianische Zeit,
in der die Poesie eine Tochter der Frömmigkeit, des Ruhmes
und der sophistischen diamantenen Ehre war, die Zeit, in
der der tapfere Calderon dem sterbenden Altspanien Hul=
bigungen darbringen ließ, wie Don Pedro, der den Granden
seines Reiches die Hand der Doña Inés zu küssen befahl.
Das Gedicht charakterisirt treffend und poetisch die Mantel=
und Degenstücke, die Komödie, die Tochter des Südens,
die purpurne Rose, die auf der Wange die Röthe welt=
licher Liebe, weltlicher Genüsse trägt. Dann charakterisirt
es die Dichtungen wie „Das Leben ein Traum" und „Der
standhafte Prinz", den Sang, der nicht mehr die Farbe

der Purpurrose trägt, sondern der Sonnenblume gleich zu den Strahlen der geistigen Sonne aufschaut, und endlich beschreibt es die Autos Sacramentales als eine Blume der Poesie voll mystischer Schönheit, als die Passionsblume, die mit ihrer Krone symbolischer Dornen die Charfreitags= Wunder erzählt.

Der Franzose Melvil ruft aus:

Ton drame est acclamé du peuple qui s'éveille,
Et l'oeuvre qui jaillit de ton vaste cerveau
Va séduire Molière aussi bien que Corneille,
Et Shakspeare ravi va te crier: Bravo!

Der Magyar spricht das Wort: „Welche Größe genießt der, der von Goethe selbst, vom größten Dichter, seinem Volke vorgestellt worden!" Und schön singt der Pole, der Dichter ohne Vaterland, dem Volke zur Ehre, das in seiner Hand das strahlende Scepter der Erde und der Oceane und die Palme der Poesie trug: „Dreimal Ehre Dir, Spanien! Ehemals unterwarfst Du die Welten durch den Schrecken; heute bist Du allein friedfertig unter den er= obernden Völkern; denn da wo Dein Glaube hinbringt, wo Deine Sprache tönt, verbirgt der Indianer sich nicht mehr in den Gräbern oder in der Wüste, sondern er segnet Dich mit seinen kindlichen Gebeten und wächst auf dem Boden seiner Väter wie eine Blume des Feldes, gleich unter den Gleichen, frei unter den Freien. Blüh' immer Du Mutter, einzig in der Welt! O Du, die Du Deine Fehler gebüßt und Deine Wunden geheilt, welche Größe hat Dir der Ewige in der Zukunft noch vorbehalten? In dieser Zeit der Gottlosigkeit und Selbstsucht versammelst Du Dich um die Gebeine Calderon's und ladest die Welt zu einem Feſt des Ideals. Wie ehemals nach Olympia, ziehen heute nach Deiner Hauptſtadt die Abgeſandten der Völker mit Palmen."

Der Böhme ſingt lieblich von Calderon's poetiſchen Träumen: „Die melodiſchen Klänge Deiner Poeſie ſchlafen nicht im Metall einer Saite, nicht im Geſang der Vögel und nicht im menſchlichen Wort. Die Wirklichkeit war nicht die rebelliſche Rivalin Deiner Poeſie, ſondern ihre treue Magd. Sie hat über Dich ſtrahlend wie der Saphir das Gewölbe eines lachenden Himmels erhoben, ſie hat Dich mit tauſend blühenden Blumen umgeben und die zauberhaft ſchönen Mädchen und ſtolzen Söhne Deines herrlichen Vater= landes um Dich verſammelt. Beim Funkeln der Edelſteine und unter den Auſpicien des Thrones hat ſie Deine Leyer mit den Roſen des Glückes bekränzt. Berühmter Dichter eines mächtigen ruhmreichen Landes, haſt Du bis zum Ende Deinen Traum im goldnen Schatten der Lorbeerbäume ge= träumt, und der Glaube hat ſanft die Augen ſeines treuen Sängers, ſeines Paladins geſchloſſen."

Weihevolle Worte hat der Sohn Hollands für Spanien und ſeinen Dichter; der Grieche beſingt das Volk, dem der Cid zur Iliade, Ximene zur Muſe wurde, und würdig begrüßt auch der Portugieſe Calderon und die Stadt Philipps, die den Fluß, der ihren Fuß badet, in Aganippe's reine Waſſer verwandelt. Nicht umſonſt hat die ſpaniſche Akademie gol= dene Medaillen für die Sieger ausgegeben, ſie hat auch Gold der Poeſie von ihnen empfangen.

Bei der letzten Zeile des Dorer'ſchen Gedichtes:

„In Deinem Reich ſinkt nie in Nacht die Sonne!" mußte ich an den gleichen Ausdruck Schlegel's, der auch ſpaniſchen Dichtern vorgeſchwebt, und an die Decime des

Professors der Universität Granada, Antonio Lopez Muñoz, denken, die ich hier in meiner Uebertragung wiedergebe:

Calderon, Du wardst geboren,
Als in Reichen noch, in weiten,
Schatten gab Philipp's des Zweiten
Banner, das der Ruhm erkoren.
Seine Macht hat es verloren,
Doch die Sonne, die einst hier
Niemals unterging, da schier
Einzig war Hesperiens Schimmer,
Ging in span'schem Land noch immer
Unter und sie dankt es Dir!

Und bei Calderon's poetischen Träumen, von denen der böhmische Dichter so schön sang, gedachte ich der von mir übertragenen Strophe des Spaniers Don Eduardo Bustillo:

Wenn er Dichter wunderbar,
Zierde war des Kriegerstands,
Des Gerechten ew'gen Glanz
Ehrt' als Priester am Altar;
Wenn solch' Leben Träumen war,
Traum war seines Ruhmes Sonn',
Seine Größe Illusion
In der Welt war, in der kleinen,
O welch schönen, heil'gen, reinen
Lebenstraum träumt' Calderon!

Aber noch ist die Sitzung nicht zu Ende. Der berühmte Novellist Don Pedro Antonio de Alarcon erhob sich und las einige Stellen aus der Rede, welche der 1880 all=

zufrüh für das spanische Theater verstorbene Don Abelardo Lopez de Ayala, der Erbe des Calderonianischen Ruhmes in unseren Tagen, am 25. März 1870 bei seinem Eintritt in die Spanische Akademie zum Ruhme Calderon's gehalten, der, ein zweiter Cid, noch Schlachten nach seinem Tode gewann. In dieser vielbewunderten Rede finden sich unter Anderem folgende Sätze: „Bei allen Völkern, die zur Periode ihres Mannesalters gekommen, ist das Theater die genaue Reproduktion ihrer selbst, die Synthesis ihrer Nationalität. Durch die schaffende Volkskraft erzeugt, wankt es und verschwindet, wenn diese abnimmt und erlischt. Und da das Theater die Synthesis der Nationalität ist, so scheint es, daß diejenigen Völker, die unzufrieden mit sich selbst sind, den Spiegel nicht wollen, der sie wiederspiegelt."

Die Akademie ehrte aber mit Recht nicht bloß das Andenken an Ayala, sondern auch das an Hartzenbusch, den Dichter der „Liebenden von Teruel," und das an Gallego, den Sänger der Ode auf den „Zweiten Mai." Cañete las nämlich das bekannte Sonett des Hartzenbusch auf Calderon, der Graf von Cheste las das des Gallego auf denselben Dichter, und der Marqués de Molins trug eine Scene aus Calderon's „Alkalde von Zalamea" vor. Damit schloß die denkwürdige Sitzung, und Jeder fühlte sich der Spanischen Akademie gegenüber als Schuldner.

Was aber soll ich von der glänzenden Feier sagen, mit der die Escuela Nacional de Música, das Conservatorium von Madrid, das Andenken des Dichters ehrte, der, ein erhabener Prometheus, um seine Schöpfungen zu beleben, den Leidenschaften das Feuer stahl? Entzückend war die Probe, zu der ich am 21. Abends eingeladen, entzückend durch den Anblick von all den ungemein lebhaften, reizenden kleinen Mädchen, die wahre Engel zu sein schienen und von ihren Müttern mit einem Stolz betrachtet wurden, als ob in jeder derselben eine zukünftige Malibran verborgen sei. Die eigentliche Feier aber fand am 23. Mai Abends im Theater des Conservatoriums, und wie alle Calderon-festlichkeiten, in Gegenwart der Aristokratie des Talents, der Geburt und der Schönheit, statt. Ich müßte ein Hiller sein, um mit vollkommener Sachkenntniß über dieses musikalische Fest berichten zu können. Aber auch als Laie glaube ich sagen zu dürfen, daß dasselbe seinem tüchtigen Leiter, dem liebenswürdigen Komponisten der „Marina" und Direktor des Madrider Conservatoriums, Sr. Arrieta, sowie allen Mitwirkenden, Professoren wie Schülern, zu hoher Ehre gereichte. Für den Kenner genügt es zu wissen, daß Mona-sterio, Mirecki und Zabalza das andante und scherzo in re menor für Klavier, Violine und Violoncell von Mendels-sohn spielten. Der canto de penitencia von Beethoven, von Ruperto Chapí instrumentirt, brachte dem Fräulein Espí und dem Chor reichen Applaus. Ein Knabe, Fer-nandez Bordas, zeigte sich in der sehr schwierigen Phan-tasie von Beriot für Violine als Sarasate der Zukunft. Aber das Ereigniß des Abends war die von Eslava arran-girte Cántiga del Rey Sábio. Diese unsterbliche Schöpfung Alphonso's des Weisen ist voll Einfachheit und ernster Har-monie und trägt den Stempel der Zeit, in der sie entstanden. Das jugendlich begeisterte Fräulein Pastora Ortiz theilte sich mit den Chören und dem Orchester in den verdienten Beifall. In der von Schülern und Schülerinnen des Conservatoriums ausgeführten Loa (einem Vorspiel) Ayala's: „La Mejor Corona" (der beste Kranz) grüßte ein Genius den andern, grüßte der Dichter des 19. Jahrhunderts mit beredtestem

Gruß den Dichter des 17. Jahrhunderts. Ich habe diese Loa, zu der Arrieta die Musik geschrieben, bereits im „Buch meiner spanischen Freunde" (Band II. S. 385—392) ausführlich erzählt. Großen Jubel erregte am Schlusse des schönen Festspiels die prachtvolle Fahne, die von Schülerinnen des Conservatoriums für den großen Festzug vom 27. Mai gestickt worden.

Damit aber der Leser sehe, daß der Schreiber dieses Büchleins nicht bloß des Lobes voll, sondern auch für gerechten Tadel ein Wort hat, muß ich hier bemerken, daß von den Theatern Madrid's dem Genius Calderon's nur geringe Huldigungen erwiesen wurden. Nur 3 von den 8 Madrider Theatern brachten in der Calderonwoche Stücke des großen Dichters: das Teatro Real „Das Leben ein Traum" mit dem trefflichen Calvo als Segismundo, das Teatro Español dasselbe Drama mit dem ausgezeichneten Vico und der lobenswerthen Señorita Mendoza Tenorio, das Teatro Lara führte die allerliebste Komödie „Casa con dos puertas" und das entremes (Zwischenspiel) „El Dragoncillo" auf. Im Teatro Real wurde dann noch „La Hija del aire" in Scene gesetzt. Aber das Gelungenste war die Aufführung des seit langer Zeit nicht gegebenen „Alkalden von Zalamea" im Teatro Español. Der Alkalde, den Calderon unsterblich gemacht, war doppelt vertreten: auf der Bühne durch den Nestor der spanischen Schauspieler, Don José Valero, der den Pero Crespo, in dessen bäurischem Wort die Idee der Ehre unheimlich funkelt, mit bewunderungswürdiger Frische darstellte, und in der Loge des Ayuntamiento durch den gegenwärtigen Alkalden von Zalamea, Señor Don Ildefonso de Mena, der der Gegenstand der allgemeinen Aufmerksamkeit war. Es traten neben Valero, der eine wahre Zierde der

spanischen Bühne ist, die liebliche Elisa Mendoza Tenorio
und der Dekan der spanischen Komiker, Mariano Fernandez,
auf, während Antonio Vico in der Rolle des Don Lope
be Figueroa sich auszeichnete. Die erste Aufführung des
„Alkalden," welcher der König, die Königin und die In=
fantinnen beiwohnten, hatte ein schönes Nachspiel: die Stu=
denten der Universität Coimbra, die zum Comité der Ca=
moensfeier gehört hatten und in der ernsten Studententracht
des 17. Jahrhunderts, in schwarzer Soutane, schwarzem
Mantel und schwarzen Hosen und Schuhen, zum Calderon=
feste gekommen waren, traten auf die Bühne und legten
unter dem donnerndem Beifall des Publikums, ebenso wie
alle Schauspielerinnen und Schauspieler des Theaters, einer
nach dem andern Kränze vor der Büste des gefeierten spa=
nischen Dramatikers nieder, während im Innern der Bühne
ein Chor von Damen des Theaters de la Zarzuela eine
Hymne auf Calderon sang.

4. Fortſetzung der Calderonfeier am 24. Mai.

(Die Gründung einer Schule für arme Kinder. —
Die Sitzung der Academia de la Historia. — Die
Sitzung der Liga Madrileña contra la Ignorancia. —
Die Sitzung der mediciniſchen Fakultät. — Die literariſche
velada des Ateneo im Teatro Real.)

Wenn Du Aurora warſt in Deinem Leben,
Sehn wir Dich heut' im Raum als Sonne ſchweben;
Und ſelbſt in Nebel hüllt ſich
Die in dem Himmelsraume
Und ihre Gruft hat ſie im Meeresſchaume.
Doch Deines Namens Stern, der ew'ge,
Der frei den Weg ſich macht, hat ſich verwandelt
In einen Hesperus, der voller Feuer,
Stets ohne Wolken ſeine Bahnen wandelt.

* * *

Wie Duft der Maienblume, wie das Echo
Des ſüßen Klanges, das im Raume ſchwimmet,
Und einem Strahle gleich der hellen Sonne,
So irrte durch den Aether

Ein Odem Gottes einsam, doch er hat sich
In eine Form ergossen,
Und da kamst Du zur Welt, dem Hauch entsprossen!

Aus dem Gabitanischen Preisgedicht des Nicolás Taboada
Fernandez.

Ein Himmel ist die Kunst: würd'st Du erhellen
Einst diesen Himmelsraum allein, würd' schwinden
Die Spur mit Einem Male
Von all den Sternen und der Lichter Strahle,
Wie auf dem Meer sich nicht die Schritte finden
Des Schiffes, das getrotzt hat Wog' und Wellen,
Wer würd' entbehren jener Sterne Schimmer
Bei Dir, o Sonne, die geht unter nimmer?

Nach Don Pedro María Barrera.

Der 24. Mai reihte schöne Festlichkeiten in Madrid
den vorhergegangenen an. Besser konnte das Andenken an
Calderon, den Priester und Wohlthäter, nicht geehrt werden
als durch die feierliche Grundsteinlegung einer Schule für
arme Knaben und Mädchen, die ihre Entstehung der testa=
mentarischen Bestimmung des Luis Aguirre verdankte. Ich
war leider verhindert dieser Feierlichkeit beizuwohnen, die
in Gegenwart des Alkalden von Madrid, des Rektors der
Universität und des Don Manuel María José de Galdo
sowie vieler anderer namhafter Personen stattfand, und da
mich als Deutschen und Hispanophilen die Sitzung der
Academia de la Historia ganz in Anspruch nahm, in der
neben Calderon Deutschlands größter Dichter, Goethe, durch
einen meiner liebsten spanischen Freunde, Don Antonio Sanchez
Moguel, verherrlicht wurde, so konnte ich mich auch an der
internationalen Fahrt nicht betheiligen, welche die Vertreter

der ausländischen Presse mit ihren Kollegen, den Redakteuren der spanischen Zeitungen, nach den schönen Gärten von Aranjuez unternahmen. Da gab es Spiel und Tanz, die Wasser sprangen; bei der comida puramente española dem ganz spanischen Mahl, welches die Gäste im bosquejo de Narciso erwartete, wurden alle Nationalhymnen gespielt und Trinksprüche in den verschiedensten Sprachen ausgebracht, und ein Professor aus Lissabon wünschte, die Wasser des Tajo, welche die prangenden Gärten von Aranjuez durchfließen, möchten dieses Fest der Arbeiter der Intelligenz, oder wie wir sagen würden, der Soldaten der Feder, nach dem Lande des Camoens tragen.

Die Sitzung der berühmten Academia de la Historia verdient den ausführlichsten Bericht. Der Akademiker, Staatsmann und Dichter Don Victor Balaguer, der Verfasser der „Historia de los Trovadores", führte charakteristische Stellen aus Calderonianischen Dramen an und schilderte Calderon mit der Meisterschaft des Poeten: „Indem das Vaterland Calderon ehrt, ehrt es sich selbst, denn er ist das Vaterland. Calderon ist Spanien, wie Homer Griechenland, wie Virgil Rom, wie Shakespeare England und wie Dante Italien ist.

Calderon ist in der That Spanien. Seine Werke tragen das Siegel des Nationalcharakters in seinem ganzen Umfange, in seiner ganzen Schönheit und Kraft, in seinem vollen Glanze, mit all seinen Tugenden und auch mit all seinen Lastern.

Jene Damen, die, in ihrem Mantel verhüllt, sinnreich mit ihren Galanen bei einem Gitter, beim Umwenden um eine Ecke, oder manchmal heimlich im eigenen Zimmer sprachen und den Schlüssel ihrer Ehre weniger in ihrer zerbrechlichen

Tugend als in der niemals dreisten Höflichkeit ihres Galans
hatten, der ein ungeschriebenes Gesetzbuch wahrte, nach welchem

> el hombre que á una majer
> donde quiera que la viere
> no le hiciere cortesía,
> por no bien nacido quede;

(der Mann, der einem Weibe, wo er es auch immer sähe,
keine Höflichkeit erwiese, für nicht wohlgeboren gelten sollte);
jene eifersüchtigen und rachgierigen Ehemänner, die sich in
Aerzte ihrer Ehre verwandelten, indem sie behaupteten, daß
die Ehre mit Blut gewaschen wird, und als Wappenschild
Hände, in Blut getaucht, annahmen, und die ihre
Dame lieber todt als im Besitz eines Andern
sahen (muerta que ajena su dama);

jene Plebejer, die, wenn sie auch noch unbärtige Bur=
schen und Knaben waren, am bäuerlichen Herd beim Im=
puls hoher Gefühle sich regten und in wildem Streit das Recht
ihrer Meinung gegenüber dem einer andern aufrecht erhielten,

> que no hubiera un capitan
> si no hubiera un labrador;

(denn es würde keinen Hauptmann geben, wenn es keinen
Landmann gäbe);
jene Kavaliere, so besorgt für ihren Ruf, daß sie beim
bloßen Verdacht übler Nachrede nicht erlaubten, daß der,
der sie spreche, noch länger hätte

> vida que no le quitaran,
> sangre que no le vertieran
> alma que no le arrancaran;

(Leben, das sie ihm nicht nähmen; Blut, das sie ihm nicht
vergößen; Seele, die sie ihm nicht entrißen);

jene unabhängigen, freien und rohen Bauern, demüthig
vor der Demuth und vor dem Stolze stolz, so eifersüchtig
auf ihre Ehre wie der spitzfindigste Edelmann und auf ihr
Recht wie der höchstgestellte Militär, die behaupteten, daß

> al rey la hacienda y la vida
> se ha de dar; pero el honor
> es patrimonio del alma,
> y el alma es sólo de Dios;

(man dem König Gut und Leben geben muß, aber die Ehre
ist Eigenthum der Seele, und die Seele gehört Gott allein);

jene Räuber von edler Herkunft, die das Recht auf=
recht erhielten, sich gegen die Gerechtigkeit zu empören,
wenn dieselbe es nicht war, und die sich, wie einer von
ihnen sagte, betrachteten

> como absolutos señores
> de elegir á nuestro arbitrio
> rey que nos gobierne; pues
> siendo de nosotros mismos,
> es fuerza en paz y justicia
> mantenernos, advertido
> que podremos deponerlo,
> pues pudimos elegirlo,

(als unumschränkte Herren nach unserem Gutdünken einen
König zu wählen, der uns regiere, und da er von uns
selbst ist, muß er uns in Frieden und Gerechtigkeit erhalten
und sich vorsehen, daß wir ihn auch absetzen können, da wir
ihn wählen konnten);

jene Mantel = und Degenscenen mit nachtsschwärmen=
den Galanen, ausgelassenen, wenn auch ehrbaren Damen, ge=
schwäßigen Dienern, Plepejern, die Edelleute sind, rohen Mili=
tärs, wortstreitliebenden Heiligen und argumentirenden Teufeln,
geheimnißvollen Vermummten, lustigen und dem Spiel er=
gebenen Soldaten, fröhlich plaudernden Marketenderinnen,
dreisten Mägden, vagabundirenden Studenten, Vermum=
mungen, sinnreichen Reden, wunderbaren Ereignissen, Schlupf=
winkeln und Messerstichen, Alles das ist das Spanien jener
Zeit, Alles das ist Calderon.

Niemand wußte sich besser wie er in das Nationalge=
fühl zu inkarniren, um es besser darzustellen. Gerade des=
halb weil er in seinen Werken ein ausgezeichneter Reflex
der hohen Eigenschaften und großen Fehler seiner Zeit und
seiner Race zu sein wußte, konnte sich Calderon zum Fürsten
der spanischen Bühne erheben und sein Scepter schwingen,
als noch lebte und in ihr athmete der sicher nicht zum
Sterben bestimmte Ruhm des „Phönix der Geister" (Lope),
dem Calderon Huldigung und Verehrung mit nachfolgender
ebenso schöner wie wenig bekannter Decime zollte, die heute
die Nachwelt ihm selber widmen könnte, wie das moderne
Italien dem Dante die Verse geweiht hat, welche der Autor
der „Göttlichen Komödie" an Virgil gerichtet:

> Aunque la persecucion
> de la envidia tema el subio,
> no reciba della agravio,
> que es de serlo aprobacion.
> Los que más presumen, son,
> Lope, á los que envidia das,
> y en su presuncion verás
> lo que tus glorias merecen,

5*

que los que más te engrandecen
son los que te envidian más.

Mag daß ihn verfolg' der Neid,
Immerhin der Weise bangen,
Er wird Schaden nicht empfangen,
Ihn erhöht es allezeit.
Die zumeist voll Eitelkeit,
Sind Dir neidisch, magst entscheiden
An dem Wahn, an dem sie leiden,
Welcher Ruhm Dir krönt das Leben,
Denn am höchsten Dich erheben,
Die am meisten Dich beneiden.*)

Von Calderon sagte Goethe, daß seine meisterhaften
Werke ihn mit Staunen erfüllten.**)

Staunen in der That und Schwindel auch bringen sie
bei dem hervor, der sie zum ersten Mal liest. Es ist in
ihnen etwas von jenen weiten, gewaltigen Abgründen, deren
Größe Entsetzen einflößt, deren Tiefe man nicht ermessen
kann, deren Unermeßlichkeit schreckt.

---

*) Oder: Wohl geschieht es oft dem Weisen,
Daß ihn Haß verfolgt und Neid;
Doch das thu' ihm nimmer leid:
Ihn beneiden, heißt ihn preisen.
Die sind's, die Dir Neid beweisen,
Die hochstreben und nichts leisten;
Und Dir zeigt ihr frech Erdreisten,
Daß Dir hoher Ruhm gegeben;
Denn am meisten Dich erheben,
Die da neiden Dich am meisten.

**) Goethe sagte: „Es ist ein Dichter, über den man bei jedes-
maligem Erblicken staunt, wie über die Natur, so oft man aufmerksam an sie heranblickt."

Beim Lesen Calderon's geschieht das, was dem Rei=
senden begegnet, der sich zum ersten Mal auf hoher See
befindet. Er sieht Horizonte ohne Grenzen, unberechenbare
Tiefen, ununterbrochene Ebenen, endlosen Himmel, und es
geschieht ihm etwas, was er sich nicht erklärt, von dem er
sich keine Rechenschaft zu geben vermag, etwas von seinem
alltäglichen und gewöhnlichen Leben Verschiedenes, was mit
seinen Traditionen und Gewohnheiten bricht, was ihn zwingt
an etwas zu denken, an was er bisher nicht gedacht hatte,
was seinen Geist erhebt, was seinen Verstand weckt, was
seine Idee schärft, was sein Herz gefangen nimmt, was
sein Gemüth bewegt, was ihm unbekannte Dinge offenbart,
was in ihm bis dahin niemals empfundene Gefühle, einen
bis dahin niemals gefühlten Schwindel, bis dahin niemals
gefundene Eindrücke hervorruft...."

Nachdem der Redner so von Calderon gesprochen,
theilte er der Versammlung mit, daß die Academia de la
Historia folgende Preisaufgabe gestellt habe: „Welche Be=
ziehungen findet die historische Kritik zwischen dem Gegen=
stand des Wunderthätigen Magus von Calderon und
dem des Goethe'schen Faust nach Erforschung der alten
Traditionen und mittelalterlichen Legenden, in denen beide
Schriftsteller sich begeistern konnten?"

Um den Preis, der in einer goldenen Medaille von
hundert Gramm bestand, konnten sich alle Schriftsteller der
iberischen Halbinsel bewerben. Drei haben sich beworben,
aber als preiswürdig wurde von der Akademie nur die
eine Arbeit erkannt, die das Motto enthielt:

Eterno será en el mundo
el mágico Cipriano.

(Ewig wird in der Welt nur der Magus Cyprian sein).

Als Verfasser dieser Arbeit stellte sich Don Antonio
Sanchez Moguel heraus, und von ihr sagte der Redner:
„Außerdem daß diese Arbeit das Verdienst hat gut ge=
schrieben zu sein, hat sie das, ausführlich und vernünftig
die Beziehungen zwischen dem Wunderthätigen Magus
und dem Faust erörtert und entschieden zu haben, nicht
bloß in Bezug auf den Gegenstand beider Werke, wie die
Akademie es verlangte, sondern auch in Bezug auf die
Werke selbst in ihrer Gesammtheit und in allen ihren Be=
standtheilen, Personen, Situationen, Episoden u. s. w., und
insbesondere in Bezug auf die Legenden, aus denen beide
schöpfen, und sie hat diese Legenden in ihrem Ursprung und
in ihrer Entwickelung und die unmittelbaren und direkten
Quellen jener Werke studirt. Der Verfasser bekundet gleich=
zeitig ein vollständiges Studium des Calderon'schen Werkes,
in Verbindung mit dem religiösen Theater jener Zeit und
den Heiligendramen des großen Dichters, zu denen der
„Wunderthätige Magus" gehört. Der Haupttheil der Ar=
beit ist die, welche sich auf die Version der Legende vom
heiligen Cyprian, dem Helden des Calderonianischen Drama's,
bezieht, die von der Kirche adoptirt und in Spanien ange=
nommen worden, und zeigt der Verfasser, wie irrthümlich
der deutsche Schmidt und der Franzose Morel-Fatio voraus=
gesetzt, Calderon habe sich an Lipomano gehalten, und
daß im Gegensatz zu dem, was die Beiden versichern, ver=
schiedene spanische Texte der Version existiren, der Calderon
in seinem Werke gefolgt ist. Diese historisch=kritischen
Untersuchungen, die begründet und neu sind, lassen ebenso
wie die Korrektheit, Nüchternheit, Verständigkeit und Klar=
heit, die in der Arbeit sich kundgibt, dieselbe nach dem
Urtheil der Akademie als des Preises würdig erscheinen."

Ich mache mir ein Vergnügen daraus, sie dem geneigten Leser mitzutheilen und erlaube mir denselben auf den Anhang dieses Büchleins hinzuweisen, indem ich gern die Worte Balaguer's unterschreibe: „Die Akademie wünscht sich Glück dazu, daß ein Werk von Verdienst erschienen und der Wettstreit nicht erfolglos geblieben, der bestimmt war, das Andenken an jenen großen Dichter zu feiern, der, wenn er glauben konnte, daß das Leben ein Traum ist, hoffen durfte, daß kein Traum sein Ruhm sei; das Andenken an jenen wunderbaren und wahrhaft nationalen Geist, auf dessen Standbild man ohne Schmeichelei die Inschrift setzen könnte:

Ehret Calderon und Ihr ehret das Vaterland!"

Noch viel blieb mir an jenem 24. Mai, an welchem ich in der Akademie der Geschichte, dem Triumphe eines sevillanischen Freundes, des preisgekrönten Don Antonio Sanchez Moguel, jetzigen Professors der Literatur an der Universität Zaragoza, beiwohnte, zu hören übrig. Zunächst ging ich in die Sitzung, die Calderon, dem Weisen, zu Ehren die von Don Manuel Maria José de Galdo gegründete Liga Madrileña contra la Ignorancia (der Madrider Verein gegen die Unwissenheit) unter dem Vorsitz des ministro de Fomento in der Aula der Universität veranstaltet hatte. Der Professor der Pariser Hochschule, Magnabal, las über die Entwickelung der spanischen Literatur in Frankreich. Zu wahrer Poesie aber erhob sich die Improvisation des berühmten Dramatikers und Poeten, Redners und Physikers Don José Echegaray, als er sagte: „Die schrecklichste Ueberschwemmung ist die der Unwissenheit. Sie bekämpfen heißt für Licht und Freiheit arbeiten.

Die Wolken erregen unsere Bewunderung durch ihre schönen Effekte, die sie hervorbringen, aber sie werden erst nützlich, wenn sie in wohlthätigen Regen sich auflösen, der die Erde befruchtet. Dasselbe muß auch die Liga gegen die Unwissenheit thun. Ihre Arbeit muß, wie die Wassertropfen, auf den Grund aller Intelligenzen bringen und so der Sache des Vaterlandes, der Menschheit, des Wissens und der ewigen Wahrheit dienen." Der Minister Sr. Albareda, ein gewandter Andalusier, flocht geschickt in seine Rede den Namen des Königs von Spanien ein, „dessen Mission es ist, Allen zu helfen und Alle anzuspornen auf der Bahn des socialen Fortschritts."

Auch die Schüler der medicinischen Fakultät feierten Calderon unter dem Vorsitz des Rektors der Madrider Hochschule im Colegio de San Cárlos. Die Preise wurden ausgetheilt und der preisgekrönte Aufsatz: „Ueber den Studenten der Medicin zur Zeit Calderon's" verlesen.

Abends verlegte das Ateneo, die erste literarische Gesellschaft Spaniens, die in der Avantgarde der gegenwärtigen Bewegung marschirt, ihre Sitzung aus der calle de la Montera in das große Teatro Real, um hier Calderon den Tribut der Verehrung zu zollen. Wenn er heute lebte, würde auch er ein ateneista, ein Mitglied dieser Gesellschaft sein, wie alle hervorragenden Persönlichkeiten des heutigen Spaniens, deren Portraits von den Wänden des Ateneo auf die täglich diskutirende und politisirende Menge herabschauen. Auf der Bühne des Teatro Real saß im Halbzirkel um den Präsidententisch und die mit Kränzen geschmückte Büste Calderon's der größte Theil der Mitglieder dieser literarischen Gesellschaft. Mit der Ouvertüre aus „Raymond" von Thomas begann die velada.

Dann folgte eine andere Harmonie: die Rede Moreno Nieto's, des Präsidenten des Ateneo, zum Preise des Dichters der Autos Sacramentales, und Ricardo Calvo trug Decimen des gefeierten Dichters des Gefühls, des Vaterlandes und der Freiheit, Don Ventura Ruiz Aguilera, vor, in denen Calderon der Columbus einer vergessenen Welt der Poesie und Calderon's Segismundo der wahr= haftige, ewige Mensch mit seinem unendlichen Sehnen, der starke Prometheus genannt wird, der frei ist, aber das Moralgesetz, das ihn zügelt, mit Füßen tretend, das Eisen seiner Kette sich selbst schmiedet. Der zweite Theil begann mit der Ouvertüre aus „Oberon." Sodann entzückte mit seiner wunderbaren Beredtsamkeit und erfüllte mit seinen Gedanken der Madrider Universitätsprofessor und Politiker Segismundo Moret y Prendergast die zahlreiche Zuhörer= schaft. Er sagte, das Leben Calderon's sei ein Bündel gewesen, gebildet von den Büchern des Studenten, dem Schwert des Ritters, der Waffe des Soldaten, von Myr= then und Lorbeer umwunden und in eine Ecke des Palastes Philipp's IV. geworfen, und er betrachtete Calderon als einen Dichter, der nur die Gedanken und Gefühle seiner Zeit dargestellt habe. Don José Echegaray aber, der in seinen Dramen Calderon nacheifert, machte sich zum Doll= metscher der Begeisterung von ganz Spanien und sagte: „Calderon war ein Genie und als solches ein Dichter aller Zeiten." Und seine Liebe zum großen Dramatiker stieg in des Enthusiasmus Wolke zu den Regionen Cal= deron's empor. Darauf las Rafael Calvo prachtvolle Ok= taven des fruchtbaren Romanschriftstellers und Dichters Don Manuel Fernandez y Gonzalez vor, der seinen Namen in einer seiner Schöpfungen mit dem volksthümlichsten

Helden des romancero, dem Cid, verknüpft. Die Oktave
waren ein Hymnus der Liebe und ein Siegesgesang a
den ernsten, apokalyptischen Dichter, der das größte Wese
seiner Zeit war, der das Unaussprechliche und Heilige sucht
und Bewunderung, Schreck und Staunen zugleich einflößt

Wenn den Gedanken mir Dein Sein durchbringet,
Hör' einer Stimme Ton ich, einer vagen,
Die keine Stimme hat, im Schweigen klinget,
Aus tiefem Abgrund an mein Ohr getragen,
Die meinem Geiste steten Schrecken bringet
Mit bangem Seufzen und mit Weheklagen
Und aus der Liebe zaubervollen Tönen
Bestehet wie aus Schrei der Wuth und Stöhnen!

Die Stimme ist's von Geistern, die gefunden
Des Lebens Sitz im Fleische, dem unreinen,
Und jetzt noch leiden was sie einst empfunden
Von Leidenschaft im Staube, dem gemeinen,
Von Rache, Eifersucht und Liebeswunden,
Der niedern Erde denken nur mit Weinen.
Es dreh'n die Geister sich um mich im Kreise,
Von ihrer Kälte starrt mein Herz zum Eise.

*　*　*

Da Dir nicht groß genug der Erde Raum,
Sprachst Du im Schmerz: Das Leben ist ein Traum!

Ein Traum! Von welchem Sein? Der Schatten stellet
Dem Fühlen einen Wall entgegen mächtig,
Und Dunkel mehr dem Dunkel sich gesellet,
Je mehr man möcht' besiegen was da mächtig:
Die Seele sucht ein Leben glanzerhellet

Und findet hier nicht dieses Sein, das prächtig,
Und in des Zweifels Wahnsinn weiß die Blinde
Nicht wo sie herkommt, wo das Ziel sie finde.

Es rang mit dem Unmöglichen Dein Streben,
Und Dir, der zäh im Kampf, ist es gelungen:
Als Du das Wort riefst: Es ist Traum das Leben!
Bist Du in das Geheimniß eingedrungen,
Und es war Dir des Sehers Macht gegeben,
Als drauf das Wort aus Deinem Mund erklungen
Vor allem Volk: „Die größte Schuld auf Erden
Ist bei dem Menschen das Geborenwerden!“

Ein grausig Wort, läßt's diesen Traum uns sehen,
Den flüchtigen, als Qual uns zugemessen
Für ein Verbrechen, das wir nicht verstehen,
Für ein Verbrechen, das wir schier vergessen,
Als Fegefeuer, drin im Schmerz, dem zähen,
Das Herz seufzt schwer, zur blut'gen Sühne dessen,
Was es gefehlt, und sucht in tiefer Trauer
Das Thor des Lebens in des Grabes Schauer.

Dort steht zum Pfande, daß die Hand sich reichen
Was menschlichsterblich und was unbegrenzet,
Der Hoffnung Cherub, strahlend ohne Gleichen,
Der durch die Schatten unsrer Schuld erglänzet;
Dort steht der Glaube, mag er nicht erreichen
Arme Verdammte, mit dem Lichte kränzet
Er die da gläubig sind, die tapfern Seelen,
Und läßt sie sich in der Ergebung stählen.

Du gabst sie mir, sie hat mir Kraft verliehen:
Wenn ich die Ueberreste küßt' von denen,
Die gingen, deren Geister mußten ziehen,

Hab' ich gerufen unter Feuerthränen,
Am weißen Sarge liegend auf den Knieen,
Dem Tode nahe, den ich mocht' ersehnen,
Ergeben rief ich in dem Kampf, dem bangen:
„Sie gingen, sie sind mir vorausgegangen!"
Sie leben! Wo? Ich weiß nicht, ich empfinde
Sie mit dem Glauben, den Du angezündet,
Mit dem Gefühle sie, für das ich finde
Nicht eine Sprache, die es ganz ergründet,
Doch in der Nacht und in dem Stoß der Winde
Und in den Schatten, die Du ihm verbündet,
In Allem, was ich fühle, was ich sehe,
Hör' ich ihr Seufzen, fühl' ich ihre Nähe.

Noch Vieles könnte ich aus dem strophenreichen spanischen Gedichte übertragen, in welchem der Feuergeist
Calderon's, dessen Glanz uns blendet, gepriesen, der Dichter
verherrlicht wird, der vor Breda's Mauern, nachdem Philipp,
diesmal groß und beredt, an Espinola die zwei energischen
Worte geschrieben: „Nimm Breda!", den Strahl des Mars
mit dem Lorbeer Apollo's verband.

Aber ich habe lange schon bei der velada des Ateneo
verweilt und beschränke mich deshalb auf die Bemerkung,
daß Ricardo Calvo noch harmonierliche Terzinen Narciso
Campillo's und Rafael Calvo schwungvolle Decimen des
Manuel del Palacio deklamirte. Mit dem Marsch aus
dem „Propheten" schloß das genußreiche Fest.

Inzwischen war der in der calle de Alcalá errichtete
Berg Helikon mit seinem Tempel, seinen Statuen und Kaskaden
vor einer großen Volksmenge unter den Klängen der Musik
enthüllt und mit elektrischem Lichte beleuchtet worden. Madrid
strahlte wie mit einem Diadem von Diamanten und Perlen.

5. Der 25. Mai 1881, der erste Tag der fiestas populares von Madrid.

(Calderon's Jahrgedächtniß in der Kirche San José. — Die recepcion del Ayuntamiento.)

Mag auch dem Zweifel huld'gen dies Jahrhundert,
Du wirst von ihm, o Calderon, bewundert
Und voll Entzücken hört es noch Dein Singen,
Zu Deinen Füßen liegt es, Dir zu bringen
Den Schmuck der Lorbeerkränze,
Wird Dir gerecht: das heißt Dir viel erweisen;
Nennt Dich unsterblich: das heißt wenig preisen.

Nach J. J. Jimenez Delgado.

Bevor die Pforten, die geheimnißvollen,
Der Welt Du überschritten, sagt man, weintest
Du in dem Mutterbusen, und Dein Weinen
Vernahmen tiefbekümmert und erschrocken
Die Wesen, die zum Leben Dich erwartet,
Und deren Liebe Du als Mensch verbanktest
Nur die Materie. . . . .

Warum vergossest Du die ersten Thränen
Nicht als Du athmetest den Hauch des Lebens,
Wie stets bei der Geburt der Mensch sie weinet?
Hatt'st Du begriffen damals schon das Böse,
Das eingeschlossen ist im Menschenherzen,
Und der Materie Gesetz mißachtend
Entsetzte sich in Dir schon
Der Keim des Geistes an des Lebens Schwelle?

War's, weil Du schon es ahntest,
Daß Du in dieser Welt nicht finden würdest
Die Ehre ohne Makel eines Schattens,
Die Freundschaft ohne niedre schnöde Selbstsucht,
Die Freude ohne Weinen
Und das Gewissen ohne innern Vorwurf,
Die Liebe ohne Leidenschaft der Sinne,
Den Glauben ohne jeden Kampf des Zweifels,
Die Tugend ohne Heuchelei, die schwarze,
Und die Unsterblichkeit ohn' das Begrenzte?

O Thorheit! Wer da träumend schafft, gehöret
Der Welt nicht an, in welcher er geboren.
Er war nicht, wird nicht sein, denn von dem Uebel
Geboren wird der Mensch, dem Schmerz erliegt er!

Darum hast Du geweinet,
Eh' Du die Fackel schautest,
Die Licht und Liebe ausgießt auf die Schöpfung,
Und dann als Du geboren, als Dein Auge
Beim wunderhellen Glanz der glüh'nden Sonne
Vor so viel Pracht und Größe sich entzündet,
Verachtetest die Menschheit Du und Thränen,

Denn es verdient der Mensch nicht,
Daß Fackel ihm die Sonn', die Erde Mutter,
Natur der Schöpfer, Heimath das Geheimniß.

Nach J. J. Jimenez Delgado.

Endlich kam der Tag, an dem eigentlich die Calderon=
feier hätte beginnen müssen, der 25. Mai 1881, der
200. Todestag des Dichters, die Wiederkehr des Tages,
an dem für Calderon das neue Leben, die Unsterblichkeit,
begann. Madrid hatte sein festlichstes Gewand angelegt,
überall sah man Teppiche, Fahnen und Trophäen ausge=
hängt, allenthalben war Freude und Bewegung, selbst die
Pferdebahnwagen prangten in den Nationalfarben Spaniens,
an 300,000 Menschen, über 80,000 Fremde füllten die
Straßen, in denen noch niemals für einen Dichter so große
Propaganda durch Verkauf seiner Werke und Ausrufen von
Festschriften gemacht worden. Fremde waren es vorzugs=
weise, die sich, um die Reveille nicht zu versäumen, schon
in der Morgenfrühe, in der Madrid sonst nur das Patri=
monium frühaufstehender Mägde zu sein pflegt, in der Stadt
bewegten und dieselbe in eine ungeheure Eisenbahnstation
verwandelten, in der die Vergnügungszüge ohne Unter=
brechung aufeinanderfolgen. Welch ein Durcheinander von
Reisewagen aller Art, von Reisetaschen und Reisemützen!
Kommt nur herbei, von nah und fern, Jeder von Euch ist
ein Priester des Calderonfestes, Jeder von Euch hat seine Rolle
in der großen loa, der spanischen Nationalfeier zu Ehren des
Genius! Kommt nur her Landsleute, Calderon's: man kann
nicht mehr Spanier sein, als er es war.

Läßt er doch selbst im „Sitio de Bredá" eine Person
seines Stückes sagen:

Hergebracht hab' ich zwei Rosse.
Fliehet Beide. Hinten Platz nimm
Du auf einem. Spanier sind es,
Fürcht' Dich nicht.

Flora:

Ich bin nicht bange,
Denn ich denke, höflich werden
Auch die Thiere sein in Spanien.

Kommt nur her, Ihr Damen, denn von Euch sagt Calderon im Drama „Das Leben ein Traum":

Ich hab' gelesen
In Büchern, was das Schwerste sei gewesen
Für Gott zu schaffen. Meine Bücher meinen:
Der Mensch, denn er sei eine Welt im Kleinen.
Ich aber sollte meinen:
Das Weib noch mehr, denn Himmel ist's im Kleinen.

In einer Straße, die an eine andere sehr belebte angrenzt, setzten sich einige zwanzig Bauern auf die Erde, zogen ihr Frühstück aus der Tasche und fingen ruhig an zu essen. Kaum aber hatten sie begonnen, als sie in ihrer Gemüthlichkeit schon durch einen Polizisten gestört wurden, der ihnen sagte, sie möchten den Weg nicht versperren, worauf einer der Bauern bemerkte: „Wir haben hier Platz genommen, da wir keine Posada, aber großen Appetit hatten."

Um 11 Uhr Vormittags wurden von der Congregacion de Presbíteros naturales de Madrid und der junta directiva del Centenario die Exequien für Calderon unter großem Pomp in der

Kirche San José gehalten, die in ihrem reichen Trauerschmuck einen tiefernsten Eindruck machte. Es war als ob Calderon erst heute gestorben, als wäre erst heute sein Geist zum ewigen Leben erwacht. In der Mitte des Hauptschiffes erhob sich, von acht Kandelabern umgeben, ein weißer Kata=falk, dessen oberer Theil aus einem mit dem Mantel von St. Jago bedeckten Sarkophag bestand, auf welchem eine Stola, eine Priestermütze und ein Kelch sichtbar waren. Links vom Katafalk nahm der König, rechts die Minister Platz. Es reihten sich das diplomatische Corps und alle Kommissionen von Madrid und der Provinz sowie die Ver= treter von Korporationen des Auslandes, der Stadtrath von Lissabon, die Studenten von Coimbra und der Schreiber dieses Büchleins als Vertreter des deutschen Schriftstellerverbandes an. Die Seitenschiffe waren von vornehmen Damen besetzt. Der Cardinal=Erzbischof von Toledo celebrirte die Messe. Die Kirche sang in den Responsorien des 17. Jahrhunderts dieselben melancholischen Weisen, die sie vor zwei Jahrhunderten in der Kirche San Salvador vor dem bescheidenen Sarkophag des größten spanischen Dramatikers zum Himmel gesandt. Das Invitatorio für Orchester vom maestro Andrevi und die Contestaciones für Singstimmen vom maestro Poulhac aus dem 17. Jahrhundert schienen ein göttliches Zwiegespräch zwischen den Seelen zu sein, die schon der Seligkeit bei Gott theilhaftig geworden, und denen, die gläubig den er= habenen Augenblick ihres Hingangs erwarten. Es war ob Calderon mit seinen Landsleuten gesprochen und sie gesegnet und sie ihm unter Weihrauchwolken mit Gelübden der Liebe geantwortet hätten.

Um 1 Uhr, nach Beendigung der religiösen Ceremonien zog sich der König in den Palast zurück, während die Minister

an der Spitze der Procession schritten, die sich zur capilla
de San Pedro in der calle de la Torrecilla del Leal
begab, wo die Gebeine Calderon's ruhen. Auch ich nahm
am Zuge theil und war einer der Wenigen, die in die
kleine Kirche selbst gelangten. In der calle de la Torrecilla
del Leal wurden Blumen und Gedichte auf uns herabge=
worfen. Der Anblick der Straßen in ihrer festlichen Pracht
voll freudigerregter Menschen war unbeschreiblich schön. In
der kleinen Kirche der calle de la Torrecilla del Leal,
die den Presbíteros naturales de Madrid gehört, wurde
vom Karbinal Moreno ein ernstes responso gesungen, und
wir traten voll Ehrfurcht zu dem einfachen Grabmal aus
weißem Marmor, welches die Gebeine Calderon's *) um=
schließt. Auf dem Grabmal lag ein kostbarer Kranz, den
das Casino von San Sebastian geschenkt.

Inzwischen zogen die Truppen aller Waffengattungen,
welche bei der Procession Spalier gebildet hatten, nach der
plaza de Oriente, von wo sie an der dort Angesichts des

---

*) Glücklicher als die Asche des Cervantes, die, eines Tages
vergessen, für immer verloren ging, sind die sterblichen Ueberreste
Calderon's gewesen. Zuerst ruhten sie in der iglesia del Salvador,
wo ihnen die Congregation der aus Madrid gebürtigen Priester
ein bescheidenes Denkmal errichtete; 1848 wurden sie, als der
oben genannten Kirche der Einsturz drohte, in die Kapelle des
cementerio de la sacramental de San Nicolás gebracht und am
20. Juni 1869 in den großartigen Tempel von San Franciso el
Grande geführt, wo die provisorische Regierung ein Nationalpantheon
errichten wollte. Als dieser Gedanke scheiterte, wurden sie zur
Sacramental zurückgebracht und am 22. April 1880 traten sie ihre
vierte Wanderung an, indem sie nach der Kirche der Congregation
der aus Madrid gebürtigen Priester, nach San Pedro de los
Naturales gebracht wurden, wo sie jetzt ruhen.

königlichen Schlosses provisorisch aufgestellten Statue *) Calderon's vorbeidefilirten, während der König mit seiner Gemahlin und seinen Schwestern dieser Huldigung vor dem Genius der Poesie, der über allen Jahrhunderten schwebt, vom Balkon des Palastes beiwohnte.

Abends ergötzte sich das Volk an der Illumination der Stadt, welche die Wiege Calderon's gewesen; wir andern aber, die vom Alkalden von Madrid, Don José Abascal, zur recepcion del Ayuntamiento Eingeladenen, bewunderten ein glanzvolles Fest in den Salons des präch= tig illuminirten Stadthauses. Das mit Blumen reich geschmückte Parterre und die mit Teppichen bedeckte Treppe bekam durch die Reihe von Stadtdienern, durch die wir zu passiren hatten, das Gepräge des 17. Jahrhunderts. Die Diener trugen nämlich die schwarzsammtnen Gewänder und

---

*) Seit dem 2. Januar 1880 besitzt Madrid, Dank dem Bildhauer Juan Figueras und dem ministro de Ultramar, Lopez de Ayala, ein schönes Marmordenkmal Calderon's im Garten der Plaza de Santa Ana. Calderon ist sitzend dargestellt, die Hände über einem Buche gekreuzt, das auf seinen Knieen liegt. In der Rechten hält er eine Feder und neigt das Haupt zur Erde, um in ihr, wie Don Pascual Millan schön sagt, Laster zu suchen, die er bessern, Tugenden, die er preisen, heilsame Lehren, die er auf's Theater bringen könne. Dem Dichter zur Seite ist eine reizende Gestalt, die Fama, deren Linke auf das Emblem der Komödie sich stützt; die Fama trägt das Piedestal, auf welchem der Dichter ruht. Dasselbe zeigt 4 Basreliefs von Bronce, welche die letzten Scenen aus „La vida es sueño", „El Alcalde de Zalamea", „El escondido y la tapada" und „La danza de la muerte" enthalten, also Scenen aus jeder Gattung der calderonianischen Theaterstücke. Die Statue wurde am selben Tage enthüllt, in welchem der, dem Madrid das Denkmal Calderon's verdankt, Lopez de Ayala, der Erbe des calderonianischen Genius, beerdigt wurde.

ben gefürchteten Stab der Alguacile zur Zeit Philipp's IV.,
oder das Gewand der Diener der heiligen Hermandad.
Beim Betreten der letzten Treppenstufe aber empfing uns
mit lockenden Klängen und zauberischem Lichterglanz das
wonnige 19. Jahrhundert. Der mit Glas bedeckte, mit Thron-
sesseln und Divans reichausgestattete, mit Pflanzen und
Blumen geschmückte Hauptsaal war für das Calderonfest
aus einem bloßen patio zum wundervollen Salon geworden,
an dessen Wänden die Bilder von Calderon und Cervantes,
Lope de Vega und Rojas, Moratin und Hartenbusch prangten. In diesem und den andern Salons war um 10 Uhr
die Aristokratie von Madrid vertreten: hier waren die
Herzoginnen von Medinaceli, Osuna, de la Torre, Prim,
Fernan-Nuñez, Huescar, hier war die Señora de Rute
(Witwe Rattazzi's, geborene Prinzessin Bonaparte), die
spanischen Minister, die Granden, das diplomatische Corps,
der Syndikus von Paris und der von Rom, viele Alkalden
von Spanien, darunter der Alkalde von Zalamea. Wer
beschreibt den Putz so vieler vornehmen Damen? Um 10
Uhr ertönte der Königsmarsch, zum Zeichen, daß der König
nahte. Mit ihm kam die Königin und die Infantinnen
Doña Isabel und Doña Eulalia. Wundervoll war die
Königstafel mit einem kunstreichen silbernen Fruchtkorb und
einem Tischtuch aus weißen Nelken, aus denen, von Blumen
gebildet, das österreichische und bourbonische Wappen reizend
sich abhob. Auch das Putzimmer der Königin war reich
dekorirt. Die Majestäten unterhielten sich vorzugsweise mit
den Alkalden. Das Buffet für die Gäste war des gastlichen
Madrid, das menu eines Brillat-Savarin würdig. Calderon
bewirthete seine Gäste gleich einem Lucullus, aber auffallen-
derweise befanden sich unter denselben keine dramatischen

Dichter, die doch vor allen Andern hätten eingeladen werden müssen zu einem Fest, das ihrem großen Meister galt. Wer sind die Vertreter der Seele eines Volks, wenn nicht seine Dichter?

6. Der 26. Mai 1881, der zweite Tag der fiestas populares von Madrid.

(Die procesion escolar.)

Calderonhymne.

I.

Wenn Deinem Ruhme Hymnen
Die Welt singt voller Freude,
Die Stimme Salamanca's
Darf fehlen nicht im Chor.
Aus ihr, die edle Schule
Für Deinen Geist geworden,
Stiegst Du zum hohen Gipfel
Der span'schen Kunst empor.

Chor:

Ehr' Deine Söhne,
Spanisches Volk!
Hymnen und Blumen
Für Calderon!

II.

In Dir erscheinet sichtbar,
Wie in dem klarsten Spiegel,

Das Bildniß, das getreue,
Des Volks, das Dich geliebt.
Und die Du überraschtest
Und ausgeforscht, die Seele,
Der tiefen Räthsel Schlüssel
In Deine Hände giebt.

Chor:
Ehr' Deine Söhne u. s. w.

III.

Nie sah man in den Zeiten
Rivalen Deiner Größe,
Seit Aeschylus, dem Riesen,
Bis man zu Dir gelangt!
Das goldne Scepter schwingst Du
Der vaterländ'schen Bühne
Und als die Sonne strahlst Du,
Die ohne Ende prangt!

Nach Don Ventura Ruiz Aguilera.

Während am 25. Mai Gebete für die Seele Calderon's
unter Weihrauchwolken zum Himmel stiegen und die Be-
geisternng Hymnen ob seines Dichterruhms zu den Regionen
der Unsterblichkeit trug, brachte am 26. Mai die lernende,
die studirende Jugend, die Hoffnung, die Zukunft Spaniens
der Glorie der Vergangenheit den Zoll der Bewunderung
dar. Diese Huldigung der Generation, die noch die Em-
pfänglichkeit und Frische der ersten Jahre besitzt, mußte
für den Geist Calderon's gleichsam die Blume des großen
Ausbruchs von Enthusiasmus sein, dessen reiche Früchte
die akademischen Feste und der große historische Festzug

vom 27. Mai waren. Die stattliche p r o c e s i o n e s -
c o l a r , der durch Musik belebte Festzug von 14,000
Schülern, die im Schmuck der Fahnen und Kränze um zwei
Uhr Nachmittags von der Universidad central von Madrid
durch die Straßen der Hauptstadt zogen, um den zu feiern,
der sich wie ein Adler gen Himmel erhob und gleich Orpheus
und Dante in die Unterwelt hinabstieg, ist für Spanien ein
wahres Ereigniß zu nennen.

Dreihundert junge guardias civiles aus dem colegio
de Valdemoro, unter denen Einige beritten, eröffneten den
Zug. Achthundert Elementarschüler folgten mit ihren
Lehrern, jede Schule hatte ihre Calderonfahne, jeder Knabe
trug ein blaues Band am linken Arm, die Einen hielten
Blumensträuße, die Andern Lorbeerkränze in der Hand.
Wie reizend sahen die sechshundert kleinen, weißgekleideten
Mädchen aus, die mit dem Lächeln der Unschuld auf den
Lippen und mit Blumenkränzen auf ihren Engelsköpfchen
hinter den Knaben gingen! Es waren Elementarschüle=
rinnen von Madrid. Die Waisenkinder reihten sich an,
von denen die kleineren nach dem Takt der Musik mar=
schirten. Auch Taubstumme und Blinde kamen, und Einige
trugen die Preise, die sie in der Schule errungen. Mehr
als fünfhundert Mitglieder des „Fomento de las Artes",
meist Handwerker, gingen stolz mit ihren Abzeichen daher.
Es folgten mit prächtigen Standarten die Schüler der
höheren Unterrichtsanstalten, wie des Instituto del Car-
denal Cisneros, dessen Direktor der verdienstvolle Aciclo
F. Vallin ist. Die allgemeine Aufmerksamkeit zogen die
elegant gekleideten Schülerinnen des Conservatoriums auf
sich, von denen Einige durch besondere Schönheit glänzten,
den Neid der Frauenwelt und die Bewunderung der Männer

erregten. Vor ihnen gingen die Musikschüler mit ihren
Professoren Arrieta, Monasterio und Andern. Das Lehre-
rinneninstitut, welches viele schöne, feingekleidete, junge Damen
aufzuweisen hatte, folgte mit seinen Professoren und einer
prachtvollen, von den Lehrerinnen und ihren Zöglingen ge-
stickten Fahne. Dann kamen Madrider Studenten aller
Fakultäten mit einer Studentenkapelle und Standartenträgern
in der kleidsamen Tracht des 17. Jahrhunderts. Die
Studentenkapelle, die charakteristische Estudiantina, spielte
einen schönen pasa-calle. Jede Fakultät hatte einen Professor zum Führer. Die Studenten der philosophischen Fakultät trugen himmelblaue Federn und Bänder, die der
facultad de Ciencias dunkelblaue, die der pharmaceutischen
Fakultät violette, die der medicinischen gelbe und die der
juristischen Fakultät karminfarbene Federn und Bänder.
Wenn die Studenten an Balkonen vorüberkamen, auf denen sie
hübsche Mädchen sahen, huldigten sie der Schönheit mit
begeisterten Hochrufen, in welche die Menge lebhaft ein-
stimmte. Aber ebenso huldigten sie dem Talent und dem
Freiheitssinn, indem sie dem Tribunen des spanischen Volks,
Don Emilio Castelar, den sie auf dem Balkon des Hôtel
de Lóndres entdeckten, eine Ovation darbrachten. Erwähnen muß ich auch die Schüler der Escuela de Diplomática, die der Maler- und der Bauschule. Lebhaft vom
Publikum beklatscht wurden die Studenten von Salamanca
und Coimbra, die sich in der Tracht des 17. Jahrhunderts
gar schmuck ausnahmen. Ueberhaupt wurden die Portugiesen auch aus politischen Gründen überall freudig begrüßt, denn die Spanier möchten Angesichts des Sturms,
der das politische Meer Europa's bewegt, das portugiesische
und spanische Schiff zusammen rudern sehen, aber so, daß

kein Columbus die lusitanische Galere und kein Vasco de Gama die kastilianische Karabelle lenke; wenn beide Schiffe vereint und verbunden, könnten sie die ganze iberische Halb= insel in's Schlepptau nehmen und eines Tags die kühnsten Fahrten eines Camoens und die verwegensten Abenteuer des Cervantes ausführen.

Den Studenten folgten die Professoren aller Schulen, der Civil= und Militärakademien und der öffentlichen Insti= tute, unter Anführung des Rektors der Universität Sr. Pisa Pajares und der Dekane aller Fakultäten. Den Zug schloß das Schulbataillon der jungen carabineros des Escorial.

Alle Kränze, 500 an der Zahl, die meisten mit einer Inschrift auf seidener Schleife, wurden niedergelegt vor der in der plaza de Oriente provisorisch errichteten Statue Calderon's, während die ingenieros die von den Musik= schülerinnen gesungene Calderonhymne spielten und Schüler und Studenten ihre Mützen schwangen und in Vivats und Hurrahs ausbrachen auf Calderon und auf das Königs= paar, das vom Balkon des Alcazars diesem rührenden Schauspiel spanischer Pietät und Dankbarkeit beiwohnte. Der Eindruck, den der Festzug machte, war ein tiefer und muß ein nachhaltiger sein: die kleinen Mädchen, die Zög= linge der städtischen Schulen mit ihren duftenden Kränzen und den im Wind flatternden weißen Tüllkleidern und Schleiern schienen Engel, vom Himmel herabgestiegen, um Calderon zu ehren.

Um 6 Uhr war die Procession zu Ende. Die Nacht aber zeigte Madrid wieder im Glanz der Illumination.

7. Der 27. Mai 1881, der letzte Tag der fiestas populares von Madrid.

(Die procesion histórica.)

Schwinden werden Generationen
Und es geh'n dahin die Zeiten,
Tugenden und Eitelkeiten.
Größe, Monumente, Kronen.
Und es zieh'n die Illusionen
In das Nichts dahin, das leere:
Unser Grab spricht nur die Lehre,
Diese eine nur: „Er war!" —
Calderon lebt wunderbar,
Denn kein Grab hat dieser Hehre!

Nach Manuel del Palacio.

—

Sonett an Spanien.

Du hast der Hagar wilden Sohn bezwungen,
O Vaterland, mit Deinem Kreuz und Schwert,
Und von so großer Siege Last beschwert,
Hast Du nach größer'm Raum gesucht, gerungen.

Da ist des fernen Meeres Schooß entsprungen
Für Dich ein Land, das Deiner Größe werth,
Und von gewalt'gen Helden ward's ein Herd,
Dein Name ist durch eine Welt gedrungen.

Der durch Lepanto strahlt in ew'gem Lichte,
Es lebt der Ruhm und er wird nicht verblassen
So auf dem Land wie auf dem zorn'gen Meere.

Würd' ausgelöscht selbst Deines Ruhm's Geschichte,
Die Leere füllte aus, die Du gelassen,
Der Name Calberon's, der große, hehre!

Nach Luis María de Urquiola.

Die Krone aller Huldigungen für die Manen Calberon's war unstreitig der große historische Festzug vom 27. Mai, die majestätische procesion civica oder histórica. Dieser feierliche Akt der Dankbarkeit eines ganzen Volkes war ein verwirklichter Dichtertraum, ein Strom von Farben, Gold und Edelsteinen, der, funkelnd im Sonnenglanz, durch die dichtgedrängte frohlockende Menge sich durchwand; eine wundervolle Vereinigung von allegorischen Wagen und Figuren, von stolzen Bannern und prächtigen Fahnen, von glänzenden Gewändern und stattlichen Gestalten, von feurigen Rossen und reichem Pferdegeschirr, von funkelnden Piken und kriegerischen Kanonen, oder, wie ein Andalusier mit der Hyperbel des Südländers sich ausdrückte, es war eine Wirklichkeit, noch schöner, noch feenhafter als die Träume, welche die Phantasie hervorzaubert. Ehre dem Volk des Calberon und des Cervantes! Die Nation, die Ercillas und Garcilassos besitzt, die sich an der Araucana begeistert und im Don Quijote lernt, die einen „Alkalden von Zala=

mea" und einen philosophisch tiefen Geist im Drama „Das
Leben ein Traum" aufweisen kann, hat sich ihres früheren
Glanzes würdig gezeigt, ihren Nationalstolz befriedigt, ihren
künstlerischen Sinn, ihren guten Geschmack und die Gluth
ihrer Begeisterung bewiesen in diesem herrlichen Zug der
Industrie, des Handels, der Arbeit, der Literatur, der Künste
und Wissenschaften, der Gelehrsamkeit, des Heeres, der Ma=
rine und der Kommissionen der Ayuntamientos, kurz, der
moralischen und materiellen Elemente Spaniens, in diesem
Zug, den vorher auch der enthusiastische Spanier in seinem
Lande nicht für möglich gehalten, in diesem Zug, der nicht
stumm vorüberschritt, sondern durch tausend herzliche Kund=
gebungen der Sympathie, der Liebe und Verehrung mit
Vielen seiner Zuschauer verbunden war. Madrid hätte
nicht Madrid sein müssen, um nicht laut zu jubeln bei die=
sem Schauspiel im Sonnenschein seines unvergleichlichen
Frühlings.

Von wo sollte ich den Zug sehen? In meiner Woh=
nung gegenüber dem königlichen Schloß, im historischen
Palast der Prinzessin Eboli in der calle de la Almudena
Nr. 3, wo ich der Gast meines lieben Landsmanns, des für
alles Große, Schöne und Gute begeisterten, ächt evange=
lischen Pastors Fritz Fliedner und seiner Gemahlin, einer
liebenswürdigen Schottin war, die von allen spanischen
Freunden, die mich besuchten, wegen ihrer Anmuth, ihres
Geistes und ihrer schönen Art spanisch zu sprechen geschätzt
wurde? Gewiß war der Balkon meines Zimmers ein ge=
eigneter Platz, aber, um von da aus den Zug zu sehen,
hätte ich meine Ungeduld noch lange zügeln müssen. Ich
hatte aber auch eine Karte zur Tribüne der Vertreter der
ausländischen Presse, wo mich meine werthen Freunde, die

deutschen Korrespondenten Bentfeld und Otto Neußel, er=
warteten, und außerdem hatte mich einer der ersten Gene=
rale Spaniens, der auch über die preußische Heeresorgani=
sation geschrieben, der General Don Fernando Fernandez
de Córdova, Marqués de Mendigorría, der in der calle de
Alcalá wohnt, mit einer Einladung beehrt. Ihr folgte ich
und kam so in einen glänzenden Kreis interessanter Männer
und schöner Damen der heiteren Stadt des Manzanares,
die bald das imposanteste Panorama sehen sollte, das sich
je ihren Blicken gezeigt, das Bild Spaniens im 17. und
19. Jahrhundert.

Der Zug brauchte zwei Stunden, um sich in der calle
de Claudio Coello zu ordnen. Um 2 Uhr setzte er sich
in Bewegung. In der aristokratischen calle de Serrano
wurden, wie ich später erfuhr, von den Theilnehmern des
Zuges enthusiastische Huldigungen dem dort wohnenden
Castelar und dem Präsidenten der Executiv=Kommission
des Calderonfestes, Don Antonio Romero Ortiz, dargebracht.
In der puerta de Alcalá stiegen Tausende von feurigen
Kugeln auf, die sich in den Lüften verloren. Ueberall
war ein gewaltiges Menschengewühl, welches sich kaum
durch die bei der Procession Spalier bildenden Soldaten
zurückhalten ließ. Selbst in den Wipfeln der Bäume hatten
unerschrockene Knaben ein Plätzchen gefunden. Die Sonne,
eine wahre Sonne der Gerechtigkeit, triumphirte über die
drohenden Wolken. Endlich gegen halb 3 kam der Zug,
von einem allgemeinen Ah der Freude und Bewunderung
empfangen, in die calle de Alcalá. 25 berittene guardias civiles eröffneten ihn. Dann kamen 8 Herolde hoch
zu Roß, wundervoll in ihrem kostbaren Feierkleid, der Dal=
matika von gelber Seide, und mit der bunten Feder auf

dem Hute zu schauen: ihre Standarten waren auf der
einen Seite gelb, auf der andern blau. Es war als ob
man eine comedia de magia schaute. Hinter einer Militär=
kapelle, die einen Triumpfmarsch spielte, marschirten die
Schauspieler der Madrider Theater; alle trugen Frack und
weiße Binde und eine Fahne, auf der der Name eines
calderonianischen Stückes stand. Es waren ihrer 60. Ihnen
schlossen sich mit einer prachtvollen Standarte, welche die
italienischen Landesfarben trug, und mit einem Kranz für
den Koloß des spanischen Dramas die Mitglieder der italie=
nischen Truppe an, die zur Zeit in Madrid im Teatro
de la Comedia spielte. Darauf erschien der erste Wagen:
der der Bewohner des Madrider Stadtviertels Chamberí.
Er wurde von 8 kastanienbraunen, mit blau und weißem
Federbusch geschmückten Pferden gezogen und bildete eine
große Muschel, die auf einer ausgedehnten Plattform ruhte
und voll von dramatischen und patriotischen Symbolen war.
Auf ihn folgte die Tischlerinnung mit ihren Attributen.
Besonders freudig begrüßt wurde der zweite, höchst origi=
nelle Wagen, der der Schmiede= und Schlosserinnung. Er
stellte eine Schlosserwerkstatt mit Schmiede dar, in der die
Arbeiter, mit einer auf Kosten ihrer Innung angefertigten
Calderon=Medaille geschmückt, die Einen in der Tracht des
17. Jahrhunderts, die Andern in moderner, ihre Hämmer
lustig im Takt der hinter ihrem Wagen erklingenden Musik
schwangen und theils nach Art des 17. Jahrhunderts,
theils nach der des 19. arbeiteten. In einem von 4
Säulen gebildeten Zelt, das die Büste Calderon's krönte,
sah man alte Madrider Schlosserarbeiten und heraldische
Schilde, und wo nur die Hämmer ertönten, klatschte die
Menge und grüßte die Arbeit. Meister, Gesellen und Lehr=

linge der Schmiede= und Schlosserinnung folgten dem
Wagen, der zwei prachtvolle Standarten, die eine mit der
Inschrift „1681", die andere mit der Inschrift „1881"
trug. Unter dem Banner der „Sociedad de Socorros
Mútuos á los artesanos" schritten viele Arbeiter einher.
Dann kam, von 6 muthigen Rossen gezogen, der Wagen
der Genossenschaft „El Fomento de las Artes", der in
verschiedenen Gruppen eine Allegorie der Arbeit darstellte,
während in der Mitte eine schwerfällige Presse aus dem
17. Jahrhundert mit der Büste Guttenberg's und eine ele=
gante Druckmaschine aus dem 19. Jahrhundert sich abhoben.
Beide Pressen, die eine Welt des Fortschritts umfassen,
waren beständig in Thätigkeit; es wurde ein Sonett des
Hartzenbusch auf Calderon und Anderes gedruckt; von den
Setzern trugen die Einen die Tracht des 17., die Andern
die des 19. Jahrhunderts. Greise hielten große Me=
daillons, auf denen die Titel der Hauptwerke Calderon's
standen. Um die Standarte der Gesellschaft schaarten
sich die Mitglieder. Verschiedene Innungen folgten mit
kostbaren Fahnen; die Innung der Liqueurfabrikanten
war durch 4 Burschen repräsentirt, die auf einer Trag=
bahre 4 Fässer und auf denselben Flaschen und einen
goldenen Pokal trugen. Wieder kam Musik und der
Wagen der „Asociacion de maestros de obras de
Madrid" erschien, der von Männern getragen wurde; die=
selben waren aber durch ein Tuch verdeckt und sollte es
den Anschein haben, als ob zwei Tauben ihn zögen. Der
Wagen stellte einen Tempel dar und sah man im Innern
desselben das Bild Calderon's als des priesterlichen Sängers
und auf einem Thron den Genius, durch ein Kind reprä=
sentirt. Der Erfolg dieses Wagens stand aber bei weitem

dem der andern nach. Die Standarten und Banner der
„Asociacion de la Cruz Roja" (des Rothen Kreuzes)
folgten, und hinter ihnen ging die Academia der Ele-
mentarlehrer und Elementarlehrerinnen, sowie weißgekleidete
kleine Mädchen mit einer Fahne und einem Kranz. Durch
Musik wurde ein neuer Wagen angekündigt, die elegante
caroza des Círculo de la Union Mercantil. 8 Männer
in Kaufmannstracht führten die Rosse am Zügel und 5
Reiter in gleicher Tracht mit den Standarten der 5 größten
Madrider Innungen aus dem 17. Jahrhundert umgaben
den Wagen. Derselbe stellte ein Schiff dar, auf dessen
Hintertheil sich in einem Halbzirkel das altgriechische Theater erhob, mit einem Piedestal in der Mitte, auf welchem
das kolossale Erzbild Calderon's stand. Zwei Figuren in
natürlicher Größe, die Industrie und der Handel, nähern
sich ihm, um ihn zu krönen, während Neptun, der Re-
präsentant der Schifffahrt, auf das Vordertheil des Schiffes
gestützt, ihm einen Lorbeerkranz darbietet und zwei auf
den Attributen der Komödie sitzende Genien das Schiff an
goldener Schnur lenken. Dieser Wagen kostete 20,000
Realen. Auch die Profesores Mercantiles kamen mit
ihrer Standarte, und die Genossenschaft der Architekten
bildete eine Gruppe, in deren Mitte 4 Kinder einen Lorbeerkranz trugen. Der Zug bewegte sich stets mit musterhafter
Ordnung. Wieder kam ein Musikcorps und lauter Beifall
erscholl, als ein Herold zu Pferde die gelb-rothe Standarte
der Presse trug und, von 8 Rossen gezogen, der Wagen
der spanischen Presse sichtbar wurde, dessen Kosten von
den Redaktionen der Madrider und der Provinzialblätter,
sowie der überseeischen spanischen Zeitungen bestritten wurden
Dieser prachtvolle Wagen, der 500 Lorbeerkränze enthielt

bestand aus zwei Abtheilungen: in der ersten sah man das spanische Wappen, in der zweiten die sitzende Statue Gutten= berg's mit einer Allegorie in der Rechten und an den 4 Ecken 4 Genien. Zwei Säulen stellten das alte und das moderne Theater dar. Die schöne Statue Calderon's stand auf einer Weltkugel, 2 Genien krönten ihn. Hinter dem Wagen wurden die meist kostbaren, aus Sammet und Goldstickereien bestehenden Standarten vieler Madrider und Provinzialblätter getragen, und die Redakteure folgten der Standarte ihrer Zeitung. Unter den Standarten be= merkte ich mit Vergnügen auch die der beiden Zeitschriften des Pastor Fliedner: „La Revista cristiana" und „El Amigo de la infancia". Für Calderon begeistert, hatte die Frau Pastorin kunstvoll an diesen Standarten die Buch= staben angebracht. Besonders auf der Tribüne der aus= ländischen Journalisten wurden die spanischen periodistas mit donnerndem Hurrah als Kollegen begrüßt, und schöne Damen warfen von den Balkonen Blumen auf sie hernieder, die sofort das Knopfloch des Fracks der für solche Zeichen der Sympathie erkenntlichen spanischen Journalisten schmückten. Auf die Presse, unter der namentlich die Madrider „Ilus= tracion Española y Americana" mit ihrer schönen Stan= darte hervorzuheben ist, folgten die Sociedades Económicas von Madrid und den Provinzen. Alle trugen Kränze. Dann kamen Kommissionen der verschiedenen Ateneos. Durch besonders prachtvolle Standarten zeichneten sich das Madrider Ateneo, welches Moreno Nieto anführte, und das Liceo von Granada aus, die älteste aller Gesellschaften Spaniens, die sich am Calderonfeste betheiligt. Den Ate= neos reihten sich ausländische periodistas und diesen die Studenten von Coimbra an, die am Tage vorher in der

Schülerprocession Aufsehen erregt. Die ausländischen periodistas überschüttete, wie man sich später allgemein erzählte, eine der beliebtesten Madrider Schauspielerinnen,
Elisa Menboza Tenorio, mit Blumen, und als die Schriftsteller sich vor ihr verneigten und, nachdem sie den Namen
der Künstlerin erfahren, in bonnernden Applaus ausbrachen,
nahm die dankbare Künstlerin die Blumen, die ihre Brust
und ihr Haupt schmückten und warf sie den Journalisten
zu Füßen. Dann nahte der von 8 Schimmeln gezogene
architektonisch-schöne Wagen der „Asociacion de Escritores
y Artistas“. Der vordere Theil desselben stellte die Ruinen
des spanischen Theaters dar, der hintere die Bühne des
modernen Theaters, in deren Mitte sich eine Säule als
Sinnbild des Calderonianischen Genius erhob: an ihr hing
eine Leyer und an ihr war sein Bild in Basrelief zu
schauen. Auf dieser Bühne standen allerliebste Kinder in
der Tracht der Hauptpersonen aus Calderon's „La Vida es
sueño“, „La Dama duende“, „El Alcalde de Zalamea“
und „Casa con dos puertas“. Die Kinder vertheilten
während des Zuges mehr als 30,000 von Exemplaren von
Calderonianischen Poesien. Auf die Standarte der „Asociacion de Escritores y Artistas“ folgten die der verschiedenen Institute Madrid's und der Provinzen und der
Fakultäten der Madrider Universität. Besonderes Aufsehen
erregten wieder die Studenten in der Tracht des 17. Jahrhunderts, namentlich aber die musicirenden Studenten,
150 an der Zahl, die Estudiantina mit ihren Guitarren
und bandurrías (Mandolinen), mit ihren Flöten und Kastag-
netten, mit ihrer schwarzen Soutane und ihren schwarzen
Mäntelchen über der linken Schulter, mit ihren kurzen
Pumphosen und langen Strümpfen mit Schnallen und ihren

7*

zierlichen Schuhen, mit ihrem schwarzen Barett und der blauen Feder. Der Standarte des Conservatoriums folgten die Professoren, Schülerinnen und Schüler desselben. Auch die Photographen hatten ihre besondere Standarte mit Calderon's Bildniß und vertheilten 12,000 Photographien von Calderon's Bild und seiner Statue auf der plaza de Santa Ana. Dann kamen Lehrer und Lehrerinnen der Escuela Normal und eine Kommission von Studenten von Salamanca, die auf sammetenen Kissen die Register der Matrikel Calderon's trugen. Eine große Anzahl spanischer Dramendichter folgte mit Lorbeerzweigen. Die Philippinen hatten Calderon eine prächtige Standarte und einen sehr geschmackvollen Kranz gewidmet, Cuba und Portorico aber einen herrlichen, von 8 Pferden aus dem königlichen Marstall gezogenen Wagen, gleich dem der Presse einer der reichsten und schönsten des ganzen Zuges. Vorn zeigten sich die beiden Säulen des Herkules und die Figur des Columbus, im Hintergrunde Amerika, das nationale Banner tragend, unter einem Thronhimmel von rothem Sammet, der von amerikanischen Pflanzen gehalten wurde. An einem Bambus hing ein Mantel, auf dem in goldenen Buchstaben die Inschrift zu lesen war: „A Calderon, Cuba y Puerto-Rico." Zwischen den Gestalten des Columbus und Amerika's war das Meer dargestellt, in welchem ein Delphin sichtbar wurde, der auf seinem Rücken zwei Kinder trug, die im Begriff standen den Dichter zu krönen. Diesem Wagen folgten alle Repräsentanten Cuba's und Portorico's in Senat und Abgeordnetenhaus. Klänge der Musik ertönten und es erschienen, von donnerndem Jubel empfangen, die ersten Vertreter des spanischen Heeres. Wahrhaftig, das Heer hatte in diesem Zuge Wunder gethan; Alles war bewunderungswürdig: Wagen, Trachten, Waffen und Aussehen der Männer. Jeder Spanier glaubte mit patriotischem Stolz in diesen Soldaten Typen aus dem Bilde des Velazquez, „Die Uebergabe Breda's", die Soldaten des Marqués de Heredia-Spinola zu sehen. Ja, harmonisch und künstlerisch=schön war der Wagen des Heeres. Er kostete 100,000 Realen und stellte den Mars dar, wie er mit seinem Schilde die Poesie schützt. Beide Kolossalfiguren erhoben sich auf einer Basis von Kanonen. 16 Rosse aus dem königlichen Marstall mit Pferdegeschirr im Stil des 17. Jahrhunderts zogen den eleganten Wagen. Ihm folgte Infanterie, Kavallerie und Artillerie mit Kanonen und Lafetten des 17. und des 19. Jahrhunderts. Die Schwerter der Hellebardiere waren sämmtlich aus der Nationalfabrik von Toledo und trugen Inschriften aus Calderon's Dramen, z. B. „Donde el acero ha de hablar, calle la lengua" (Wo der Stahl sprechen soll, schweige die Zunge), „Desenvainada, no hay burlas con la espada" (Wenn es aus der Scheide gezogen, ist nicht mit dem Schwerte zu scherzen). Die gleiche Begeisterung wie der Anblick der alten tercios de Flandes erweckte die Marine, denn Armada und Heer, beide gleich kampfstolz und schlachtenfroh, hatten miteinander gewetteifert auch in der Liebe zu den Glorien des Friedens. Der mit 8 stolzen Pferden des königlichen Marstalls bespannte Wagen der Marine stellte das Hinterschiff einer alten Galeere dar, auf welcher die spanische Flagge wehte. Die Fama, auf eine prachtvolle Perlmutter=Muschel gestützt, die das Bild Cal-deron's enthielt, hob sich im Hintergrunde ab. Die Marine-soldaten trugen Uniformen aus der Zeit Philipp's IV., und Flaggen und Schmuck entsprachen denen der Galeere Capitana von der Flotte des Marqués del Viso, welche

im Februar 1688 die Kaiserin Margaretha Theresia von
Oesterreich, die Tochter Philipp's IV., nach Italien brachte.
Hinter dem Wagen ging ein brillantes Marine=Musikcorps,
welches von Ferrol zum Feste gekommen war, und zwei
Abtheilungen Land = und Seesoldaten.   Ein neuer, beson=
ders für den Geschichtsfreund und den Verehrer des
spanischen Ruhmes höchst interessanter Theil der Pro=
cession zeigte sich unseren Blicken: alphabetisch nach den
Provinzen geordnet, kamen die spanischen Ayuntamien=
tos, durch Kommissionen und Fahnen repräsentirt.   In
einem offenen Wagen, in welchem der Alkalde und der
Syndikus von Valencia saßen, während sich in einem an=
deren die maceros, die Stabträger mit rothen Gewändern
befanden, wurde das palladium der Valencianer, die alt=
ehrwürdige Señera gebracht, der alle Ritter, wie die Córtes
von 1250 bestimmt, im Kriege zu folgen hatten und die
sich noch niemals gebeugt. *)   In einem Futteral aber war
die Fahne von Cuenca, die mit in der Schlacht der Navas
de Tolosa gewesen und so alt ist, daß man fürchtet, sie
möchte durch die Berührung mit der Luft zerstört werden.
Barcelona, dessen berittene Municipalgarde die allgemeine
Aufmerksamkeit erregte, zeigte seine reiche Standarte, die
von Alguacilen zu Roß getragen wurde.   Das Ayunta=
miento von Granada hatte die Standarte des katholischen
Königspaares mitgebracht, die im Stadthause aufbewahrt
wird und die der conde de Tendilla am 2. Januar 1492
auf der torre de la Vela aufgepflanzt.   Die Fahne ist

---

*) Damit diese Fahne sich niemals erniedrigen könnte, indem
sie sich neigte, ließ man sie, ehe man sie aus der Stadt oder durch
die Stadt trug, an einer seidenen Schnur befestigt vom Balkon
herab.

von karmesinrothem Damast und bildet ein regelmäßiges
Viereck. In der Mitte ist in Gold und Seide das Wappen
von Kastilien über einem goldnen Adler gestickt. In den
Ecken befinden sich allegorische Granatfrüchte. Zwei grana=
binische Pagen trugen auf einem reichen Kissen ein von
Isabella der Katholischen gesticktes Wappen. Das Ayun=
tamiento von Sevilla ließ uns die kostbare Bandera Na=
cional schauen, und Toledo brachte eine Standarte, in
deren Schatten der große Don Juan de Austria am Tage
von Lepanto gekämpft. Badajoz, Tarragona, Murcia, Car=
tagena, Jaen, Aranjuez, Alcalá de Henares zeigten ihre
Standarten; Salamanca hatte eine reiche Fahne und mace=
ros mit silbernen Marschallstäben; Zamora brachte seine
berühmte Enseña Bermeja, die rothe Fahne, von der schon
der romancero spricht. Es ist ein Tuch, aus 9 Abthei=
lungen bestehend: die 8 unteren stellen die 8 Schlachten
dar, in denen Viriatus die Heere Rom's besiegte. Die obere
smaragdgrüne fügte das katholische Königspaar auf dem
Schlachtfelde von Pelea=Gonzalo zur Belohnung des Helden=
muths der Zamoraner, welche die ersten Reihen des por=
tugiesischen Heeres durchbrachen, hinzu. Auch die Standarte
von Móstoles zog die Blicke nicht blos wegen ihrer historischen
Bedeutung, sondern auch wegen ihres Reichthums auf sich,
und die Kommission des Ayuntamienta von Alguaire (Pro=
vinz Lérida) fiel durch ihre rothen, katalanischen Mützen
auf. Natürlich wurde Calderon zu Ehren auch die weiße
Standarte von Zalamea mit dem rothen Kreuz von St.
Yago jubelnd begrüßt, und Jeder freute sich, den Al=
kalden von Zalamea mit dem Zeichen seiner Würde, dem
langen Stabe, zu sehen. Zaragoza schloß diese glänzende
lange Abtheilung der Insignien der Ayuntamientos, der

Alguaciles zu Roß und zu Fuß, der in kostbare Dal=
matikas gekleideten Stabträger und der Municipalgarden
aller Uniformen. Es folgte der im Stil Ludwigs XIV.
gebaute, von 4 Schwarzschimmeln gezogene Galawagen der
Diputacion provincial von Madrid mit zwei kostbaren
Kränzen und einer wundervollen Standarte von braunem
Sammet. Dem Wagen ging die guardia amarilla, 30
Garbisten voraus, deren Gewänder im Stil der calbero=
nianischen Zeit von der Diputacion provincial angeschafft
worden waren. Die Deputirten selbst befanden sich gleich=
falls im Zuge. Dann kamen 5 berittene Alguacile des
Ayuntamiento von Madrid und der Wagen, den die Stadt
Madrid ihrem großen Sohne gewidmet. Dem Wagen
folgte das ganze Municipium; Diener der heiligen Herman=
dad und einige Ritter der Militärorden in der Tracht der
Zeit Philipp's IV. Noch zwei Wagen fesselten die Auf=
merksamkeit: der Wagen Spaniens und der des königlichen
Hauses. Auf dem ersteren, den 8 Rappen des königlichen
Marstalls zogen, sah man die 49 Wappen der spanischen
Provinzen. España, auf ihren Wappenschild gestützt, krönte
ihren großen Sohn; Lorbeerkränze und Blumen waren zu
ihren Füßen. Der König, der 10,000 pesetas zu den
Kosten des Centenariums beigetragen, ließ zur Vertretung
seines Hauses die sogenannte Carroza de Doña Juana la
Loca im Zuge erscheinen, die aus Ebenholz gemacht, indeß
nicht aus der Zeit Johanna's der Wahnsinnigen, sondern
aus dem Jahre 1680 stammt und vor Kurzem geschickt
restaurirt worden. 8 reich geschmückte Rappen des könig=
lichen Marstalls zogen den Wagen, der 4 Federbüsche mit
den Farben des alten Hauses Oesterreich trug. Wahrhaft
königlich war die Pracht der Gewänder der beiden Kutscher,

der zwei Lakaien und der vier palafreneros, und entsprach ihre Tracht der Zeit Philipp's IV. Der Zug, dem das Regiment der Husaren von Pavia zur Bedeckung diente, schloß mit der Centenarkommission, dem Ayuntamiento von Madrid, dessen Alkalde Don José Abascal natürlich nicht fehlte, und den Vertretern des Municipiums von Lissabon. 912 Vertreter spanischer und 102 Repräsentanten ausländischer Korporationen befanden sich im Zuge. Ich war wie geblendet von all dem Glanze der Procession, die von der strahlenden Sonne des Südens in Licht gebadet wurde, und von der die Feder nur einen schwachen Begriff zu geben vermag, und wenn ich auch am 16. October 1880 in Köln den glänzenden historischen Festzug bei Gelegenheit der Vollendung unseres unvergleichlichen Domes mitgemacht, so war doch dieser großartige spanische Zug, in welchem Reichthum und Kunst sich die Hand reichten, der erste, den selbst mit anzusehen mir vergönnt war, und ich konnte vor der spanischen Gesellschaft, in der ich mich befand, meinen Jubel nicht besser ausdrücken, als mit dem Ausruf des Madrider „Liberal": „Magnifico! Magnifico! Magnifico!" Solch einen Zug hatte Niemand erwartet, solch ein Fest für einen Dichter hätte Niemand in Spanien für möglich gehalten. Wer, der es gesehen, würde nicht zum Herold des spanischen Ruhmes werden und mit dem Madrider „Imparcial" nach dem Tage der großen Procession ausrufen: „Wenn wir bedenken, daß ganz Spanien sich Tage lang zu dieser Feierlichkeit zu Ehren eines Sohnes des Genius vorbereitet hat, so wird man hinter den Denkmalen, die in den Straßen errichtet, hinter den Lichtgewinden, die in den dunklen Mantel der Nacht gestickt, hinter dem glänzenden Zuge der Wagen, die Silhouette

eines großen und intelligenten Volkes erblicken, das schwär-
mend für die, die es hochgestellt, im Kampf heldenmüthig und
im Frieden zur Vergötterung derer, die es erhoben, geneigt
ist, denn der Heldenmuth Angesichts der Gefahr verwandelt sich
in Bewunderung vor den großen Genien in den Tagen des
Friedens, sagt doch Virgil: „Es giebt keine Hände, so geneigt
Beifall zu klatschen, wie die, welche das Schwert geschwungen."

König und Königin und die Infantinnen, von den
Ministern und dem diplomatischen Corps umgeben, schauten
die Procession von den Balkonen des Schlosses. Alle
Theilnehmer des Zuges, besonders auch die ausländischen
Kommissionen begrüßten die Majestäten verehrungsvoll. Alle
Kommissionen legten ihre Kränze nieder vor der Calderon=
statue gegenüber der puerta del Príncipe des Königspalastes.

Und so sehr war ich von dieser glänzenden Kund=
gebung der Kultur des spanischen Volkes entzückt, daß es
mir fast nicht aufgefallen war, daß die Granden von
Spanien und die Ritter von St. Yago im Zuge gefehlt
hatten, und als ich denselben gesehen, begriff ich, daß Don
Alfonso stolzer darauf ist ein Spanier zu sein, als die
Krone von hundert Königen zu tragen. Abends war wieder
Illumination, und zum Tanz luden die Pavillons ein,
welche das Ayuntamiento, die Diputacion provincial und
der Círculo de la Union Mercantil im Prado besaßen.
Und die Estudiantina zog durch die Straßen von Madrid,
die beiden pasa-calle spielend, die den Preis erhalten
hatten,. Vor der Statue Calderon's brach sie in lautes
Hurrah aus und vor dem Sterbehause des Dichters spielte
sie eine klassische jota.

Der 27. Mai 1881 wird immerdar in den Annalen
von Spanien strahlen.

8. Sitzungen und Bankette.

(Zwei berühmte spanische Schriftsteller. — Die velada der Asociacion de Escritores y Artistas im Teatro Real. — Audienz bei Don Alfonso. — Calderonbankette.)

˙Al eminente poeta español
D. Pedro Calderon de la Barca
en la fiesta de su Centenario.

Soneto.

Tras luengo plazo de ominoso olvido
Torna España á evocar tu noble historia,
Enaltecer ansiando la memoria
Del renombrado Vate esclarecido.

Cual astro por la niebla oscurecido
En tu patria mirábase tu gloria,
Mientra en justa y magnífica victoria
Era en el Rhin tu nombre repetido.

Hesperia al fin honrándose en tu fama,
Oh insigne Calderon, que el orbe admira,
Láuros te ofrece y férvida te aclama.

En tan digna ovacion mi alma se inspira;
Mas de tu génio á la esplendente llama
Tiembla mi humilde voz, calla mi lira.

J. Fastenrath im Teatro Real zu Madrid am 30. Mai 1881.

Die Madrider Calderonfeier brachte Alles, nur Eins
nicht, was ich ersehnt: die Aufführung eines Auto Sacramental. In Huesca dagegen wurde ein Auto gegeben.
Mit dem 27. Mai waren wohl die Madrider Volksfeste,
aber noch nicht die Calderonfestlichkeiten überhaupt zu Ende,
denn jede Korporation von Madrid wollte den ehren, für
den die Asociacion de Escritores y Artistas von Lissabon
einen silbernen Kranz nach Madrid gesandt und zu dessen
Centenarium die Diputacion provincial von Sevilla eine
Gedenkmünze hatte prägen lassen. Am 28. Mai fand das
literarisch-musikalische Damenfest der A s o c i a c i o n p a r a
l a e n s e ñ a n z a d e l a m u j e r statt, in welchem unter
andern ein Kind von 6 Jahren eine Fabel von Samaniego
las, und die S o c i e d a d E c o n ó m i c a M a t r i t e n s e
theilte Preise zur Belohnung der Jugend aus, wobei der
Minister Albareda Einem, der zwei Kinder gerettet, sagte:
„Ihr habt eine der schönsten Thaten vollbracht, denn ein
Kind retten ist mehr, als einen Mann retten." Am 28.
hielten auch die A c a d e m i a J u r í d i c a und die
A c a d e m i a d e C i e n c i a s E x a c t a s , F í s i c a s
y N a t u r a l e s ihre Festsitzung und die J u v e n t u d
c a t ó l i c a ihre literarische velada zu Ehren des Dichters
ab, an dessen Grab nach dem Ausdrucke des Manuel del
Palacio Segismundo wie ein alter eingekerkerter Löwe schläft.
Am 29. veranstaltete die A s o c i a c i o n d e l a C r u z
R o j a eine religiöse Feierlichkeit in der iglesia de Mon-

serrat der calle Ancha de San Bernardo, von wo sich die Procession, an der die guardia amarilla und die estudiantina Theil nahmen, nachdem die Seelenmesse für Calderon gehalten, durch die festlich geschmückten Straßen nach San Pedro de los Naturales begab, wo Kränze auf dem Grabe des Dichters niedergelegt wurden. Auch die Academia de Bellas Artes de San Fernando, die Academia de Ciencias morales y políticas und die Geographische Gesellschaft veranstalteten am 29. eine würdige Calderonfeier, und Abends fand eine recepcion im Königspalast und eine große Serenade der Militärkapellen von Madrid statt.

Bald sollte auch der mächtige Drang meines Herzens, dem König von Spanien und den Ersten der spanischen Nation meine Gefühle kundzuthun, befriedigt werden. Aber zur Freude über das herrliche Fest gesellte sich ein tiefer Schmerz. Von den spanischen Freunden, die mich bei meiner Ankunft in Madrid am Bahnhof begrüßt, war Einer, der Dichter Ventura Ruiz Aguilera, auf das Krankenbett gesunken, von dem er sich nicht mehr erheben sollte; ein Anderer aber, mit dem ich seit 1869 ununterbrochen korrespondirt, der mir stets der wärmste und treueste Freund gewesen und der mich seinen Bruder nannte, der Lustspieldichter und Novellist Manuel Juan Diana, starb nach kurzem Krankenlager, nachdem ich ihn noch am Tag vor seinem Tode gesehen, unerwartet schnell am 27. Mai, dem schönsten Tage der Calderonfeier. Als ich am 28. Mai in seiner mir so vertraut gewordenen Wohnung in der calle de la Ballesta No. 12 erschien, war er schon begraben: 4 Arme hatten ihn, wie er es gewünscht, auf den Friedhof hinausgetragen; kein Freund,

kein Schriftsteller hatte ihn zur letzten Ruhestätte begleitet.
Als er in den letzten Jahren seine Stelle als Archivar
des Kriegsministeriums verloren, war der Schriftsteller in
ihm schon fast gestorben, aber der pünktliche, gewissenhafte
Mann, der gute Gatte, der liebevolle Vater seines einzigen
Kindes, des precioso Manolito, wie wir den Knaben
nannten, und der treue Freund lebte in ihm bis zum letzten
Athemzug. 35 Jahre war er im Kriegsministerium be=
schäftigt gewesen; treu seine Pflicht als Beamter erfüllend,
hatte er gleich Hartzenbusch immer fern von der Politik
und zuletzt nur noch seiner Familie gelebt. Seit Jahren
war er der Literatur, in der er als heiterer Erzähler und
korrekter Schriftsteller einen ehrenvollen Platz einnimmt,
dem Theater, das er bereichert, und der Tertulia des
Teatro Español, in der ich im Jahre 1869 mit ihm und
der großen Schauspielerin Matilde Diez — der allbe=
kannten Matilde — verkehrte, entfremdet, aber in den
ebenso zahlreichen wie ausgedehnten Briefen, mit denen er
mich bis zuletzt erfreute, eine Abnahme seiner geistigen
Kräfte nicht zu verspüren. Sein Lustspiel „Recept gegen
Schwiegermütter" war fast gleichzeitig vom König Ludwig I.
von Baiern und dem Schreiber dieses Büchleins für die
deutsche Bühne bearbeitet worden, seine Novellen „La calle
de la amargura" und „El rostro y la condicion" hatten
eine ehrenvolle Erwähnung von der Spanischen Akademie
erhalten und mir hatte er die neueste Auflage seines in
den spanischen Schulen weitverbreiteten Werkes „Cien
españoles célebres" gewidmet. Mit einem der größten
Dichter Spaniens, mit Hartzenbusch, schrieb er das Theater=
stück „Juzgar por las apariencias." Er gab mir 1869
in der Tertulia des Teatro Español die Empfehlungskarte

an den jetzt auch schon entschlafenen sevillanischen Dichter
Juan José Bueno, er nahm wie kein Anderer Theil an
Allem, was das dankbare Spanien nur that. Durch ihn
liebte ich Spanien, das Land meiner Träume, meiner Dich=
tungen, meiner Gedanken, womöglich noch mehr.

Groß war mein Schmerz über den Verlust des treuesten
Freundes und meine einzige Genugthuung, ihm selbst in=
mitten des Calderonfestes vor den Ersten der spanischen
Nation ein Wort der Erinnerung in's Grab nachrufen zu
dürfen. Den andern Freund, den Dichter Ventura Ruiz
Aguilera, sah ich noch oft, aber nur auf dem Kranken=
bette: seine Lieder zum Calderonfest waren sein Schwanen=
gesang, die glückliche Leyer des Gefühls war für immer
verstummt. Er, der dreifach verehrungswerth, durch sein
Alter, sein Talent und seinen Charakter, war in seinen
„Ecos nacionales“, die mehr Schönheiten als Seiten ent=
halten, der Sänger des Vaterlandes, indem er Lieder dich=
tete voll von jener einfachen und enthusiastischen Poesie, die
in Spanien mit dem „Romancero“ beginnt. Er war der
Dichter der „Cantares“, der 4zeiligen Kouplets, die er
auch unter den Gebildeten volksthümlich machte und die
bald tief und gedankenreich, bald scharf und schneidend,
bald schwärmerisch und zart waren. Hier zwei dieser coplas
in meiner Uebertragung:

> Siehst einen Mann Du weinen,
> O lache dann nicht!
> Denn ohne große Ursach'
> Weinet ein Mann nicht.

———

> Lied, das aus der Seele kommet,
> Vöglein ist's, das nicht kann sterben,

Denn von Mund zu Munde fliegt es,
Gott will, daß es immer lebe!

Er war der Sänger der Weihnachtslieder, der „Leyenda de Noche-Buena", die ich unter dem Titel „Stimmen der Weihnacht" verdeutscht und 1880 (Leipzig, W. Friedrich) herausgegeben. Er war auch der Dichter der Elegien, jener melancholischen Lieder, dem Andenken seines einzigen Kindes, eines holden Mädchens, gewidmet, das seinen Heerd verschönert und dann seine Flügel ausgebreitet hatte, um den Vater zurückzulassen, in Schmerz versunken. Diese Gesänge, erzeugt von der Liebe des Vaters und der Begeisterung des Dichters, die zu Einer Thräne verschmolzen, habe ich ebenfalls dem deutschen Volke dargeboten. (Siehe „Das Buch meiner spanischen Freunde", Band II. S. 95 bis 112). Ventura Ruiz Aguilera war in unserer Zeit der Vertreter der Dichterschule, die einst an den Ufern des Tormes geblüht; er war der Erbe des Melendez und theilte mit Trueba, dem er voranging, den ersten Rang in der wie das Volkslied einfachen und zarten Poesie. Man nannte ihn nach der Form seiner Dichtungen den spanischen Beranger, aber er war mehr. Seine Lieder waren lieblich wie Veilchenduft, Taubengirren und Mondenschein, aber wenn er das Vaterland besang, wurde sein Lied zur Hymne, und wenn er den Tod seines Kindes besang, entlockte er seiner Leyer Töne des tiefsten Schmerzes. Geboren in Salamanca am 2. Novbr. 1820, suchte er den Ruhm in Madrid und fand ihn. Er studirte in seiner Vaterstadt Medicin, wurde Zeitungsschreiber, dann gefangen und verbannt wegen seiner liberalen Gesinnung, nach der Septemberrevolution Direktor des Museo Arqueológico Nacional in Madrid und starb daselbst am 1. Juli 1881.

Er hinterließ keinen Feind, wohl aber viele Freunde, die ihm, dem liebevollen Freund, dem süßen Sänger der Familie, dem begeisterten Sänger des Vaterlandes, eine Thräne nachweinen. Er war es, der für die Festnummer der „Ilustracion Española y Americana" zum Calderonfest die Elegie Calderon's an den Tod auswählte, jene Decimen, in denen die schreckliche Majestät einer Stimme aus dem Grabe tönt.*) Die Gruft zog ihn an. Für die spanische Literatur aber und für seine Freunde, unter die auch ich mich zählen darf, stirbt er nicht. Von ihm, für den der Wohnungswechsel, der Auszug aus dem Diesseits in's Jenseits, nur ein Himmelswechsel war, sagte ein spanischer Dichter, Cárlos Fernandez Shaw:

> Ihn trug zum Höchsten seiner Flügel Rauschen,
> Er lebte lang' schon in des Himmels Sälen:
> O glücklich, wem beim Tod nicht Flügel fehlen
> Und wer nur hat den Himmel zu vertauschen!

Nach seinem Tode veröffentlichte die Ilustracion Española y Americana" sein letztes Liedchen. Es lautet so in meiner Uebertragung:

> Soll, Sänger, die Harfe den Menschen erregen
> Mit Hymnen der Freude, mit traurigen Weisen,
> O nimm statt der Saiten, nimm Saiten von Fibern,
> Du mußt sie dem Grunde der Seele entreißen;

---

*) In diesen Decimen heißt es in meiner Uebertragung:
> O zerbrechlich Menschenkind!
> Alles in das Nichts zerrinnt.
> Hoch und Nieder ist von Erden,
> Muß zu Erde wieder werden,
> Endet so wie es beginnt.

Ja, dann singt die Harfe,
Ja, dann wird sie weinen!

Aber ich muß zum Calderonfeste zurückkehren, wo ich gerade am 30. Mai auf zwei Banketten als Redner in spanischer Sprache für Deutschland und für einen entschlafenen spanischen Freund auftrat und am nämlichen Abend im Teatro Real vor dem ausgewähltesten Publikum von ganz Spanien in der Sprache Kastiliens zu sprechen hatte. Den 30. Mai benutzten die spanischen und ausländischen Journalisten zu einer Fahrt nach dem Escorial, aber ich konnte sie in das grandiose Schloß Philipp's II., da mich die Madrider Feste zurückhielten, nur mit meinen Sympathien und den von mir übertragenen Versen des Spaniers Eduardo Bustillo auf Karl V., Philipp II. und Calderon begleiten:

Einen Karl den Fünften nennen
Sie den Großen, auch das Hohe
Ist in Philipp zu erkennen,
Der die ganze Welt verbrennen
Wollt' in seines Glaubens Lohe.
Doch Gott ew'gen Herrscherstab
Calderon im Genius gab,
Der ohn' Scheiterhauf' die Welt
Setzt in Flammen, sie erhellt,
Herrscht, ohn' daß ein Heer er hab'.

Am 30. Mai begab ich mich zunächst zur casa rústica oder fonda persa des Retiro, wo die Professoren der Madrider Universität ihre Kollegen aus der Provinz und dem Ausland sowie die Centenar-Kommission

mit einem Bankett ehrten. Hier waren die Vertreter de
Wissenschaft in Spanien, Pisa Pajares, Moreno Nieto,
Ascárate, Giner, Echegaray, Galdo, Vidart, Carreras y
Gonzalez, Raba, Sanchez Moguel und Andere, und unter
den Geladenen befanden sich Magnabal als Vertreter
Frankreichs, Mirossi, der Professor der polytechnischen
Schule in Lissabon, der portugiesische Schriftsteller Vascon=
cellos und — ein Saul unter den Propheten — der
Schreiber dieses Buchs. Die Toaste begannen bei diesem
Fest der Harmonie wie immer bei spanischen Banketten
mit dem Champagner. Zuerst sprach der Dekan der philo=
sophischen Fakultät, und, von Begeisterung entflammt, sagte
ich zu meinem Nachbar Vasconcellos: „Ich will gleich
antworten" und sofort erhob ich mich zu einer spanischen
Improvisation: „La voz de Alemania contesta á la de
España." Dann sprach ich mit Entzücken von dem, was
ich in diesen Tagen in Madrid gesehen, und sagte: „Die
historische Procession, die so herrlich geworden durch das
Volk von Madrid, durch die ganze spanische Nation und
den König von Spanien, hat mit Herolden begonnen und
mit Herolden schließt sie, denn uns Alle hat sie zu Herol=
den des spanischen Ruhmes gemacht." Dann fuhr ich fort:
„Was bin ich, nur ein Doktor unter all' diesen Professoren?
Aber ich habe den Gruß der Professoren aus Tübingen,
aus dem schönen Schwabenland, aus dem Vaterlande
Schiller's zu überbringen." Ich sprach begeistert von den
Tübinger Professoren Adelbert von Keller und Holland.
Ich sprach von dem, was Schlegel, was Goethe, was der
Großherzog von Weimar, was Immermann, was Grillparzer
für Calderon gethan; ich sprach von Deutschland und dem deut=
schen Schriftstellerverband, die nicht hinter Spanien zurückstehen

8*

wollten, um den großen Sänger aus der Stadt des Man=
zanares zu feiern, und brachte ein Hoch allen Spaniern,
die ihren Dichterfürsten geehrt. Die gelehrte Versammlung
nahm meine Worte, gerade wie es einige Tage vorher die
profesores mercantiles gethan, mit der größten Herzlich=
keit auf, was mir den Muth gab, fortan in allen Madrider
Calderonbanketten gleich nach dem ersten spanischen Redner
als Vertreter Deutschlands das Wort zu ergreifen. Viele
Toaste wurden noch von beredten Männern gesprochen, ist
Spanien doch das Land der Beredtsamkeit; die schönste
Eintracht herrschte unter uns, als plötzlich Spaniens jüngster
Akademiker aufgefordert wurde, nun auch einmal zu reden.
Er that es und sprach: „Ich trinke auf Calderon als
apostolisch=römisch=katholischen Dichter (bei diesen Worten
entstand schon ein Gemurmel in der Versammlung); ich
trinke auf das Spanien der Inquisition (die Zuhörer er=
staunten, der Lärm wurde größer), welches den Katholicis=
mus gewahrt hat gegen die deutsche Barbarei.“ Da aber
wurde der Redner stürmisch unterbrochen. Unwillen und
Zorn sprach fast aus Allen. Der greise Andrés Borrego
schüttelte den Kopf. Sanchez Moguel rief: „Da sollte
man ja gleich ein Hoch auf Dr. Martin Luther ausbringen!“
Nur ein alter Professor aus Salamanca, der an meiner
Seite saß, meinte: „Man lasse ihn doch ausreden.“ Er
sprach noch einige Worte, die aber ebenso wie die vorher=
gehenden von der Versammlung verurtheilt wurden; er
sagte: „Ich table was heidnisch an dieser Calderonfeier
ist; ich verabscheue einige Flecken, die bei Calderon sich
finden und gerade jetzt gepriesen werden; ich verabscheue
den Namen Iberien und Iberismus, denn in dieser Halb=
insel ist Alles Spanien und nichts weiter als Spanien.“

Dadurch hatte er Alle und zuletzt auch die Portugiesen beleidigt. Die Versammlung rief den Namen des Rektors der Madrider Universität, und nachdem noch ein paar Redner gesprochen, kam endlich der Rektor zum Wort und sprach tiefergriffen und maßvoll zugleich. Er brachte ein Hoch aus auf die Wissenschaften, die kein Vaterland haben, auf die Vertreter des Auslandes und die Einigkeit des spanischen Professorats. Seitdem ich das deutschfeindliche Wort jenes jungen Professors der spanischen Universität vernommen, „de cuyo nombre no quiero acordarme" — wie ich in einer meiner Improvisationen in Erinnerung an das Wort des Cervantes im ersten Kapitel des Don Quijote sagte — sprach ich in allen meinen spanischen Reden zunächst von Deutschlands Größe, von Deutschlands Kultur, von Deutschlands Herrlichkeit, und jedes meiner Worte ärntete — vielleicht gerade wegen jener von fast allen spanischen Blättern mißbilligten Rede des jugendlichen Madrider Professors — stürmischen Beifall. Zur Strafe des „niño mal criado" aber führe ich hier eine seguidilla des Lustspieldichters Miguel Echegaray, Bruders des berühmten Dramatikers José Echegaray, an:

> Bankette gab es viele
> Und schöne Reden
> Und Toaste voller Feuer
> Bei einem jeden.
> Doch auch Geschwatze:
> Ein Knabe, schlecht erzogen,
> Zeigte die Tatze.

Vom Festmahl der Professoren ging es zum Bankett welches die spanischen Dramatiker, die den Festzug

verherrlicht, im Café Fornos dem Delegirten Italiens,
Prinzen von Torlonia aus Rom (der aber zu erscheinen
verhindert war), der Studentenkommission von Coimbra,
dem preisgekrönten holländischen Dichter Reiger, (einem
Bekannten vom Amsterdamer Vondelfest) und mir zu Ehren
gaben, der zur Rechten des Vorsitzenden des Banketts, des
berühmten Akademikers Cañete, saß. Gleich nachdem dieser
gesprochen und Llano y Persi die Gäste begrüßt, war für
mich schon der Augenblick des Scheidens gekommen, um
in's Teatro Real zur velada der Asociacion de
Escritores y Artistas de España zu eilen,
aber, den Fuß schon im Bügel, sprach ich noch von meinem
verewigten Freund, dem autor dramático español Manuel Juan Diana. Jeder meiner Sätze war eine
Elegie; jeder begann mit einen „La vida es sueño" Angesichts des erschütternden Todesfalls, der mich unerwartet
des besten Freundes beraubt. Ich überließ es Berufenern,
ihn als Dichter zu preisen, denn unter den Anwesenden
war auch José Echegaray, aber ich pries sein corazon de
oro, sein goldenes Herz, das ihn mir immerdar werth macht.

Dann nahm mich Llano y Persi rasch in einen Wagen
und wir fuhren zum Teatro Real, dem regio coliseo. Da
stand ich nun, der Deutsche, auf der kolossalen spanischen
Bühne, noch durch den Vorhang von der glänzendsten spanischen Versammlung getrennt, in der sich der Ministerpräsident Sagasta, der Minister des Innern Don Venancio
Gonzalez, der ministro de Fomento, Sr. Albareda, und
Don Antonio Romero Ortiz befanden. Wie bei allen
Calderonfestlichkeiten der Akademien und der übrigen spanischen Korporationen füllten nur Eingeladene den Saal.
Unter ihnen war auch die Schwester meines sevillanischen

Freundes Antonio Sanchez Moguel, Abamina, die Nichte
meines salmantinischen Freundes Ventura Ruiz Aguilera,
und die gleich einer Tochter Wiens „fesche" Andalusierin
Paz Alcalde, die Tochter eines Freundes, des Dichters Antonio Alcalde Valladares. Während das Orchester die
Ouverture aus „Raymond" von Thomas spielte, nahmen
Llano y Persi, ein junger spanischer Offizier, Ortiz de
Pinedo, und ich auf der Bühne Platz. Der Vorhang ging
auf und Llano y Persi sprach vor dem Publikum von dem
Preis, den das „Liceo de Granada" und die „Correspondencia Militar" für das beste von einem spanischen
Militär verfaßten Sonettes auf Calderon ausgesetzt. Ortiz
de Pinedo las sein preisgekröntes Sonett vor. Dann wurde
ich von Llano y Persi der Versammlung vorgestellt, und
ein von mir in der Sprache des Cervantes auf Calderon
geschriebenes Sonett vorgelesen. Aber mit der Lektüre be-
gnügte ich mich nicht. „Welch eine Ehre für mich, einen
Ausländer, einen Sohn des Rheins", begann ich meine
spanische Improvisation, „vor diesem Volk von Madrid zu
sprechen, welches durch das Calderonfest den schönsten Beweis von seiner hohen Kultur gegeben!" Dann aber sagte
ich: „In diesen der Kunst geweihten Räumen sind bisher
nur die göttlichen Melodien eines Mozart, Rossini, Bellini,
Donizetti, die Töne eines Verdi und Ricardo Wagner erklungen; auf dieser berühmten Bühne hat oft die unvergleichliche Stimme eines Gayarre getönt; hier hat Sarrasate
das wunderbare Instrument der Amati und Stradivari
gespielt, hier erschollen noch jüngst die Klänge Tragó's, des
Sarrasate des Klaviers; hier sollen jetzt zum ersten Mal von
den Lippen eines Deutschen die hehren Namen der deutschen
Dichter erklingen, die der Priester des Calderoncultus."

Ich sprach sie voll Begeisterung aus und erbat mir dann ein geneigtes Ohr für mein spanisches Calderonsonett, und immer wird mich mit tiefer Dankbarkeit der Beifall erfüllen, der von der huldvollen Versammlung meinen Worten über Deutschland und meiner bescheidenen Dichtung gezollt wurde, welche die Herausgeber des „Album Calderoniano", das einige Monate nach dem Calderonfest in Madrid erschien, noch dadurch ehrten, daß sie dieselbe an die Spitze der Sammlung stellten.

Aus einer Loge sah ich mit Llano y Persi und dem überglücklichen Ortiz de Pinedo dem interessanten zweiten Theil der velada zu. Dieser bestand aus einem eigens für die Festlichkeit verfaßten zweiaktigen literarischen Ge=mälde von Cárlos Coello, betitelt: „Antaño y ogaño" (Ehemals und heuer). In einem allerliebsten Costüme präsentirte sich die Hijosa als Prolog. Der erste Akt stellte eine Reunion von spanischen Dichtern, Schauspielern und Schauspielerinnen des 17. Jahrhunderts und der zweite eine ähnliche aus dem 19. Jahrhundert dar. Jeder Autor las eine seiner bekanntesten Poesien vor; Calderon las seine Dichtung „El pensamiento", Quevedo Stellen aus seiner Satyre gegen die Ehe, Cervantes sein Sonett auf das Grab Philipp's II. Matilde Diez stellte die berühmte Schau=spielerin aus Calderon's Zeit, Cristobalina Fernandez de Alarcon, dar. Im zweiten Theil erschienen die berühmtesten spanischen Schauspielerinnen aus der ersten Hälfte dieses Jahrhunderts und die Dichterin Gertrudis Gomez de Avel=laneda, der Schauspieler und Dichter Julian Romea, die Dichter Quintana, el Duque de Rivas, D. Juan Nicasio Gallego, Escosura, Ventura de la Vega, el Duque de Frias, Hartzenbusch, Breton de los Herreros und Lopez de Ayala.

Der gutherzige Hartzenbusch wurde trefflich von Zamacois,
der heitere Patricio de la Escosura von Ricardo Calvo,
der satyrische D. Juan Nicasio Gallego von Donato Jimenez
dargestellt. Erst um 2 Uhr Morgens war die Vorstellung
zu Ende. Daher ist es kein Wunder, daß ich am 31. Mai
dem Festakt des „Fomento de las Artes", der unter dem
Vorsitz der Herzogin-Wittwe von Medinaceli stattfand, nicht
beiwohnte.

Der Schöpfer des Segismundo im Drama: „Das Leben
ein Traum" wurde am 1. Juni auch durch ein meeting
der Sociedad abolicionista española im
Teatro Real unter dem Vorsitze des Sr. Labra geehrt,
und am nämlichen Tage gab die spanische Provinzialpresse
der ausländischen und der Madrider Presse ein Bankett im
Café Inglés. Romero Ortiz führte den Vorsitz, und der
Ehrenplatz zu seiner Rechten war mir als dem Vertreter
Deutschlands angewiesen. Deutschland wurde auch in dem
schönen Trinkspruch des Vorsitzenden verherrlicht: „Die lateinische Race", sagte er, „hat immer eine Erinnerung der
Liebe für das freie Deutschland, das seit dem 16. Jahrhundert das denkende Gehirn von Europa ist". Da erhob
ich mich und, nachdem ich als Deutscher für diese Worte
gedankt und erklärt, daß ich das edle Spanien nicht ver-
antwortlich mache für die unqualificirbare, auf vollständiger
Unkenntniß beruhende Aeußerung eines Mannes, „de cuyo
nombre no quiero acordarme", sagte ich: „Für die Seelen
gibt es keine Pyrenäen; Deutschland vor allen Nationen
nimmt Theil am Calderonfest". Und als aleman-español
brachte ich ein Hoch auf Spanien aus und äußerte den von
Allen mit Begeisterung aufgenommenen Wunsch, daß ein
Bruderfest wie das heutige uns bald bei einer Cervantes-

feier in Madrid wieder vereinigen möge. Eine Episode, die alle Anwesenden mit unbeschreiblichem Jubel erfüllte und nicht zum mindesten mich selbst, war folgende: Der Franzose Mercier sagte: „Die französische Republik will Frieden selbst mit ihren Feinden, Frieden auch mit Deutsch= land". Kaum hatte ich das gehört, als ich aufsprang und Mercier's Hand mit den Worten ergriff: „Wohlan, Sie sind ein Franzose und ich ein Deutscher; im Namen Deutsch= lands reiche ich Ihnen die Bruderhand". Alle waren auf das Freudigste bewegt, und die Madrider Blätter zeigten dies Intermezzo mit dem Wunsche an: „Möchte diese brüderliche Vereinigung der Vertreter der beiden Nationen, die an der Spitze der Civilisation stehen, ein Symbol der Eintracht zwischen Deutschland und Frankreich sein!"

Auf den Vorschlag des Sr. Mellado, Redakteurs des „Imparcial", begab sich nach beendigtem Bankett eine Kom= mission, in die auch ich gewählt wurde, zum Ministerprä= sidenten Práxedes Mateo Sagasta, um bei demselben Indult für einen spanischen Journalisten nachzusuchen. Jeder der Delegirten sprach vor Sagasta, der uns auf das Wohl= wollendste aufnahm. Er war unserer Bitte geneigt, denn er erinnerte sich daran, daß auch er Journalist gewesen.

Auch mein Wunsch, den König wegen des herrlich gelungenen Colderonfestes zu beglückwünschen, wurde, kaum ausgesprochen, schon durch unseren Gesandten, den Grafen Solms=Sonnenwalde, erfüllt. Ein wohlthuender Hauch der Kunst durchweht die Räume der deutschen Gesandtschaft. Wie oft habe ich mich an den Bildern erfreut, mit denen des Grafen kunstfertige Hand die Säle geschmückt! Ihm verdankte ich meine Audienz beim König von Spanien am 3. Juli. Als ich in das Schloß, eins der

stolzesten der Welt, eintrat, dachte ich an die Huld, mit
der der deutsche Kaiser und die Kaiserin bei der Feier der
Vollendung des Kölner Domes im Schlosse zu Brühl, der
König Karl von Württemberg in seinem Schloß in Stutt=
gart, der König Don Fernando von Portugal im Palaste
zu Lissabon und der Fürst Karl Anton von Hohenzollern
in seinem an Schätzen der Kunst außerordentlich reichen
Schlosse zu Sigmaringen mit mir gesprochen. Die drei
Studenten von Coimbra, welche in der von der Academia
Jurídica zu Ehren Calderon's in Madrid veranstalteten
Sitzung durch ihre Beredtsamkeit geglänzt und mit lauten
Vivats auf Portugal belohnt worden waren, traten eben
aus den königlichen Gemächern, als ich in dieselben einge=
führt wurde. Ich begrüßte die Majestäten in spanischer
Sprache, und als español-aleman reichte mir der Erbe
der Krone Isabella's der Katholischen sogleich freundlich
die Hand und stellte mich der Königin mit den Worten
vor: „Hier ist der aleman-español, der Dichter, den wir
in Spanien alle lieben." Dann begann in deutscher Sprache
zwischen den Majestäten und mir eine Unterhaltung, di
durch ihren herzlichen Ton für mich einen besonders großen
Reiz hatte. Der König sprach so gut deutsch, als ob er
an den Ufern der blauen Donau geboren wäre. Ich zeigte
der Königin, deren Anmuth mich bezauberte, den 6. Band
meines spanischen Werkes „La Walhalla y las glorias de
Alemania" und sagte: „Darin kommt auch etwas von Ew.
Majestät und Ihrem Gemahl vor." König und Königin
suchten nun um die Wette nach der Stelle, ich half sie
ihnen finden. „Ah", rief die Königin, „ich hab's. Hier
steht, ich hätte blaue Augen. Aber sehen Sie mich mal genau
an, habe ich denn wirklich blaue Augen?" –– „„Daran

sind die spanischen Korrespondenten schuld, die haben Ew. Ma=
jestät die Farben des Himmels und der Donau angedichtet.""
Die Königin las den folgenden Passus. Darin hieß es, Maria
Christina habe auch eine poetische Ader. „Aber ich habe
in meinem Leben noch keinen Vers geschrieben", versetzte die
Königin. — „„Erinnern sich denn Majestät nicht mehr,
ein poetisches Telegramm verfaßt zu haben, das so anfing:

> Wir kamen an in Ischl
> Gesund gleichwie die Fischl?""

„Ei", gab die Königin lachend zur Antwort, „auch
das ist Erdichtung." — „„In diesem Falle war meine
Quelle ein österreichischer Berichterstatter. Viele deutsche
Blätter haben diese Notiz gebracht. Jedenfalls aber leben
Majestät jetzt in einem Lande der Poesie, und wie man
hier Dichter zu Ehren weiß, habe ich in diesen Tagen ge=
sehen." Dann sprachen wir vom Calderonfest und von Wien,
das Doña Maria Christina nach nicht am Manzanares
vergessen. Damals dachte ich nicht, daß ich bald nachher
(Ende September 1881) im Pavillon des Wiener Stadt=
parks auf dem Bankett, welches die Stadt Wien dem deutschen
Schriftstellerverbande und der Association littéraire inter-
nationale gab, ein Hoch ausbringen würde auf die Tochter
Wien's, die deutsche Kultur nach Spanien trägt, auf das
edle Reis vom jahrhundertealten Stamm der Habsburger,
das an die Ufer des Manzanares verpflanzt.

Fröhlich sah die Königin darein, und in dem liebe=
vollen Verkehr zwischen ihr und dem König trat mir das
Bild des schönsten häuslichen Glückes entgegen. In keinem
Königspalast kann die Unterhaltung ungezwungener und
freier sein, als am Hofe von Madrid.

Zur Erinnerung an meinen Besuch wurde mir einige Tage später vom Grafen von Morphi, dem Privatsekretär Sr. Majestät, der der deutschen Sprache nicht minder wie Don Alfonso zugethan ist, das Portrait des Königs mit einer mich ungemein ehrenden Widmung von Don Alfonso's Hand zugeschickt.

Als ich zwei Wochen später einer Sitzung der Academia de Bellas Artes de San Fernando beiwohnte, führte der König den Vorsitz und hielt eine Anrede an die Akademiker, in der es hieß: „Ihr seid die Erhalter der künstlerischen Tradition unserer klassischen Autoren. Um die künstlerische Schönheit darzustellen, in der die Elemente der Idealität und der Natur sich vereinigt finden, braucht man nicht zu andern Quellen zu gehen, als zu denen, aus welchen die berühmten Repräsentanten unserer nationalen Kunst, vor Allem im 16. und 17. Jahrhundert, tranken, in jener für unser Vaterland goldenen Zeit, mehr noch durch die Kultur seiner Söhne und seine künstlerische und literarische Größe, als durch den Ruhm seiner Waffen." „Nun wie hat Ihnen meine Rede gefallen?" frug mich Don Alfonso, als mich der Marqués de Molins wieder zu ihm führte. — „„Die beste Antwort"", versetzte ich, „„habe ich so eben in meiner Umgebung gehört. Da sagte man: Es ist doch schade, daß unser König König ist, den hätten wir sonst in die Córtes gewählt."" — „Ich wäre auch gern Abgeordneter geworden," erwiederte mir Don Alfonso. „In der Opposition spreche ich am besten. Deshalb bin ich heute nicht so mit mir zufrieden: heute hatte ich nur zu loben."

Wohlwollen, Scharfsinn und Willenskraft spricht aus den interessanten Zügen des jungen Königs, der Jedem sympathisch erscheint. Er ist „muy español" d. h. durch

und durch ein Spanier, aber er kennt nicht bloß die spa=
nische Literatur, die er mit der Gluth eines enthusiastischen
Spaniers liebt, und ist, was Spanien braucht, auch ein
Militär. Er verdient den Namen „Don Alfonso el Pa-
cificador.“

Wieder rief mich ein Calderonbankett. Am 3. Juni
gab nämlich das Comité der spanischen Presse, an dessen
Spitze der Redakteur der Madrider „Patria“, Alba Sal=
cedo, stand, der ausländischen und der Provinzialpresse
im Saal des Teatro de la Alhambra ein Abschiedsfest,
dem auch der frühere Ministerpräsident Don Antonio Cánovas del Castillo beiwohnte. Der Saal war festlich dekorirt:
wir glaubten einen Traum aus „Tausend und einer Nacht“
zu träumen. Von den Fahnen aller Länder umgeben, erhob
sich an hervorragender Stelle die künstlerisch schön aus=
geführte Statue Calderon's. Das Orchester spielte Natio-
nalweisen. Prachtvolle Blumenbouquets schmückten die
Tafel. Die Logen waren von Damen besetzt, von denen
Jede mit einem Bouquet beschenkt worden war. Ich wurde
sofort Spaniens berühmtem Staatsmann, Redner und Ge=
schichtschreiber Cánovas del Castillo, der mich früher schon
durch Uebersendung seiner Reden mit freundlichster Dedi=
kation geehrt, vorgestellt und hatte die Genugthuung, un
mittelbar nach ihm das Wort ergreifen zu dürfen. Er
pries in gediegener Rede den Geist der Union und der
Vaterlandsliebe, der gegenüber den spanischen Parteikämpfen
im Ideal Trost sucht. Mein Trinkspruch galt der Ver=
brüderung der lateinischen und der germanischen Race, und
zum Ruhme meines Vaterlandes führte ich an, daß selb
in kleinen Ortschaften Deutschlands, in Dörfern, Caldero

gefeiert worden sei.*) „Soeben, meine Herren," sagte
ich, „schreibt mir ein Geistlicher, der Pfarrer Roethen aus
Kleinenbroich bei Neuß, daß in seinem Orte Calderon's
Drama „Der Triumph des Kreuzes" von den Mitgliedern
des dortigen Kirchengesangvereins am 26. Mai aufgeführt
und eine neue Kirchenorgel und ein gemaltes Fenster im
Chor der Kirche mit der bildlichen Darstellung der heiligen
Dreifaltigkeit von dem Kirchengesangverein zum bleibenden
Andenken an die Feier des zweihundertjährigen Todestages
Calderon's der Kirchenverwaltung zum Eigenthum der Kirche
übergeben worden." Dann wandte ich mich gegen eine Bemerkung der „Times", in der gesagt wurde, in England
trete die Persönlichkeit des Dichters nach seinem Tode in
den Hintergrund, man halte sich nur an seine Werke. Als
aleman-español schloß ich mit einem Hoch auf die Damen,
die sich an der Idee unseres Festes durch ihre Gegenwart
betheiligt. Zum letzten Mal sah ich auf demselben den
General Trillo, den liebenswürdigen Vertreter des spanischen
Heeres in der Centenarkommission. Auch für ihn war es
ein Abschiedsfest, denn wenige Tage nachher starb der noch
nicht alte Mann, plötzlich vom Schlage getroffen. Auf
unserem Fest sprach er von der Eintracht zwischen Degen
und Feder. Ich mußte dabei lebhaft an ein Gedicht des

---

*) Ich spreche hier auch der trefflichen Künstlerin Frau Eleo-
nore Wahlmann-Willführ meinen verbindlichsten Dank aus, die am
26. Mai 1881 im Hoftheater in Stuttgart den Calderonprolog
in meiner Festschrift „Calderon de la Barca" unter großem Beifall
vorgetragen.

Das Calderongedicht meines Freundes Moritz Blanckarts,
welches ich ebenfalls in der genannten Festschrift mitgetheilt,
ärntete lebhaften Applaus in der Festvorstellung in Kassel.

Juan Tomás Salvany im „Album Calderoniano" denken, in welchem der Wortwechsel zwischen Schwert und Feder in einer dunklen Nacht an der Bildsäule Calderon's beschrieben wird. „Ich," ruft der Stahl, „bezähmte den Erdkreis." Aber ruhig versetzt die Feder: „„Vor dem Mann, der uns schaut, ist Deine Macht nicht die erste.""" — „Wäre es etwa die Deine?" — „„Warum nicht?""" — „Du lügst. Als Calderon mich schwang, träumte er von großen Thaten. Ich führte ihn zum Sieg." — „„Wer, unnützer Stahl, denkt an den Krieger? Ich habe ihn unsterblich gemacht. Noch erfüllt die weite Welt das Stöhnen Segismundo's und die Festigkeit des Alkalden. Noch tönt seine mächtige Stimme, noch verneigt sich die spanische Nation voll Bewundrung vor dem Namen Calderon."" — „Was liegt an solchen Ehren? Ich gab der Welt Gesetze." — „„Und erfülltest sie mit Schrecken."" — „Ich gab Diademe den Königen, den Kaisern Throne." — „„Mein Ehrgeiz ist höher."" — „Ich unterjoche die Menschen." — „„Ich bewege Verstand und Herz. Ich säe Ideen und bringe Trost."" — „Wenn Du mich besiegen willst, wisse, ich bin die Tapferkeit." — „„Ich verwüste nicht die Erde, wie Du."" — „Du zitterst schon." — „„Ich habe niemals gezittert."" — „Da Du meinen Grimm herausforderst, Verrätherin, so werde ich Dich tödten, damit Niemand erfahre, daß ich weiß, daß Du meine Schwächen kennst." Da stieß der Degen, wie von waffengewohnter Hand geschwungen, aber gewandt wich die Feder dem Stoße aus und beim Morgenroth sah man die Statue sich erheben: „Hört auf zu streiten. Friede sei mit Euch! Das Schwert hat die Erde geschmiedet, die Feder ist Gottes Werk." Und das Schwert von sich werfend, nahm der Mann der Statue die Feder in seine Rechte. Dann kehrte der Marmor wieder in seine Ruhe zurück, und ein ganzes Volk wieder= holte den Namen Calderon.

Bei unserem Abschiedsfest war es beinahe Mitternacht geworden, als aus unserer Mitte eine Kommission von vier Mitgliedern gewählt wurde, um unverzüglich der Königin und den Infantinnen die vier großen Bouquets, die unsere Tafel geziert, zum Zeichen der Verehrung zu überreichen. Ich war dazu ausersehen, der Königin mit dem schönsten Strauße zu huldigen. Wir fuhren schleunigst nach dem Alcazar, wo wir im Thor die Majestäten erwarteten, die noch im Theater waren. Fünf Minuten darauf erschienen sie, Alba Salcedo hielt eine kleine Anrede; und ich bat die Königin, den Strauß aus der Hand dessen anzunehmen, der vor zwei Tagen die Ehre gehabt, ihr die Aufwartung zu machen. Freundlich dankend hielt die Gemahlin Don Alfonso's den mächtigen Strauß in der Hand. „Aber er ist ungeheuer schwer", bemerkte ich, doch ließ es sich die Königin nicht nehmen, das Symbol unserer Verehrung, das ein Adoptivsohn Spaniens ihr im Namen Aller dar= brachte, eigenhändig zu empfangen. — „Gern hätte ich Sie eingeladen, noch herauf zu kommen," sagte mir der König später, „aber es war nur noch Licht im Alkoven." Wir verabschiedeten uns von den Majestäten, und ich war ent= zückt von der Huld des spanischen Königspaares, das selbst zu so später Stunde noch freundlich Huldigungen entgegennahm.

Fest reihte sich an Fest in Madrid. Noch mußte ich der Einladung Folge leisten, welche Clark, der Korrespon= dent der „Times", und Thompson, der des „Daily Tele= graph", an mich ergehen ließen, und dem literarischen Thee beiwohnen, den der Dekan der spanischen Presse, Andrés

Borrego, gab. Endlich aber revanchirten auch wir uns, die
Vertreter der ausländischen Presse, am 21. Juni durch ein
Bankett im Restaurant de Lhardy, bei welchem ich die
Reihe der Toaste eröffnete und in Erinnerung an das
ruchlose Verbrechen der petardistas, welches in jenen Tagen
ganz Madrid mit Entrüstung und Schrecken erfüllte, aus=
rief: „Aquí no hay petardos, aquí no hay sino explo-
siones de amistad y cariño." (Hier giebt es keine Pe=
tarden, hier giebt es nur Explosionen der Freundschaft und
Liebe.) Ich grüßte dankbar die spanische Presse, die mich
immer „ese andaluz aleman" nennt. „Nur Euch, den
spanischen Journalisten", sagte ich, „verdanke ich das, was
das erkenntliche Spanien an mir gethan; nur durch Euch
bin ich Adoptivsohn Sevilla's geworden." Und auf meinen
Vorschlag beschloß man telegraphisch einen brüderlichen
Gruß an den Allgemeinen Deutschen Schriftstellerverband
zu senden, den ich so glücklich war in den Septembertagen
desselben Jahres auf dem Schriftstellerverband in Wien
noch einmal persönlich zu überbringen.

Ueber alle Maaßen herrlich waren die Calderonfeste:
Franzosen und Deutsche waren zum ersten Mal wieder seit
1870 Ein Herz und Eine Seele. Deutschland wurde von
Allen in seinem Werth erkannt und von Vielen geliebt.
Aber Einen Mann vermißte ich bei allen Festlichkeiten, den
Künstler des Wortes, Don Emilio Castelar, der jetzt, wo
ich dies Büchlein schreibe, in den spanischen Córtes in
feuriger Rede (am 14. November 1881) sagte: „Oft wenn
ich unsere Volkslieder im Sommer beim Licht der Sterne
höre oder den Romancero beim Lampenschimmer an langen
Winterabenden lese, wenn ich die Bilder unserer großen
Künstler oder die erhabenen Thürme unserer majestätischen

Dome schaue, wenn ich der historischen Thaten gedenke, deren Größe selbst im Erz der Unsterblichkeit nicht Raum genug hat, wenn ich die Seiten des Cervantes, die Scenen des Calderon durchgehe, wenn ich die Tennen von Zaragoza oder die Steine am Boden finde, die herab= gefallen von den schwachen Mauern von Gerona, dann bin ich in Gedanken versunken und mit Thränen in den Augen frage ich den ewigen Offenbarer aller Geheimnisse: „Mein Gott, was habe ich gethan, um ein Sohn dieses Landes zu sein; welches Verdienst hatte ich vor meiner Geburt, daß du mir im natürlichen Leben eine so gute Mutter und im socialen ein so großes Vaterland gabst."

Die Dankbarkeit gebietet mir, auch des ungemein loh= nenden Ausfluges zu gedenken, den ich am Schlusse der Calderontage mit meinen Freunden, den spanischen Jour= nalisten Alfredo Escobar, Solsona, Alhama Montes und Rico, den Engländern Clark und Thompson und dem Fran= zosen Mercier in das berühmte, von Don Juan Valera beschriebene und von Don Ventura Ruiz Aguilera besungene Monasterio de Piedra unternommen. Aus Aguilera's großer Ode theile ich hier die letzte Strophe in meiner Uebertragung mit:

Als den Altar ich sah in Trümmern liegen,
Der hier im Kloster stand, und die Kapelle,
Drin nicht mehr glänzt die alte Lampe helle,
Und sah, daß Orgel und die Psalmen schwiegen,
Gedacht' ich der Vergänglichkeit der Dinge:
Was Kunst und Fleiß geschaffen, liegt zerschmettert;
Die schönen Eintagsblumen sind entblättert,
Und fortgefegt hat sie des Windes Schwinge.

9*

Welch Ende! Todesschweigen!
Doch unter Trümmern, die Jahrhundert zählen,
Altäre werden nicht dem Schöpfer fehlen:
Ihm bleibt das Weltall eigen!

Das von den Bädern von Alhama de Aragon 17 Kilo-
meter entfernte, in einem malerischen, baumreichen Thale
gelegene, im Jahre 1195 von dem Abt D. Gaufrido de
Rocaberti Dank der Munificenz D. Alfonso's II. be Aragon
gegründete Monasterio de Piedra mit seinem Park und
seiner üppigen, an die tropische Zone erinnernden Vege-
tation, mit seinen Grotten, die denen in Schottland, und
seinen Kaskaden des Flüßchens Piedra, die denen in der
Schweiz an Schönheit nichts nachgeben, ist eine wundervolle
Oase in der Wüste von Aragon. Wer einmal die im
April 1859 entdeckte, den Jahrhunderten trotzende, wahrhaft Dante'sche Stalaktitengrotte der Cola de Caballo gesehen, in welche die Sonne die Farben der Iris hinein-
zaubert, und deren Pforte wie von einem Vorhang von
Krystall von einer majestätischen Kaskade geschlossen wird,
die nach ihrer roßschweifartigen Form Cola de Caballo
heißt, wird sie niemals vergessen. Die berühmtesten Spanier der Gegenwart haben sie besucht, Keiner kann sie in
ihrer ganzen Schönheit beschreiben. Hartzenbusch, der ebenfalls dort war, hat ihr Verse in dem Album des Monasterio gewidmet, in welchem die Namen der ersten spanischen
Dichter prangen. Solsona und ich schrieben in's Album
nur die beiden Worte: „Estamos mudos" (Wir sind stumm),
und Rico schrieb darunter: „Mis compañeros han dicho
todo lo que puede decirse". (Meine Gefährten haben
Alles gesagt, was sich sagen läßt). Das Monasterio be

Piebra ist eine der angenehmsten Sommerfrischen Spaniens. Das ehemalige Kloster wurde zur fonda. Besitzer der Herrlichkeiten des Monasterio, er, der die in einem Urwald versteckten Wasserfälle erst zugänglich gemacht und die Gran Gruta de la Cola de Caballo entdeckt (die wir bei unserem Besuch in Gruta Iris umgetauft), ist der bei der fonda wohnende Don Juan Federico Muntadas, der ein interessantes Büchlein über das Monasterio de Piebra, seine Kaskaden, seine Grotten und seine Legenden herausgegeben und sich auch durch seine Gedichte, mehr aber noch durch den Roman „Vida y Hechos de Gil Perez de Marchamalo" bekannt gemacht hat. Wir waren einige Tage Gäste des Herrn Muntadas, und wie er am Tage unser Führer im Park und im vergel war, so entzückte er uns Abends durch seine Kompositionen, die er auf dem Klavier vortrug. Wir waren, wie ich in meinem Toast auf Muntadas sagte, „Convidados de Piedra", aber während der Convidado de piedra, der steinerne Gast im „Don Juan", denselben zur Hölle fahren läßt, lebte ich, Don Juan und Convidado de Piebra zugleich, in der Oase des desierto de Aragon wie im Paradiese, und uns Alle beglückte die Erinnerung an das Calderonfest, welches Don Gerónimo Florez y Lopez in einem illustrirten Prachtwerk unter dem Titel: „Crónica ilustrada del segundo Centenario de Don Pedro Calderon de la Barca" beschreiben will.

9. Die Madrider Presse beim Calderonfest.

Und wenn Ihr wollt, daß Euch das Weltall flechte
Den Kranz, mit dem Ihr Euch die Stirn umwunden,
So seien auch des Weltalls werth erfunden
Die Lieder, die Ihr singt, als kernig ächte.

Nach Quintana.

Am 25., 26. und 27. Mai 1881 hat Spanien Tage erlebt, die so herrlich waren wie die von Lepanto und Pavia. Das Volk, das seinen Dichter, seinen Calderon feierte, hat ihn verdient, und auch die spanische Presse hat sich des Centenariums würdig gezeigt. In ganz Spanien wird es keine Zeitung, keine Zeitschrift gegeben haben, die nicht Calderon's gedacht hätte, der sich das schönste Lied in seinen Werken gesungen. Vor mir liegt die Julinummer der in Bogotá erscheinenden „Revista de Colombia La Patria", deren Redakteur der geschätzte Verfasser der „Artículos Políticos" und „Artículos Literarios", Adriano Páez ist. Sie bringt das Beste, was in Spanien über Calderon erschienen, unter Anderem einen der „Ilustracion Española y Americana" entlehnten Aufsatz von Castelar, in welchem es heißt: „Wir Spanier sind die nacion madre des modernen Theaters . . . Bei Calderon setzt uns wie bei

Velazquez in Erstaunen, daß er sich vor dem allgemeinen Verfalle gerettet, der damals unser Vaterland darniederwarf . . . Wenn Aeschylus der Dichter der griechischen Theologie, Dante der Dichter der katholischen Theologie, Ariost der Dichter der heidnischen Restauration und Shakespeare der Dichter der Menschheit, so ist Calberon der Dichter der Metaphysik.

Die unsichtbaren Ideen, die um die sichtbaren Dinge fliegen, erscheinen vor den Augen seiner Seele. Er weiß, was die Monde ihren Planeten, die Planeten ihren Sternen, die Sterne ihren Centralsonnen, die Centralsonnen der Gottheit sagen . . ." Und in der Festnummer des Madriber „Dia" vom 25. Mai sagt Castelar: „In keinem Buche der Politik, in keinem einzigen, kenne ich etwas so Tiefes über die Lähmung unseres Geistes und unseres Gewissens in den Ketten des Absolutismus, wie jenen Segismundo . . . Segismundo ist die Negation der absolutistischen Tyrannei, und der „Alkalde von Zalamea" ist die Affirmation der spanischen Demokratie . . . Der große Schöpfer der „Julie" (Shakespeare) ist der Dichter des Gefühls, und der große Schöpfer der „Justina" ist der Dichter der Idee."

Vor mir liegt auch eine Zeitschrift der Philippinen, die „Revista del Liceo científico, artístico y literario de Manila" vom 21. August, in der ein dem Boletin de Administracion militar entnommener Aufsatz des Fernando Lozano y Montes über Calderon steht. Darin heißt es: „Die Deutschen, die ohne Zweifel den tiefsten Blick in die Geschichte und in die Kunst gethan haben, sind auch die Ersten gewesen, welche die hohe Bedeutung Calderon's erkannten. Sein Theater stellt, wie sie gezeigt, das Ideal eines Zeitalters dar, ein Ideal, welches man das romantische genannt hat und was

auch Einige das christliche nennen . . . Die Deutschen haben
sein Gedächtniß aus dem Staub hervorgezogen, in den es
die Gallo-Klassiker eingehüllt, und haben es auf ein Piedestal
gesetzt, das ewig sein wird, wenn die Menschheit ewig ist."
Das Madrider „Diario Español" und der Madrider „Liberal"
haben Schlegel's Urtheil über Calderon abgedruckt. Jedes
Madrider Blatt hat zu dem Denkmal, welches der große,
nicht bloß spanische, sondern universelle Dichter in Madrid
besitzt, ein Gefühl der Bewunderung und ein Wort der
Liebe getragen. „El Globo", „El Dia", „La Niñez", „La
Ilustracion Militar", „La Ilustracion Española y Americana", und „El Averiguador Universal" brachten ebenso
wie „La Correspondencia Musical", „El Espejo" und
„El Loro" Calderon's Bildniß; alle Madrider Blätter ver-
öffentlichten entweder seine Biographie oder Gedichte auf
ihn, Studien über Calderon's Werke oder eine Blumenlese
aus denselben, und um gerecht zu sein, muß ich alle er-
wähnen. Es haben Calderon außer den schon genannten
Madrider Blättern gehuldigt „La Gaceta de Madrid", „La
Correspondencia de España", „El Imparcial", „La Epoca",
„La Iberia", „La Mañana", „El Correo", „La Europa",
„La Patria", „El Tiempo", „El Clamor de la Patria",
„La Discusion", „El Cronista", „El Mundo Moderno",
„La España", „La Fe," „La Gaceta Ilustrada", „El
Constitucional", „El Popular", „El Figaro", „El Pro-
greso", „La Integridad de la Patria", „El Manifiesto",
„El Pabellon Nacional", „El Eco de Madrid", „El Demó-
crata", „El Conservador", „El Derecho", „El Estandarte",
„La Peninsula", „El Correo Militar", „El Siglo Futuro",
„El Siglo", „El Fénix", „El Independiente", „La Crónica
de la Música", und ebenso die Madrider Revuen, wie

„La Revista de España", „La América", „La Revista Contemporánea", „El Averiguador Universal" und „El Criterio Científico". In letzterer veröffentlichte Rafael D. Monreal, der fast noch ein Knabe, eine Studie über Cal= deron als religiösen Dichter.

Eine besondere Erwähnung bei dem ersten Centenarium, das Spanien gefeiert, verdienen „El Dia", „El Estandarte", „El Demócrata" und „La Ilustracion Española y Ameri= cana". Während der „Estandarte" vom 25. Mai 1681 datirt erschien und deshalb Artikel über Calberon's Tob, über die Regierung Karl's II. von Spanien und Alfonso's VI. von Portugal und ein Madrider Autobafé brachte, legte sich der „Dia" das Datum des 25. Mai 1641 als dasjenige bei, in welchem Calberon's Ruhm seinen Gipfel erreicht, und trug in Artikeln, Illustrationen, Papier und Druck ganz das Gepräge des 17. Jahrhunderts. Die interessante Fest= nummer des „Dia" bgann mit der geistlichen Approbation, der Licenz und der Taxation, worauf ein trefflich geschrie= bener Artikel von D. Antonio Cánovas del Castillo, betitelt „Avisos de 25 de Mayo de 1641", folgte. Dann kamen Notizen über die verschiedenen hohen Räthe (Consejo de Estado, Consejo de Hacienda, Consejo de Indias, de Aragon, de Órdenes), ein Feuilleton, „Revista de Madrid", aus der Feder des D. Pedro Antonio de Alarcon; ein Brief des D. Alonso de Cárdenas an D. Pedro Calberon de la Barca, unterzeichnet vom Grafen von Casa=Valencia; ein anderer aus Catalonien an Calberon, unterschrieben vom Professor D. Cayetano Vidal y de Valenciano; ein Brief aus Flandern von J. Talero; Bemerkungen von D. Emilio Castelar über Calberon; ein Brief des D. Jusepe Antonio de Salas an D. Francisco Gomez de Quevedo y Villegas

aus der Feder des geistvollen Kritikers D. Manuel Cañete
über das calberonianische Stück „Mañanas de Abril y Mayo“;
zwei Briefe biographischen und anekdotenhaften Inhalts von
D. Cayetano Rosell und außerdem Arbeiten von D. Pedro
Madrazo, D. Marcelino Menendez Pelayo und den gewöhn=
lichen Redakteuren des „Dia“.

Der „Demócrata“ brachte an der Spitze seines Blattes
einen Phantasie=Artikel über die Calderonfeier in den Ge-
filden des Elysiums, wo von den großen Genien, die dort
weilen, während die Heiligen im Himmel wohnen, „La vida
es sueño“ dargestellt wird: Shakespeare bemächtigte sich
der Rolle des Segismundo, die auch Kean spielen wollte;
aber er mußte sich mit der des Astolfo begnügen; Talma
erhielt die Rolle des Basilio, Devrient die des Clotaldo
und Molière die des Clarin, aber die Estrella ließ sich die
Calderona nicht nehmen, die sie zur Zeit Calderon's dar=
gestellt, und die Rosaura spielte die schöne Joaquina Baus.
Dann folgten Analysen verschiedener Theaterstücke Calderon's
von den ersten Schriftstellern Spaniens, unter denen ich den
leider zu früh gestorbenen Professor, Dichter und Kritiker
Manuel de la Revilla, José Echegaray und Fernando
Garrido anführe. Letzterer tadelt, daß der „Alkalde von
Zalamea“ nicht in der ursprünglichen Gestalt, sondern in
der verstümmelten Form, die ihm Ayala gegeben, bei Gelegenheit des Centenariums aufgeführt werde. U. Gonzalez
Serrano sagt in der Beurtheilung von „La Vida es sueño“:
„Die calderonianische Gesellschaft schätzte Kunst und Religion,
richtiger gesagt, Religion und Kunst, als Schwestern, die
zur heiligen und hauptsächlichen Bestimmung das Heil der
Seelen hatten, und um so mehr galt die Kunst, als sie in
plastischen Symbolen die Kraft des Glaubens darstellte,

ohne den nicht bloß das Leben ein Traum, sondern Alles Staub, Rauch und Asche ist. Führte daher die Kunst zum Erhabenen und zur Verachtung des gegenwärtigen Lebens, waren Gedanken und Intention auf das überirdische Leben gerichtet, so konnte die Kunst von vornherein darauf rechnen, ein lebendiges Echo des 17. Jahrhunderts zu sein. Und da Keiner besser Leben und Gedanken auf dieses Ziel richtet, als Calderon in „Das Leben ein Traum" und im „Wunderthätigen Magus", so kann kein Künstler in dieser Hinsicht mit Calderon verglichen werden, und Keiner ist ein mehr katholischer Dichter, ein mehr spanisches Genie als er . . ." Aber der Kritiker fügt die im Munde eines Spaniers merkwürdigen Worte hinzu: „Jedes erschöpfte Ideal muß nach einem Naturgesetz, das über dem Willen der Menschen steht, als unvermeidliches Resultat einen bittern Beigeschmack, eine undefinirbare Erinnerung an ein besseres Sehnen haben. Deshalb schimmert in dem bedeutungsvollen Gedanken von „Das Leben ein Traum" ein undankbarer Pessimismus hindurch, der sich in den Worten ausspricht: „Des Menschen größte Schuld ist geboren worden zu sein" . . . Gegen den bittern Schluß, daß das Leben ein Traum, und als mannhaften Protest für das Reale und Dauernde des Lebens und der Erfüllung seiner Bestimmung; gegen das Vergängliche und Flüchtige des Rauchs und der Asche des menschlichen Ruhmes protestirt das Centenarium zum Preise Calderon's".

Ein anderer Schriftsteller, José Navarrete, citirt im „Demócrata" die Worte des großen Quintana:

> Más enérgico y grave, á más altura
> se eleva Calderon, y el cetro adquiere
> que aún en sus manos vigorosas dura.

(Es sollte Calderon noch höher ragen,
Der ernster war und kräftiger, das Scepter
Noch immer seine starken Hände tragen).

Wahrhaft ausgezeichnet beim Calderonfest aber hat
sich die Madrider „Ilustracion Española y Americana"*): ihre Festnummer vom 22. Mai 1881 nebst
dem unter Redaktion von Don Juan Alvarez Lorenzana
und Don Ventura Ruiz Aguilera herausgegebenen Supple-
ment leistet Vorzügliches durch ihre Stiche, welche die cal-
beronianischen Stücke „Mañana será otro dia", „Apolo
y Climene", „El Alcalde de Zalamea", „La Devocion
de la Cruz" und „El mayor mónstruo los celos" illustri-
ren, sowie durch ihre Artikel**) und Festgedichte. In

---

*) Auch das Verdienst, den historischen Festzug angeregt zu
haben, gebührt einem der emsigsten und geistvollsten Mitarbeiter
der „Ilustracion Española y Americana", dem Chronisten und
Schauspieldichter Don José Fernandez Bremon. Derselbe schrieb:
„Vielleicht scheint die historische Kavalkade ein Traum; aber alle
Jahre sehen wir während des Karnevals unzählige Umzüge von
elegant gekleideten Studenten. Könnte man nicht viel von der
auf ein edleres Ziel gerichteten Volksbegeisterung erwarten? Die
Geschichtschreiber tadeln die prunkvollen Feste des Retiro im 18.
Jahrhundert; wir vertheidigen sie nicht, aber das Fest des 19. Jahr-
hunderts ist die Apotheose der Intelligenz und eines nationalen
Ruhmes, und wir wünschen, daß es vor Allem ein Keim nicht
des Ruins, sondern des Reichthums sei, daß es den Fremden an-
ziehe als ein Mittelpunkt der Propaganda für die Industrie, Etwas
sei, was belehre, was den Geschmack bilde und die wahre moderne
feria (Kirchweih) begründe, indem es sie auf ein Volksfest stützt."
**) Auch Richard Wagner, dessen Lohengrin 1881 im Teatro
Real zu Madrid aufgeführt wurde, hat einige Zeilen beigesteuert,
welche in facsimile abgedruckt werden. Sie lauten folgendermaßen:
„De la Galice, où les Goths héroïques créaient et défen-

einem Auffatz des bekannten Chroniften Jfidoro Fernandez Florez findet fich das Bekenntniß: „Vor einigen Monáten bewunderten wir Calberon fehr, aber wir lafen ihn nicht. Er lag in jener großen Nekropolis der kaftilianifchen Sprache, die Biblioteca de Autores Españoles genannt wird. ... Wenn dem Centenarium Calberon's nur die beiwohnen follten, die feine Theaterftücke gelefen, fo würde der hiftorifche Feftzug ftill durch faft leere Straßen ziehen."

In der Feftnummer der „Ilustracion Española y Americana" haben auch die Schaufpielerinnen von Madrid dem großen Dichter gehuldigt, indem fie alle eine von Ventura Ruiz Aguilera gedichtete Decime unterzeichnet; der berühmte Tenorift Julian Gayarre dagegen fchrieb: „Der c a l d e r o n *) in der M u f i k hebt, wenn auch nur für einen Augenblick, die Harmonie auf. Der Calberon der fpanifchen B ü h n e aber bringt eine Harmonie hervor, die nicht in Jahrhunderten unterbrochen wird."

Intereffant war auch das „Album Ibérico" in der erwähnten Nummer der „Ilustracion". Daffelbe enthält Gedichte auf Calberon in den verfchiedenften Mundarten

daient un asile au christianisme menacé, le chevalier au cygne partit pour la Flandre. Il revient dans son pays pour le centenaire de Celui que son génie et sa destinée appelèrent à être l'interprète conscient des instincts de son peuple. Puisse cette coïncidence être regardée comme un hommage rendu par le monde surnaturel à la mémoire du poète dont l'oeuvre et la vie nous montrent la fusion opérée par l'art de la vie réelle et du sentiment religieux. Puisse-t-elle encore être de bon augure pour le retour du Lohengrin en la contrée d'où il est sorti."

*) Calderon heißt im Spanifchen das Zeichen, welches andeutet, daß die begleitenden Tonwerkzeuge paufiren follen, damit die Solopartien ausgeführt werden können.

ber iberischen Halbinsel (Portugiesisch, Catalonisch, Galicisch, Valencianisch und Baskisch).

Die Portugiesen aber haben sich namentlich an dem in Madrid nach der Calderonfeier erschienenen „Album Calderoniano" betheiligt und am 25. Mai in Oporto eine Festnummer, „Homenagem a Calderon" erscheinen lassen, zu der auch Spanier und Franzosen Beiträge geliefert.

Besonders aber muß ich eine poetische Spende aus Portugal erwähnen, die in der „Ilustracion Española y Americana" an's Licht trat und von der seit einiger Zeit in Lissabon wohnenden spanischen Dichterin Carolina Coronado herrührt, die schon mit fünfzehn Jahren ihrem Namen in der Dichterwelt Spaniens hellen Glanz verliehen. Das Gedicht, das durch seinen bittern Ton so ganz verschieden von den andern Festgedichten, ist ein Gruß des Camoens an Calderon, ein Gruß des Dichters, dessen Gebeine am 10. Juni 1880 in feierlicher Procession aus dem convento de Santa Ana in Lissabon zur Kirche de los Jerónimos getragen wurden, um dort mit denen des Vasco de Gama vereinigt zu werden. Man vermuthet aber, daß bei der Uebertragung der Gebeine zwei Köpfe gewesen. Hierauf beziehen sich die Strophen der Carolina Coronado. Meine Uebertragung ihres Gedichts lautet wie folgt:

Camoens an Calderon
bei dem Centenarium desselben.

Wach' auf, mein Bruder, aus dem Schlaf, dem tiefen!
Ich hab' geschlummert in des Grabes Enge
Schon drei Jahrhunderte, als sie mich riefen
Wie Dich, den grüßen Glanz und Jubelklänge.

Es ruhet mein Gebein, das elend immer,
In dunkler Gruft, in schier vergeff'ner Klause;
Der Name, dem sie königlichen Schimmer
Verliehen, wohnt in prunkend hohem Hause.

Du, der gesagt, es ist nur Traum das Leben,
Sieh' wie der Tod ist Leben mir, dem Todten:
Das Leben ließ nur hungern mich im Streben,
Der Tod hat Festgelage mir geboten.

Ruhm nennt die Lippe, Ruhm zu nennen wagen,
O Calderon, sie irb'schen Pompes Flitter!
Den Dichter laß, den Ruf emporgetragen,
Sein Schweigen brechen, doch im Ton, der bitter.

Wenn hier die Lebenden mit Todten spielen,
Will ich, daß einmal tön' an's Ohr der Menge
Ein ernstes Urtheil aus des Grab's Asylen
G'en dieser Welt sarkastisch Ruhmgepränge.

Ah, könnt' die ew'gen Schatten ich durchbrechen,
Ah, könnte zu der Welt ich wieder bringen,
Die dürre Lippe würde zu ihr sprechen
Ließ Deine Autos, Calderon, erklingen.

Wer hätte denken können, jemals werde
Man in Skelett, das einem Andern eigen,
Verwandeln plötzlich mich auf heim'scher Erde,
Dem neunzehnten Jahrhundert mich zu zeigen?

Doch ohne mein Gebein wirst Du mich sehen,
Denn ob ich's nicht entriß dem tiefem Schlunde,

Homer und Du, Virgil und Dante stehen
Als meine Zeugen, Ihr gebt für mich Kunde.

Ja, ich bin's, Calderon. Wer wär' der Gleiche,
Der so viel Schmach erlitt und Mißgeschicke?
Und käm' ich auch im Schädel fremder Leiche,
Du hätt'st mich doch erkannt im Augenblicke.

Wie mit des Himmels lichtem Glanz erhellet
Dein Geist Jahrhunderte auf ihren Bahnen,
Und Du siehst mich, dem sich der Schmerz gesellet,
Und mich errathen Deine frommen Manen.

In den Olymp Kastiliens, wo erklinget
Moderner Muse Ton und anders keiner,
Das Uebermenschliche unmöglich bringet,
Und da ich nichts bin, harret Niemand meiner.

Ich komme nicht zu Dir, um zu erhalten
Den Lohn, für die bestimmt, die Dich besingen,
Denn Arglist wär's von dem Jahrhundertalten,
Noch aus der Ewigkeit um Preis zu ringen.

Zu grüßen Deinen Schatten, Deinen hehren,
Komm' ich, nicht zu der Menschen frohem Reigen;
Zu beten nur im Tempel, wo verehren
Mein Glaube muß die Gluth, die, Christ, Dir eigen.

Der Sänger durft', der alte Lusitaner,
Mit seiner frommen Spende Dir nicht fehlen:
Wir sind ja Brüder, edler Kastilianer,
Von gleicher Flamme glühten unsre Seelen.

Iber'schen Volkes Söhne sind wir Beide,
Das einst dem frechen Mauren wies die Thore,
Daß aus dem Vaterland der Fremde scheide —
Ich kann mich einen Deinem heil'gen Chore.

Ich hab' in Afrika mein Blut vergossen
Für Spanien auch, für das Du strittst, Du Hehrer.
Welch großer Horizont hat es umschlossen,
Das Doppelreich des Stammes der Iberer!

Carlos! Manuel! Es führten ihre Fahnen
Das Kreuz zum Sieg, es siegt auf allen Seiten,
Der Erde Grenzen auf des Ruhmes Bahnen
Bezeichneten die Banner, die geweihten!

Und was ward dann?... Gesunken sind wir Alle.
Du kamst, als schon die Sonne fast entschwunden;
Wir brachten uns durch Bruderkrieg zu Falle,
Und uns hat All' das Schicksal überwunden!

Was bleibt von gestern uns? Den Tajo sehe
Ich an, der trüb umarmt die beiden Reiche:
Er quält sich ab in seiner Arbeit Wehe,
Daß er des Westens tiefen Schlund erreiche.

Und mich bedünkt, wenn zum ersehnten Ziele,
Zum Hafen seine Wasser hier gelangen,
Er einen Seufzer ausstößt unter'm Kiele
Der britt'schen Flotte, einen schwermuthbangen.

Denn er hat die mit seinem Saft genähret,
Die einst Iberien neue Welten gaben,

Dr. Joh. Fastenrath, Calderonfeier.   10

Und regt sich auf, wenn ihn das Joch beschweret
Der Schiffe, die beraubt Iberien haben.

Das sind Gespenster, die erbeben machen
Den Westen, drauf den Schatten sie gebreitet,
So daß man schrecklich drohen hört und krachen
Neptun nicht, den Vulkan, der sie geleitet.

Für diese Flotten weite Meere haben
Entdeckt wir, diesem Stamm erobert Erde:
Es hat das Vaterland uns ausgegraben,
Um sie zu schauen an dem heim'schen Herde.

Mich aber nicht! Der Weisen müh'n sich Viele
Vergeblich, daß sie mein Gebein entdecken,
Und sie entweih'n die heiligen Asyle,
Mich aber wird Entweihung nicht beflecken.

Die Erde bebte, meiner Ehr' zum Horte,
Und sie hat mir ein tiefes Grab beschieden;
Ich ruhe dort an unbekanntem Orte,
In sich'rer Einsamkeit, in freiem Frieden.

Und dort erwart' ich Dich, bis daß erschallet
Der Fama Stimme nicht, der wandelbaren,
Nein, Gottes Stimme, die durch's Weltall hallet,
Denn er allein, er giebt den Ruhm, den wahren!

Nur eine Dame, die gefeierte Dichterin des Dramas
„Rienzi", Rosario de Acuña de Laiglesia, läßt sich noch
außer Carolina Coronado in der „Ilustracion Española y
Americana" vernehmen, während im „Album Calderoniano"
viele spanische Damen Calderon besungen haben, unter

Andern die ausgezeichnete sevillanische Dichterin Doña
Antonia Diaz de Lamarque, die Gemahlin des trefflichen
Dichters Don José Lamarque de Novoa, von deren Decimen
ich hier die erste in meiner Uebertragung folgen lasse:

> Seufztest, Genius, Du auf Erden,
> Als Du riefst in Deiner Gluth:
> Größte Schuld des Menschen ruht
> Wohl in dem Geborenwerden?
> Trugst geheimer Angst Beschwerden
> Du im Herzen? Hatt'st erfahren
> Bittrer Wahrheit Offenbaren?
> Sahst Du in des Glückes Engleiten,
> Daß der Menschen Eitelleiten
> Nur des Lachens würdig waren?

In der „Ilustracion Española y Americana" erhob
auch Spaniens populärer Novellist, Don Pedro Antonio
de Alarcon, seine Stimme. Er sagte: „Mein größter
Jubel beim Centenarium Calderon's wird darin bestehen,
daß ich mir einbilde, daß der berühmte Dichter Kenntniß
hat von seiner Apotheose, im Geiste nach Madrid hernieder-
steigt, unter uns wandelt, allen Festlichkeiten beiwohnt und
mit Thränen der Dankbarkeit auf unser begeistertes Freu-
dengeschrei antwortet. — Welchen Werth würden sonst für
ihn die Ehrenbezeugungen haben, welche die Welt ihm darbringen will?"

An dieses Wort Alarcon's möchte ich eine Romanze
des Calderonbewunderers und glühenden Cervantisten Don
Luis Vidart in meiner Uebertragung anschließen:

Erinnerungen aus Calderon's Leben.

(Der große Zweifel.)

I.

Der Wissenschaften Wissenschaft hielt wach ihn
In seinen ersten jugendlichen Jahren,
Das Wissen von dem Urgrund aller Dinge,
Der Weisen und der Dichter stetes Trachten.

Vielleicht mehr Zweifel noch als Wahrheit findend,
Hat er die Gotteskunde dann verlassen
Und wollt' des Rechtes Regel, die unfehlbar,
In dem Athen Hispaniens erfahren.

O eitler Wahn! Unglückliches Beginnen!
Philosophie'n, die tiefen, zeigen klar es:
Wie könnte der Wahrheiten denn erkennen,
Der noch die höchste Wahrheit nicht erkannte?

Drum hat vielleicht Don Pedro Calderon sich
Der Aula abgewandt und in der Schlachten
Gewühl sucht er Vergessen von den Träumen,
Die ihm den Frieden des Gewissens rauben,

Träume, durch die der Geist erreichen möchte
Das ewige Gesetz, das ewig schaffet
Den ungeheuren Schmerz, der Leben heißet,
Und das Geheimniß, das das Grab bewahret.

II.

Wenn Liebesabenteuer und Triumphe
Zu ärnten in Italien und in Flandern,
Hat dort geglänzt des großen Dichters Degen,
Bracht' dort er Opfer auf der Liebe Altar.

Doch ach der kriegerische Lorbeer wächst nicht,
Wenn er in Strömen Bluts nicht wird gebadet,
Und mag sie auch erleuchten, macht doch blind auch
Der Liebe wunderbare Strahlenflamme.

Und Calberon, enttäuscht von jenem Ruhme,
Der seine Nahrung muß vom Blut empfangen,
Enttäuscht vom Licht der Liebe, dessen Schimmer
Die Herzen pflegt in Asche zu verwandeln,

Rief aus: das Leben ist ein Traum. Sein Zweifel
Ließ ihn behaupten nicht: Es ist ein Jammer,
Ist doch, daß er geboren ward, das größte
Vergehn des Menschen, wenn man's recht betrachtet.

Und Linderung für seine Schmerzen suchend,
Sah er die Hoffnung des Asceten strahlen:
So sprießen in der Seele, die untröstlich.
Die Blumen oft der Mystik und des Glaubens.

Glaubt' oder wollt' er glauben? Wer kann's wissen?
Wenn durch razon de Estado*) man gelanget

---

*) Eines der am meisten geschätzten Autos Sacramentales
Calberon's ist das theologische „A Dios por razon de Estado.“
Der Inhalt desselben ist in Kürze folgender: Der menschliche
Verstand sucht in Begleitung des menschlichen Gedankens auf den
Rath der Klugheit, nachdem er auf hohem Berge den Tempel erblickt, in dessen Giebel die Worte stehen: „Ignoto Deo“, die Idee
des wahren Gottes. Sie finden sie weder im Heidenthum und in
den alten Religionen, noch im materialistischen Atheismus, noch
im Islam. Sie suchen sie überall, bis sie endlich den unbekannten
Gott, die große Ursache aller Ursachen, durch den Apostel Paulus
offenbart finden.

Zu Gott, so kann die nämliche razon auch
Geleiten zu der Kirche stillen Hallen.

Und er ward Priester, glaubte wohl, die Sonne
Der ewigen Gerechtigkeit, sie strahle
Nur in des Todes Schooß, da auf der Welt sie
Doch ihren vollen Glanz nicht offenbaret.

III.

War Calderon im Recht? Gestaltet jenseits
Des Grabes besser sich des Menschen Dasein?
Ja oder bleibt kein Staub selbst von der Seele,
Wenn seine Leiche sich in Staub verwandelt?

Du weißt es, Calderon, was sein wird, Du hast
Des Räthsels Lösung, da Du starbst, erfahren.
Wenn, was Dir kund ward, Du verkünden walltest,
Man würd' Dir Tempel bauen allenthalben.

Der Augenblick ist meiner Bitte günstig:
Da heut' den großen Dichter in ganz Spanien
Sie feiern, wird sein Geist zum Feste kommen
Voll hoher Lust, wenn er noch lebt im Raume.

Sein edles Herz, zur Dankbarkeit gestimmt, wird
Uns sicher Nichts, was recht ist, jetzt versagen,
Und recht und passend ist es und nothwendig
Zu wissen, ob der Tod ein neues Dasein.

Denn wenn die Seele stirbt mitsammt dem Körper,
Ist Trauerspiel die Schöpfung oder Farce,
Ein Ding, das so erbärmlich oder grausig,
Daß es verkündet laut des Bösen Allmacht.

Von solchem Zweifel, Calderon, errett' uns!
Dein unumschränkter Geist, vielleicht vermag er
Der Gräber Schweigen zu durchbrechen, das uns
Mit seinem stummen Mund erfüllt mit Schauder.

Die großen Zweifel, mit denen Bibart sich beschäftigt, sind auch der Gegenstand eines Dichterturnirs in der Fest= nummer der „Ilustracion Española y Americana" ge= worden. Ventura Ruiz Aguilera stellte das Thema. Es ist das calderonianische Wort: „La vida es sueño." Die ersten Dichter Spaniens traten in die Schranken. Ich habe ihre Strophen verdeutscht und nach Aguilera's Tode noch eine hinzugefügt. „Certamen" (Wettkampf) ist der Titel dieser Dichtungen, die ich hier in meiner Uebertragung folgen lasse.

Wettkampf.

I.

Da er selbst im Sarkophage,
Seine Werke wie zuvor
Leben, leg', o Dichterchor,
Ich Dir vor jetzt eine Frage,
Die zu lösen ich nicht wage.
Sei sie Eurem Geist geboten:
Ist das Wort des großen Todten,
Welchem jauchzt der Weltenraum,
Wahrheit? Ist das Leben Traum?
Löse, wer's vermag, den Knoten.

Ventura Ruiz Aguilera.

II.

Pedro's Wort, es bleibt in Ehren,
Denn der Wahn, der Wahn der Liebe,
Und der Jugend stürm'sche Triebe
Und der Ruhm, den wir begehren,
Sind nur eines Traums Chimären
Für die Seele, die verblendet,
Doch zur Einsamkeit gewendet,
Unter Thränen lernt geschwind,
Daß die Wirklichkeit beginnt
Dorten, wo das Leben endet.

Manuel del Palacio.

III.

Nicht ist Traum das Menschenleben,
Denn es kämpft und mahnt und lehrt
Und anstatt des Tod's gebärt
Es des Morgen neues Weben.
Deines Geistesflugs Erheben,
Calberon, ist uns Gewähr:
Welcher Traum so flüchtig leer
Währt gleich Deines Namens Licht,
Das der Menschen Angesicht
Strahlt als Sonne ewig hehr?

Narciso Campillo.

IV.

Ist ein Traum das Leben? Sei's!
Wenn das Sterben ein Erwachen,
Kann im Traum doch kund sich machen
Etwas aus des Ew'gen Kreis.
Träumend schafft der Geist, ich weiß;

Groß ist der Materie Macht,
Doch so weit hat sie's gebracht
Ueber unsre Seelen nimmer,
Daß sie ihr des Lebens Schimmer
Nähm', das mit dem Tod ihr lacht.

Juan José Herranz.

V.

Nein, das Leben ist kein Schein,
Mag es so uns auch erscheinen,
Wenn wir Glückes Trug beweinen
Und der Täuschung Gaukelei'n.
Ja es hatt' ein wirklich Sein
Dieser Traum selbst, als er war,
Und ein Traum ist offenbar
Nur der Tod, der Tod allein,
Der zur Ewigkeit geht ein,
Und das Leben nur ist wahr.

José Velarde.

VI.

Alles, was gewesen, zieht
Weiter wie ein wildes Heer,
Sinkt in des Vergessens Meer,
Ist ein Traum, der Schatten sieht.
Und das Gegenwärt'ge flieht
Pfeilschnell zur Vergangenheit;
Unfaßbare Wirklichkeit
Ist der ganze Lebensraum,
Ist ein Ausgangspünktchen kaum,
Schwimmend in der Ewigkeit.

Leopoldo Cano y Masas.

VII.

Leicht war Irrthum Aller Loos,
Keiner wohl das Richt'ge traf:
Sagt man nicht, wer starb, er schlaf'
Jetzo in des Todes Schooß?
Und die Seltsamkeit wär' groß,
Wären Traum die Beiden schier,
Tod und Leben, müßten wir
Leben, sterben traumumfangen,
Was, was würden wir erlangen?*)
Pedro, doch wohl irrtet Ihr.

José Zorrilla.

VIII.

Was die Sinne reizt und was
Um uns ist zu jeder Frist,
Was man wiegt und was man mißt,
Was man sieht, fühlt, höret, das
Eitelkeit und Traum nur ist,
Den sich Thorheit bildet ein;
Was uns flieht und was, o Pein!
Wir stets unbejahet lassen,
Was unendlich, nicht zu fassen,
Wirklichkeit ist das allein!

Emilio Ferrari.

IX.

Calderon, der Dichter, spricht:
    Traum ist unser Leben. Ich

---

*) Ober: brächten wir
Tod und Leben träumend hin,
Was wär' unsres Seins Gewinn?

Sag': kein Einz'ger sicherlich
Weiß, bevor sein Auge bricht,
Ob es Traum ist oder nicht.

Gebt nur Eurem Scharffinn Raum,
Dieses Räthsel löst ihr kaum.
Denn es kann des Glückes Schimmer
Wohl ein Traum sein, aber nimmer
Ist das Unglück auch ein Traum.

Cárlos Frontaura.

X.

Pedro hätte Recht? O nein,
Ob auch hoch sein Genius fliege:
Wir erwachen in der Wiege
Und wir schlafen in dem Schrain.

In dem Tod ruht aus allein
All der Schmerz, der uns gesendet.
Der das Leben uns gespendet,
Wußt', daß Qual die Lebensbahn,
Die mit Seufzen hebet an
Und in einem Röcheln endet!

Márcos Zapata.

XI.

Calderon: ein Traum das Leben,
Shakespeare: Tod ist Schlafen sagt;
Keiner doch zu nennen wagt
Leben unser irb'sches Weben.

Und warum denn das Bestreben,
Mehr zu gelten, wenn es klar,
Daß die reg', dann träge war,
Unsre Seele schlafbedacht

Von dem Leben nur erwacht,
Um zu schlummern auf der Bahr'?

Eugenio Sellés.

XII.

Der das Räthsel aufgegeben
Auch zuerst die Lösung fand:
In das unbekannte Land
Sahn wir, Sänger, Dich entschweben.
Was ist Tod? Was ist das Leben?
Nach des Centenarium's Tagen
Tönt um Dich ein Weheklagen,
Da verstummt Dein Liedermund!
Ach Dir ward das Wissen kund,
Doch Du kannst es uns nicht sagen!

Johannes Fastenrath.*)

---

*) Seit Espinel die Décima erfunden, ist es Regel, daß mit der 4. Zeile der Sinn abschließt. Daher heißt es im 1. Theil des Manual de Literatura von Don Antonio Gil de Zárate, seccion II cap. 5: „En la buena décima el sentido debe quedar suspenso al fin del cuarto verso." Bei modernen spanischen Dichtern habe ich aber dies Gesetz nicht immer befolgt gesehen.

10. Spanische Festschriften über Calderon.

Wahrheit, das ist Gott allein!
Und voll Glauben, der da rein,
Calderon ging nach der Wahrheit.
Mußt', der nah kam Gottes Klarheit,
Nicht auf höchstem Gipfel sein?

Nach Luis Fernandez Guerra.

Calderon:

Es gab das fremde Glück mir Lust und Frieden,
Die Mitwelt Beifall und mein Blut mir Ehren,
Und neue Welten schuf ich mir hienieden
Voll seltner Vögel, Blumen, Wundermären;
Es hat der Glaube Kränze mir beschieden,
Die noch in lebensvollem Lichtglanz währen.
Volk, das begeistert meines Ruhms Vermächtniß,
O nur in Tugenden ehr' mein Gedächtniß!

Nach Aureliano Fernandez Guerra.

Sieh an Deinem Grabe heut'
Klopft der Ruhm und weckt Dich nicht —
Da Dir strahlt des Himmels Licht,
Was ist's, was die Welt Dir beut?

Nach Teodoro Guerrero.

Als Lope, der so fruchtbar, mußte weichen
Des Greisenalters drückendem Gewicht,
Erschienen ist der neuen Sonne Licht
Auf span'scher Bühne herrlich ohne Gleichen.

Du warst es, Calderon. In Spaniens Reichen
Die Menge Dir des Beifalls Kränze flicht,
Und zu der Höh' erhobst Du Dein Gesicht,
Wo ew'gen Tag der Genius muß erreichen.

Gott, Ehre, Vaterland, auf goldnen Saiten
War Deines wunderbaren Geist's Devise,
Du span'scher Bühne Zier zu allen Zeiten.

Was thut's, daß wüthend gegen Dich, o Riese,
Ein Kritiker es wagen sollt' zu streiten,
Wenn nicht die Welt genügt, daß sie Dich priese?
Nach José Lamarque de Novoa.

In dem Lande, wo die Sonne ihr Feuer allen Herzen mittheilt; in dem Volke, dessen Sprache in den Cántigas des Rey Sábio göttlich zu stammeln begann, mußte der edle Chor der spanischen Musen begeistert den Dichter besingen, der Alles zugleich, ein guter Spanier, ein tapferer Soldat, ein glühender Christ, ein ehrwürdiger Priester, ein Freund der Armen, ein Sittenprediger für sein Volk gewesen, der in seinen Werken die Eigenschaften der hochherzigen, königstreuen und christlichen spanischen Race verherrlicht, und für den die Natur, wie für unseren Novalis, nur die Offenbarung der göttlichen Harmonien und die Welt ein ungeheures Buch war, in welchem jedes ihrer Wesen einen Gedanken Gottes ausdrückt.

Ehre allen denen, die Calderon gefeiert, die, um mich
eines von ihm im ersten Akt seines „Tetrarca de Jerusalen"
gebrauchten Bildes zu bedienen, als Sonnenblumen seiner
Schönheit dem Licht seiner Strahlen gefolgt! Ehre insbe=
sondere den Damen in der schönen Metropole der Nasriten,
die in dem denkwürdigen Fest der Universität Granada im
großen Teatro de Isabel la Católica in Calderon's „La
vida es sueño" gespielt!

Im vorigen Kapitel haben wir einen Blick auf die
Madrider Zeitungen aus den Calderontagen von 1881 ge=
worfen; es bleibt uns jetzt nur noch eine, wenn auch nur
flüchtige Umschau unter den spanischen Festschriften
übrig.

Ich beginne mit meiner Adoptivvaterstadt, dem poesie=
reichen Sevilla, in welchem um die Wette mit Madrid
das harmonische Echo von Calderon's Namen erklang. Mein
Auge fällt auf die „Glorias de Calderon, enaltecidas por el
Instituto Provincial de Sevilla en 26 de Mayo de 1881."
Diese Festschrift bringt die beiden schönen Poesien des Dr.
Don Francisco Rodriguez Zapata, die ich in meinem Büch=
lein „Calderon de la Barca" sowohl im Original als in
meiner Uebertragung mitgetheilt, und außerdem einen Vor=
trag des Professors Don Joaquin Guichot y Parodi, in
welchem derselbe den Satz aufstellt, daß Calderon, der be=
kanntlich mehr Vollender als Erfinder war und das
spanische Drama aus einem geistvollen Dialog in Ver=
sen zum wirklichen, zum vollendeten Drama umge=
schaffen, in seinem Theater die spanische Gesellschaft des
17. Jahrhunderts nicht, von seiner poetischen Phantasie
fortgerissen, zu idealisiren gesucht, sondern, wenn auch mit
dem Zauber seines Colorits, sie so geschildert habe, wie er

sie vorgefunden. Mit Recht sagte der Redner, daß Lope
be Vega und die andern spanischen Dramatiker in den
Zeiten Philipp's II. und Philipp's III. für das Volk schrieben,
daß aber Calderon die Scenen seiner Komödie verschönerte und
das am meisten Typische und Glänzende jener Gesellschaft, die
lealtad, die Ehre, die Religiösität und die Galanterie darstellte, da er für den Hof schrieb und den Idealen eines
Philipp IV., eines Conde Duque de Olivares, der Duques
del Infantado, eines Alba, Medina be las Torres, Marqués del Cárpio, Príncipe Estillano und Anderer gerecht
werden mußte. An einem Fehler aber krankt, wie der
erwähnte sevillanische Professor in Uebereinstimmung mit
andern spanischen Schriftstellern meint, die Schilderung,
die Calderon von der spanischen Familie entwirft: er läßt
nämlich in den comedias de capa y espada niemals die
Mutter erscheinen: Rathgeberin der Jungfrau auf den so
blühenden und zugleich so schlüpfrigen Pfaden der Liebe
ist immer die unerfahrene Freundin und die indiskrete
Magd. Ein Sohn seiner Zeit, in der das Blut der Edlen
Eigenthum der Könige war, einer Zeit, in der „Dios.
España y el Rey" den ersten Rang in den Idealen ein-
nahmen, sah Calderon gleichgültig auf den Mittelstand,
auf das Bürgerthum und vergaß, wie der sevillanische
Professor bemerkt, die materiellen Interessen und diejenigen
Klassen, welche sie fruchtbringend machen. Nicht ohne Bedauern aber habe ich in der interessanten und sonst so
vorurtheilsfreien Rede unsern Luther als „fraile apóstata.
ignorante y licencioso" bezeichnet gefunden.

In Sevilla erschien auch ein kleines Büchlein von
Antonio Galan Dominguez, das sich „Ideales de Calderon.
Hasta que punto y de qué modo idealizó la sociedad del

siglo XVII." betitelt. Der Verfasser kommt zu dem Resultat, daß Calderon, der sich zwei Jahrhunderte über seine Zeitgenossen erhoben, dieselben Ideale hatte wie das Spanien des 19. Jahrhunderts. Er wirft einen Rückblick auf das Mittelalter, in welchem Künstler nur der war, der Engel und mystische Allegorien malte; Dichter nur der, der die Wunder der heiligen Jungfrau oder das Glück der Seele besang, die sich von der Welt zurückgezogen; das war die Zeit, in der ebenso wie das religiöse Gefühl das Vaterlandsgefühl mächtig war, in der der Cid Ruy Diaz in der Kirche zu Rom den elfenbeinernen Stuhl des Königs von Frankreich mit dem Fuß herunterstieß und in vier Stücke spaltete, da er eine Stufe höher stand als der Stuhl seines Herrn, des Don Fernando I. von Kastilien. Aber im 17. Jahrhundert zeigt sich die Freiheit am Horizonte, und ihr wird der erste Hymnus in der dramatischen Poesie gesungen. Calderon's Ideale werden sich nie erschöpfen, denn sein Theater umfaßt alle menschlichen Zwecke. In allen seinen Komödien gibt es Einen Typus, der sich immer wiederholt: es ist Calderon selbst; sein Talent, seine Liebe, seine Ritterlichkeit erscheinen auf der Bühne, um Freiheit, Gleichheit, Ehre und Religion zu lehren. Der Autor des Büchleins, von dem ich rede, bespricht einige Calderonianische Stücke und beschäftigt sich namentlich mit der Lieblingsfigur der Spanier, dem Alkalden von Zalamea, der mäßig und einfach wie ein Spartaner, unerbittlich wie Brutus, tapfer wie Collatinus, streng wie Cato ist.

Cadiz, die Stadt, in der Doña Patrocinio de Biedma dichtet und die Cervantistas ihren Sitz haben, zeigte in der Festschrift der Real Academia Gaditana de Ciencias y Letras, daß wenn es auch an der geographischen Grenze

Dr. Joh. Fastenrath, Calderonfeier.   11

Spaniens liegt, es sich doch im Mittelpunkt der Bildung und spanischen Gesinnung befindet. Zu bedauern ist nur, daß der Preis, den die Gaditanische Akademie für die beste Studie über die Autos sacramentales Calderon's ausge= schrieben, nicht hat vergeben werden können. Noch sind nicht einmal alle Autos desselben gedruckt, und außer der Arbeit des D. Eduardo Gonzalez Pedroso über die Autos im Allgemeinen in dem Bande der Biblioteca de Riva- deneira, der eine Sammlung von Autos enthält, und außer der Rede des Canalejas in der Spanischen Akademie war bisher über die Autos sacramentales Calderon's keine Studie in spanischer Sprache erschienen, obgleich gerade die Autos, die allegorischen Dramen, die schönsten Ruhmestitel des großen Madrider Dramatikers bilden, da sie die mannig- faltigsten Töne und die reichsten Formen der Poesie, die ganze Moral, die vollständige heilige Geschichte, die gesammte Psychologie und Theologie enthalten. *) Die kühnen und unvergleichlichen Autos sacramentales sind es, durch die Calderon Lope's unsterbliche Kränze, man kann sagen, an den Rand des Vergessens gebracht.

Der Gaditanische Schriftsteller D. Adolfo Castro hat die literarische Welt mit der Entdeckung überrascht, daß die Komödie „La Adúltera Penitente", die in Madrid 1657 als ein Werk von Gerónimo Cáncer, Agustin Moreto und Juan de Matos Fragoso veröffentlicht wurde, ausschließlich dem ritterlichen Dichter D. Pedro Calderon de la Barca angehöre. Sei es doch derselbe magische grandiose Stil. Die große Aehnlichkeit in der Form ist allerdings unver=

---

*) Im „Album Calderoniano" (Madrid, 1881) findet sich in Romanzenform eine Zusammenstellung der Titel der Calderoni- anischen Autos.

kennbar. Die Komödie hat Edelsteine, die unwillkürlich an
die in „La vida es sueño" erinnern. Eine Stelle will ich
hier in meiner Uebertragung anführen: Filipo spricht seinem
Freunde Roberto gegenüber von seiner Liebe zu Teodora,
und als Roberto ihm seine Befürchtung kundgibt, er möchte
ihre Ehre nicht respektiren, entgegnet ihm Filipo:

> Frei im Feuer, das da brennt.
> Kann man Salamander sehen:
> Ohne daß ihm was geschehen,
> Athmet er das Element.

> Unter Dorngebüsch, das dicht
> Stehet bei des Bergs Gesteine,
> Wächst die Lilie, die reine,
> Doch der Dorn verletzt sie nicht.

> Aus der Häßlichkeit der Nacht,
> Ob sie noch so finster droht,
> Wird das helle Morgenroth
> Doch vom Tagslicht freigemacht.

> Ohn' daß je er bitter wäre,
> Gibt es einen Strom, der alle
> Süße wahrt noch im Krystalle
> Mitten in dem salz'gen Meere.

> Und in Teodora ehre
> Ich die Züchtigkeit, daß sie
> Salamander, den doch nie
> Eines Wunsches Gluth versehre;

> Lilie, die der Dornbusch nimmer
> Kann verwunden, ob er mächtig;

11*

Morgenroth, dem Schatten nächtig
Nicht verdunkeln kann den Schimmer,

Und ein Strom, dem alle Tage
Seiner Waſſer Süße blieb,
Ob im Meer er meiner Lieb',
Ob im Bittern meiner Klage.

Dem Dichter, der auf dem höchſten Gipfel der ſpa=
niſchen Civiliſation ſteht, hat das Liceo Artístico
Literario de Granada ein intereſſantes philolo=
giſches Denkmal in einem Werke geſetzt, welches Calderon's
Lebensbeſchreibung in all den Sprachen und Mundarten
enthält, die im Laufe der Geſchichte in den ſpaniſchen Landen
geſprochen worden. Mit Recht macht den Anfang das
Baskiſche als die älteſte Sprache des iberiſchen Volkes, die
mehr als die Hälfte von Spanien beherrſchte. Das Celtiſche
fehlt, dagegen iſt die drittälteſte Sprache in Spanien, die
hebräiſche, vertreten, welche die Tyrer und Iſraeliten nach
der pyrenäiſchen Halbinſel brachten, als zu den Schiffen von
Tyrus und Sidon ſich hebräiſche Schiffe geſellten, um koſt=
bares Material für den Tempel von Jeruſalem zu holen,
als ob es, wie Fernando Segundo Brieva Salvatierra in
ſeiner Einleitung zu dem Sprachdenkmal des Liceo Artístico
Literario de Granada ſagt, Spaniens Beſtimmung im
Alterthum geweſen, mit ſeinem Golde dem wahren Gotte
zu huldigen. Auch im Idiom der Griechen, welches das
Galiciſche, das Cataloniſche und das Limouſiniſche beein=
flußte, wird ebenſo wie in den ebengenannten Dialekten
und im Provençaliſchen und in der Mundart von Ma=
jorca Calderon's Leben beſchrieben. Natürlich iſt auch die
Sprache der Cäſaren, die lateiniſche, nicht ausgelaſſen, aber

das Westgothische ist weggeblieben. Dagegen ist das Arabische, das Mozarabische, das Arabisch-Granadinische ebenso
wie Portugiesisch, Italienisch, Deutsch und Englisch vertreten.

Die Festschrift der Universität G r a n a d a , die unter
dem Titel „Crónica de los festejos con que la Universidad de Granada ha celebrado el segundo Centenario
de D. Pedro Calderon de la Barca" erschien, enthält
eine Anthologie von Poesien zum Ruhme des Dichters, bei
dem, gleichwie bei Ovid, Alles, was er sagte, Vers war
(Et quod tentabat dicere versus erat), und außerdem
die kurze Rede des Rektors Dr. D. Santiago Lopez Argueta
und die eigentliche Festrede, die des Professors Don Leopoldo Eguilaz Yanguas. Der Enthusiasmus des Letztern
kennt keine Grenzen. Während der von der Universität
Valencia designirte Festredner Calderon's „La vida es sueño"
unmoralisch fand, wodurch er sich den Tadel der liberalen
Presse in der Stadt des Cid zuzog, stellt der granadinische
Professor Calderon in dem, was das Wesen des künstlerischen Schaffens ausmacht, im innern ethischen Element
über Shakespeare, Goethe und Schiller, ja über alle Dichter,
die je gelebt, da er seine Feder dem zeitlichen und ewigen
Glück seiner Landsleute geweiht. „Würde Calderon", ruft
der enthusiastische Granadiner aus, „den Beifall seiner
Landsleute erlangt haben, wenn er wie Aeschylus ihnen
im Schauspiel die Empörung des Geschöpfes wider seinen
Schöpfer in der Gestalt des Prometheus vorgeführt hätte?"
Auch gegen Goethe eifert der Professor aus der orientalischen
Stadt des Darro und Genil, der Alhambra und des Gene-
ralife, als gegen das Idol des, wie er sich auszudrücken
beliebt, „protestantischen, kalten, egoistischen und skeptischen
Deutschlands", und von Shakespeare sagt er: „Sein großes

Herz scheint ein weiter Kirchhof, eine einzige Wohnung der Trauer und der Thränen zu sein. In Hamlet's Seele sehe ich die der englischen Gesellschaft wiedergespiegelt, die in sich selbst koncentrirt, kalt, berechnend, oft eine Beute tödlicher Angst, ohne Glauben und ohne Hoffnung, aber so leidenschaftlich=energisch, daß sie bei der ersten Spur des Widerspruchs und der Enttäuschung wie ein glühender Krater ausbricht, der seine Eingeweide ausspeit". Und schließlich sagt er von unseren großen Dichtern, denen grade Calderon's Ruhm in Deutschland und selbst in Spanien so viel verdankt: „Da der religiöse Glaube jener großen deutschen Dichter null war, könnten sie jemals ohne andere Vorzüge als die der technischen Vollendung ihrer Werke mit dem auserlesenen spanischen Dramatiker, diesem Muster christlicher Tugenden, wetteifern?"

Wenden wir uns von Granada lieber zur Stadt des Tormes, zur Universität Salamanca, deren Festschrift: „Discursos y poesías leidos el dia 25 de Mayo de 1881 en el paraninfo de la Universidad literaria de Salamanca en honor del insigne poeta dramático Don Pedro Calderon de la Barca con ocasion del segundo Centenario de su muerte" bei der Vergleichung des ‚Mágico prodigioso" mit dem „Faust" nicht bloß dem Theologen von Madrid, sondern auch, wenigstens zum Theil, dem Dichterfürsten des Musenhofes in Weimar gerecht wird. Wohl geziemte es nächst Madrid der Universität Salamanca das Wort zu ergreifen, denn ihr Ruhm ist mit dem des Calderon auf's Innigste verbunden, aus ihrer Aula ging er hervor, um der Herrscher des spanischen Theaters zu werden. Zwei Reden enthält die salmantinische Festschrift, die des Professors der Literaturgeschichte

Dr. D. Francisco Sanchez de Castro und die des Licen=
tiaten Dr. D. Gerardo Vazquez de Parga y Mansilla. Der
Erstere sagt unter Anderem: „Als Charakter, als Gemälde,
ist Hamlet staunenswerth, aber als Idee, als Symbol, steht
Segismundo höher. Hamlet geht durch Finsterniß in den
Abgründen des Zweifels. Das Grab ist für ihn ein
Räthsel, die Wiege ebenso und ebenso das Leben. Vom
Widerstreit der Ideen und wirren Gedanken erfüllt, irrt
er herum, den Verdammten des Dante gleich, vom Wirbel=
winde mit fortgerissen; er weiß nicht, was er will, noch
wohin er geht; der blinde Zufall führt ihn, und er verliert
sich in den endlosen Wüsten der Narrheit. Segismundo
ist ebensowenig ein Mensch, er ist der Mensch, aber der
Mensch, der Gott empfindet, die Unsterblichkeit sieht und
den freien Willen bekennt. . . . Hamlet ist, in Einem Wort,
der Mensch, der leidet und zweifelt, Segismundo der Mensch,
der kämpft und hofft.“ Der Professor schließt mit den
schönen, eines Festredners würdigen Worten: „O wahrhaft
königlicher Dichter! Möge eine kleinliche und oberflächliche
Kritik die Fehler Deiner Werke entdecken! Indeß wird sich
unser Herz an ihren entzückend herrlichen Schönheiten be=
geistern, und unsere Sprache wird Dich den Ruhm des
Jahrhunderts nennen, das Dich hervorgebracht, des Volks,
das Dich verstanden, des Vaterlandes, das Dir seinen Adel
gegeben, der Religion, die Dir ihren Geist eingeflößt, und
des Menschengeschlechts, das Du durch Deine Schriften
und Deine Tugenden ehrst.“

Der andere salmantinische Professor, Gerardo Vazquez
de Parga y Mansilla verkündet das Lob Salamanca's, der
Stadt, in der Fernando de Rojas die Celestina vollendet,
in der Juan de la Encina und Lucas Fernandez, die zur

Schöpfung des spanischen Theaters beigetragen, erzogen wurden, und begeistert sagt er von den spanischen Dichtern: „Der religiöse Glaube, der unsere Väter antrieb unter ihr siegreiches Schwert den Nacken der Hagarener zu beugen und das Banner von Kastilien auf die Thürme der schönen Stadt der Nasriten zu pflanzen, unterwarf die Ehre der Herrschaft der Moral und die Liebe zum Weibe vergeistigend, welches die Germanen vergötterte, reinigte er die Eifersucht von den elenden Schlacken der Sinnlichkeit und schuf die ritterliche Welt, den Mittelpunkt höherer Seelen, aus welchem unerschöpfliche Inspirationen alle diejenigen empfingen, die sich bemühten, den beneidenswerthen Lorbeer der Volks= dichter zu verdienen." In dem Cyprian des „Mágico pro- digioso" erkennt der salmantinische Doktor den Studenten von Salamanca und in den Disputationen desselben mit dem Teufel eine lebendige Erinnerung an die akademischen Kämpfe. Den Vergleich zwischen dem „Mágico prodigioso" und dem „Faust" schließt er mit den Worten: „Der Größe des calderonianischen Dramas und der nicht geringern der Goethe'schen Tragödie entspricht ganz vorzüglich ein außer= gewöhnliches übernatürliches Ende, denn zu einer Handlung, welche die Mächte des Abgrunds treiben und beschleunigen, paßt eine übermenschliche Entwickelung, in welche die Mächte des Himmels direkt eingreifen. Als daher Cyprian, von den Krallen seines finsteren Feindes befreit, Dank dem Schutz, den ihm der Allerhöchste geliehen, das glorreiche Zeugniß des christlichen Glaubens abgelegt und sein Blut mit der keuschen Justina vergossen, verkündet der höllische Drache, wider Willen dem allmächtigen Befehle Gottes nach= gebend, das unaussprechliche Glück beider Märtyrer mit den Worten:

Und die Beiden mir zum Trotz
Sind gestiegen zu den Sphären,
Zu dem heil'gen Throne Gottes,
Leben dort im Reich, dem hehren.

Auch die Tragödie des deutschen Dichters, die wie das
Buch Hiob in den unzugänglichen Höhen beginnt, welche
der Ewige bewohnt, endet in den leuchtenden Regionen des
Himmels. Die Engel, die in ihren reinen Händen die
Seele des Faust tragen, führen sie inmitten der Gesänge
der unsterblichen Chöre vor den Herrn; und jener arme
Sterbliche sieht sich erlöst inmitten des Lichtes der gött=
lichen Gnade und des reinen Glanzes der unbefleckten
Jungfrau, deren Mitleid die reuigen Sünderinnen anrufen,
indem sie ihre Klänge mit denen des süßen Hymnus ver=
einen, der, an die hohe Königin des Himmels gerichtet, an
Lieblichkeit mit dem Liede wetteifert, das so anhebt:

Vergine saggia e del bel número una
Delle beate Virgine prudenti;
Anzi la prima, e con più chiara lampa
O saldo scudo dell' afflité genti
Contra colpi di morte di fortuna.

Mit den Gesängen des Himmels vermischten sich in
dieser schönen Scene die Gebete der Erde, und mit den
Tönen der Engel die flammenden Seufzer der Mönche, die
von Liebesextase hingerissen, lassen uns für einen Augen=
blick die philosophischen Verirrungen des Dichters vergessen
und scheinen inspirirt von den feurigen Worten der sera=
phischen Doktorin von Avila (der heiligen Therese) oder
von jenen Versen, die das Feuer der mystischen Liebe offen=

baren, welches die Brust der klugen Tochter des großen
Lope de Vega, der Sor Marcela de S. Félix, entflammte:

> A mi amado le digan
> Que aquí me tiene,
> Y que trate á su esclava
> Como quiere.
> Díganle que le busco
> Sólo por amor,
> Sin que quiera más precio
> Que verme penar.

> (Man sage dem Geliebten,
> Daß sein ich harre:
> Er thu' mit seiner Sclavin
> Wie's ihm gefalle;
> Sag' ihm, daß ich ihn suche
> Aus Lieb' allein,
> Daß ich nicht andern Lohn will
> Als meine Pein.)

Goethe, obgleich von Einigen als skeptisch, von Andern
als heidnisch getadelt, sagte, daß Wissen und Glaube nicht
dazu dienen einander zu negiren, sondern sich gegenseitig
zu ergänzen, und im „Faust" zeigte er, wie, den Sonnen=
strahlen vergleichbar, die Strahlen der offenbarten Wahrheit
die Nebel durchbrachen, die sich vom Abgrund des Pan-
theismus zu den heiteren Höhen seines Geistes erhoben;
Calderon dagegen, der dem Glauben seiner Väter den vollen
Tribut zollte, bewies im „Wunderthätigen Magus", wie
der Achtung werth die legitimen Rechte der menschlichen
Vernunft sind."

Nicht auf die eben skizzirte Festschrift hat sich die Universität S a l a m a n c a beschränkt, sie hat als Calde= ron's „Madre literaria" ihm auch eine Ausgabe seiner ausgewählten Werke gewidmet.

Auch B i l b a o ehrte den Dichter, der in seinem españolismo von der spanischen Monarchie, obgleich die= selbe in seinen Tagen schon so sehr gesunken war, dennoch sagte, daß alle andern Reiche der Welt im Vergleich mit ihr nur ein Schatten:

> Que todos cuantos imperios
> Tiene el mundo, son pequeña
> Sombra muerta á imitacion
> De esta superior grandeza.*)

Das Ayuntamiento von Bilbao ließ nämlich in pracht= vollster Ausstattung eine Uebersetzung des „Alkalden von Zalamea" in's Baskische erscheinen, und zwar wählte der Uebersetzer, Luis de Iza y Aguirre, von den 4 Dialekten, in welche die baskische Sprache zerfällt, die biskainische aus.

Als Ein Name und Ein Gedanke die pyrenäische Halbinsel erfüllte, die Alles besitzt, Bogen der Imperatoren, Einsturz drohende Mauern der Feudalzeit Rosengärten, arabische Tempel und gothische Dome, wie war erst Madrid, die Hauptstadt des Landes entflammt, von dem R. Blanco Asenjo in einer von mir übersetzten Decime singt:

> Land des Volks, das hochgemuth
> Gleich dem Römer und voll Feuer
> Gleich dem Mauren Abenteuer

---

*) Worte des Príncipe de Polonia am Schlusse des 2. Aktes in Calderon's „Sitio de Bredá.".

Liebt und hat Germanenblut.
Volk beschaulich und voll Gluth
Und das finster ist und lacht,
Und bei dem hat gleiche Macht
Ueber's Herz, das überschäumt,
Orients Mystik, welche träumt,
Leidenschaft, zum Brand entfacht!

Als ein Werk moderner spanischer Kritik über ihn der mehr als eine Person, der ein ganzes Zeitalter ist, sind die 8 im Círculo de la Union católica in Madrid von Spaniens jüngstem Professor und Akademiker, Don Marcelino Menéndez Pelayo, dem Autor der „Historia de los Heterodoxos Españoles" gehaltenen Vorträge hervorzuheben. Dieselben sind unter dem Titel „Calderon" im Druck erschienen und zerfallen in folgende 8 Theile: „Calderon y sus críticos", „El hombre, la época y el arte", „Autos Sacramentales", „Dramas religiosos", „Dramas filosóficos", „Dramas trágicos", „Comedias de capa y espada y géneros inferiores" und „Resúmen y síntesis".

Im ersten Vortrag sagt der spanische Kritiker, nachdem er von dem Enthusiasmus gesprochen, den August Wilhelm Schlegel's glänzende Lektionen hervorgerufen: „Wenn wir von Calderon nur den Inhalt seiner Stücke kännten, so würde unsere Bewunderung für ihn nicht groß genug sein; aber er wird schwach, wenn wir ihn in den einzelnen Theilen und in seiner Sprache lesen. Für einen ausländischen Kritiker, dem diese Mängel in der Ausführung nicht so in's Auge fallen können wie uns, muß Calderon ein Gott sein; aber von einem Spanier von gutem Geschmack gelesen, der da sieht, daß dort Alles angedeutet

und faſt Nichts zu vollkommener Entwickelung gebracht iſt,
muß er zwar Bewunderung, aber nicht fanatiſche Begeiſte=
rung erregen. Das Beſte und Schönſte im „Wunderthä=
tigen Magus" ſind die Daten, die Calderon aus der geiſt=
lichen Legende des heiligen Cyprian von Antiochien nahm.
Die Wahrheit deſſen, was ich ſage, wird man begreifen,
wenn man den „Wunderthätigen Magus" und den Goethe'=
ſchen „Fauſt" vergleicht, der auf einer deutſchen Sage
beruht, die lange nicht ſo poetiſch iſt wie die des heiligen
Cyprian. Juſtina iſt die Skizze, aber nichts weiter als
die Skizze eines großen Charakters. Gretchen dagegen,
ein vulgärer und ſelbſt realiſtiſcher Typus, wird ewig leben
durch die Vollendung, mit der ſie gezeichnet iſt. Für den
Genius gibt es keinen dürftigen, keinen unfruchtbaren Stoff,
ebenſowenig wie die großen Ideen allein genügen, um mit
ihnen große Dramen zu machen. Calderon's ſchwache
Seite iſt die Ausführung."

Derſelbe Kritiker ſagt in ſeinem Reſumé im 8. Heft:
„Calderon iſt ein idealiſtiſcher Dichter, aber nicht in dem
Sinne, als ob er den harmoniſch vollendeten Idealismus
der griechiſchen Tragödie oder der griechiſchen Skulptur
hätte, ſondern er hat einen Idealismus der Zeit und der
Race. Er iſt ein idealiſtiſcher Dichter, weil er alle proſai=
ſchen und niedrigen Seiten der menſchlichen Natur von
ſeinem Theater abſolut ausgeſchloſſen hat. Dagegen hat
er in's Licht geſtellt, idealiſirt und verklärt alles Große,
Edle und Hochherzige in der Geſellſchaft ſeiner Zeit. Das
iſt ſeine vornehmlichſte Größe. Deshalb iſt er zum Symbol
einer Race geworden und ſein Name iſt immer mit dem
Spanien's vereint; deshalb betrachtet man ihn überall als
unſern Nationaldichter par excellence. Und wenn man

einen Autor sucht, der in sich alle intellektuelle und poetische
Größe unseres goldenen Zeitalters in sich schließe und ver=
einige, so richten sich die Blicke unwillkürlich auf ihn, und
die Lippen nennen Don Pedro Calderon de la Barca.
Alle Qualitäten sind von den zu ihnen gehörenden Fehlern
begleitet. Deshalb hat die nationale Größe des Dichters
bis zu einem gewissen Grade seiner Universalität Abbruch
gethan. Viel von dem, was er in seiner Zeit gilt und
bedeutet, verliert er, wenn man es absolut und losgerissen
aus der Gesellschaft. für die er schrieb, betrachtet; daher
kommt es, daß er von all unseren Autoren derjenige ist,
der am meisten gealtert hat, und derjenige, dessen Werke
wir mit Ausnahme des „Alkalden" am wenigsten gern auf
der Bühne sehen, ebenso wie er auch derjenige ist, der uns
beim Lesen am meisten ermüdet. Und dennoch weist das
spanische Theater keinen größeren Namen auf.

Der Ruhm Calderon's ist mehr als der Ruhm eines
Dichters, es ist der Ruhm einer ganzen Nation, und so
lange die kastilianische Sprache gesprochen wird, so lange
noch etwas vom Geiste unserer Väter bleibt, so lange der
katholische Glaube nicht aus den Seelen flieht, so lange
sich in Kastilien ein Rest von Ehre, feiner Sitte und Ga=
lanterie erhält, so lange die Liebe als ein Kultus geschätzt
und nicht als ein bloßes Vergnügen der Sitte betrachtet
wird; kurz, so lange, wenn auch nur in wenigen und aus=
erlesenen Seelen, das Feuer wohnt, welches in der Brust
des „Standhaften Prinzen" glühte, oder die Frömmigkeit
und Inbrunst, die den Eusebio in der „Andacht zum Kreuz"
erfüllte, wird Calderon Bewunderer haben und immer wird
er betrachtet werden als eine der ruhmvollsten Zierden,
die Gott der spanischen Race verliehen."

Menendez Pelayo faßt Calberon in's Auge, sowohl nach seinem historischen Werth innerhalb des spanischen Theaters und der spanischen Gesellschaft des 17. Jahrhunderts, als auch nach seinem absoluten Werth in der dramatischen Literatur überhaupt. In ersterer Hinsicht nennt er Calberon die Krone des spanischen Theaters um der hohen Eigenschaften willen, die ihn allein schmücken. Diese sind: die Hoheit der ursprünglichen Idee seiner Werke, die Größe der Konception (in welcher Literatur gibt es einen Gedanken wie der in „Das Leben ein Traum"?), ferner der von ihm auf die Bühne gebrachte christliche Symbolismus, jene besonders in den Autos Sacramentales hervortretende Harmonie, welche das Wirkliche und das Ideale, das Sichtbare und das Unsichtbare, das Faßbare und das Unfaßbare, den Himmel und die Erde, diese Welt und die jenseitige umschlingt und Alles zur sicheren Einheit zurückführt, indem er Alles zum größeren Ruhm des wahren Gott Pan, das heißt des Leibes Jesu im Sakrament, beitragen läßt.

Der spanische Kritiker vergleicht Calberon mit Lope de Vega, Tirso und Alarcon, denen er in sekundären Eigenschaften nachsteht, und weist ihm dann seine Stelle in der Weltliteratur als die des Dritten nach Sophokles und nach Shakespeare an, obgleich ihm persönlich Calberon nicht so sympathisch ist wie andere spanische Dramatiker. „Aber", fügt er hinzu, „kein Name, den wir vorziehen möchten, nicht der des Lope, des Tirso oder des Alarcon, würde sich uns darbieten, umgeben von der Aureole des nationalen Ruhms, mit dieser Art von Vermischung des eigenen Geistes und des Geistes seiner Race, wie sie Calberon vollbracht, und die die Wurzel und Grundlage seiner Größe ist. Diese

Größe wird immer auf Kosten eines Theils der Persönlichkeit erkauft: immer muß man seine eigne Seele in den Ocean des Nationalgeistes untertauchen, „den Lauf der Jahrhunderte aufhalten", Dolmetscher und Echo der Menge werden, kurz, etwas dem ähnliches sein, was in den entlegensten Zeitaltern die ersten Gesetzgeber der in den Halbschatten der Fabel eingehüllten Völker oder die Autoren der ersten Epopöen gewesen. Und was diese in beginnenden Civilisationen, mit Sprachen, die noch in der Wiege, mit Literaturen, die noch in den Windeln, erreichten; was Dante in einer Civili=sation erreichte, die viel fortgeschrittener war, als die des Valmiki oder Homer, aber mit einer Sprache, die noch der künstlerischen Ausarbeitung widerstrebte, und mit noch äußerst rohen Formen, das war weit schwieriger im 17. Jahrhundert zu erreichen, als die kastilianische Sprache zu einer solchen Höhe gelangt war, daß viel eher ihr Fall zu fürchten als ihr größerer Fortschritt zu hoffen war, und als die Literatur durch eine lange Generation hervorragender Geister, von Garcilaso bis Cervantes und Lope, gepflegt worden. Natio=naler Dichter bis zu dem Grade geworden zu sein, in welchem Calderon es war, und es nach unserer großen epischen Poesie des Mittelalters geworden zu sein; der na=tionale Dichter par excellence, nachdem hier ein Lope, Cervantes und Tirso vorübergeschritten, das ist wirklich einer der wunderbarsten und beneidenswerthesten Triumphe, deren man sich in der Welt erinnern kann."

Was der Kritiker an Calderon rügt, sind die Fehler des spanischen Volks überhaupt, die in einer oder in der anderen Form in allen Epochen zum Vorschein kommen; Fehler, die das spanische Volk zu Grunde gerichtet und es immer zu Grunde richten werden, die allen Verfall ebenso

in der Poesie wie in der Redekunst herbeigeführt haben:
nämlich die „palabrería, la vana pompa del lenguaje, la
atencion más al enredo y al movimiento escénico que
á la paciente y laboriosa diseccion y análisis de un
carácter". (Das viel Worte machen, der leere Pomp der
Sprache, die Aufmerksamkeit, die mehr auf die Intrigue
und scenische Bewegung als auf die langsame und müh=
same Zergliederung und Analyse eines Charakters gerichtet ist.)

Nachdem so Viele in Calderon den Dichter, den Sitten=
prediger und großen Kenner des menschlichen Herzens und
seiner Zeit gepriesen, war es verdienstlich, ihn auch als
hablista, als ausgezeichneten Stylisten zu charakterisiren
und auf die philologischen Edelsteine aufmerksam zu machen,
die in die Harmonie seiner Strophen eingefaßt sind. Das
hat der Presbyter D. José Maria Sbarbi in dem beachtens=
werthen Aufsatz: „Calderon, hablista" im „Averiguador
Universal" vom 25. Mai 1881 gethan. Er schließt im
Gegensatz zu den Kritikern, die das Gezierte in Calderon's
Dramen tadeln, mit den Worten: „Wenn eines Tages die
spanische Sprache verloren gehen sollte, so würde man
sie in ihrer ganzen Fülle und Reinheit in den Schriften
Don Pedro Calderon de la Barca's finden."

Auch an dieser Stelle muß ich der Arbeit des unge=
mein fleißigen D. Angel Lasso de la Vega ehrend gedenken,
die unter dem Titel: „Calderon de la Barca. Estudio
de las obras de este insigne poeta, consagrado á su
memoria en el segundo centenario de su muerte" in
Madrid erschienen und die ich bereits in meiner Fest=
schrift: „Calderon de la Barca" citirt.

Außerdem aber hat Angel Lasso de la Vega auch eine
Apotheose Calderon's, eine loa: „Un sueño de gloria" ge=

dichtet, in der, von Thalia gerufen, die dramatischen Dichter
Spaniens, von Juan de Encina bis Moreto, ebenso wie die
volksthümliche Schauspielerin Ana de Andrade, erscheinen,
um Calderon's Ruhm zu besingen und Kränze vor seinem
Standbild niederzulegen. Thalia nennt den großen Dichter

> Ungelehrter und der Weisen
> Staunen, der bestreut die Bühne
> Mit den Perlen seiner Lippen
> Und mit seines Geistes Blüthen.

Besondere Erwähnung verdient auch das in Madrid
erschienene Büchlein: „Calderon de la Barca. Su vida y
su teatro. El segundo centenario de su muerte por
D. Pedro de Alcántara García."

Das Madrider „Memorial de Artillería" vom 25. Mai
1881 enthält einen längeren Artikel über „D. Pedro Calderon de la Barca und seine Zeit."

Während in Barcelona bald nach dem Calderonfest eine mit Holzschnitten aus dem 17., 18. und 19. Jahrhundert und schätzbaren Notizen geschmückte, ebenso geschmack-
volle wie billige Ausgabe Calderonianischer Werke unter
dem Titel: „Calderon segun sus obras, sus críticos y
sus admiradores y crónica del segundo centenario de
su muerte festejado en Madrid durante los últimos
dias de Mayo de 1881 por J. Alonso del Real" erschien,
ging aus der Offizin des Nicolás González in Madrid
ein wahres Prachtwerk hervor, betitelt: „Homenage á Calderon. Monografías. La vida es sueño," in welchem
die spanische Literatur, Kunst und Industrie Calderon ein
würdiges Denkmal gesetzt und sich selber geehrt haben. Die
Biographie des unsterblichen Dichters aus der Feder des

unermüdlichen Forschers D. Felipe Picatoste y Rodriguez bringt aus dem Archiv des Conde del Asalto neue Daten, was um so dankenswerther, als bisher uns im Leben Calderon's so Vieles dunkel war, da sein Biograph Vera Tasis aus den Mittheilungen von Calderon's Schwester Dorotea schöpfte, die von Jugend an in der Stille des Klosters gelebt und daher wenig von der Welt erfahren. In dieser neuesten Biographie Calderon's sehen wir, wie er, durch die Zufälle eines abenteuerlichen Lebens von der jugendlichen Korruption der Studenten von Salamanca, dem „Babylon der Philosophen und Theologen", zur Rohheit des soldatischen Lagerlebens und zur höfischen Leichtfertigkeit fortgerissen, vor dieser uns heute unbegreiflichen Mischung von Grausamkeit und Religion, von strengen Tugendgrundsätzen und entgegengesetztem Handeln, von tiefem Glauben und großer Heuchelei, zweifelte, ob das, was vor seinen Augen geschah, ein Traum seiner Phantasie oder Wirklichkeit war; aber wir sehen auch, wie er, mochte er nun das Eine oder das Andere glauben, dem klugen Rathe folgte, den sein hoher Sinn und sein edles Streben ihm eingaben und den er in den schönen Worten ausdrückte:

Quiero

obrar bien, pues no se pierde
el hacer bien, aun en sueños.

(Ich will gut handeln, denn das gute Handeln geht nicht verloren, selbst nicht im Traume).

Und wir sehen ihn zuletzt den Rath seiner Mutter, den er als Jüngling zurückgewiesen, als Mann von 51 Jahren, als sich ihm der Horizont zu begrenzen begann und die Bahn, die ihm noch übrig blieb, geringer war als die,

die er schon durchlaufen, befolgen und im Priesterstand, in der Zurückgezogenheit der Kapelle, Ruhe und Frieden nach sturmbewegtem Dasein suchen.

An die erwähnte Biographie reiht sich die Iconografía calderoniana von D. Pascual Millan an, und den Beschluß des Werkes, in welchem das Drama „La vida es sueño" sowie das gleichnamige Auto abgedruckt sind, machen kritische Betrachtungen von D. Rafael Ginard de la Rosa. Nur schade, daß in dem prachtvollen Buch, auf das die spanische Typographie stolz sein darf, gerade das erste Wort in „La vida es sueño" durch einen Fehler entstellt wird, denn es heißt nicht, wie man gewöhnlich in Spanien aussprechen hört, hipógrifo, sondern hipogrifo. So will es nicht bloß die griechische Etymologie, sondern auch Calderon selbst, wie aus folgender Stelle seines Auto: „La Lepra de Constantino" klar hervorgeht:

> Muera Constantino, pues
> Desigual el hado quiso
> Que siempre el ajeno triunfo
> Conste de ajeno peligro.
> Ménos piedad á los dioses
> Debo¡ oh alado hipogrifo.
> Que á tí.

Als eine werthvolle Gabe der Dichter muß ich das „Album Calderoniano" (Madrid 1881) bezeichnen, aber indem ich es durchblättere, frage ich vergebens: Wo ist Nuñez de Arce, wo ist Campoamor? Und wo ist der Andalusier José Velarde, den man den jungen Nuñez de Arce nennen könnte?

Doch an Gedichten fehlt es in diesem Album ebenso-

wenig wie an Artikeln in Prosa, und hebe ich unter diesen
den der geistvollen Verfasserin der Novelle: „Un viaje de
novios“, Doña Emilia Pardo Bazan, hervor. Von den
Poesien möchte ich noch die Romanze einer Dame, Doña
Julia be Moya, in meiner Uebertragung anführen:

An Calderon.

I.

Als in meinen ersten Jahren
Ich gehört „La vida es sueño“,
Die von Deines Dichtergeistes
Schöpfungen die allerhehrste,
Schien es mir als ob Dein Bildniß
Plötzlich auf die Bühne tretend
Lächelte vor dem Applause,
Den Dir dargebracht die Menge,
Und „Warum bist Du gestorben,
Calderon?“ sprach ich und seufzte.

II.

Jahr auf Jahr ist hingegangen,
Und begreifend Deine Werke
Sah ich, wie mit Recht die Welt Dich
In die Reih'n der Genien stellet,
Die uns auf der Bühne zaubern
Ein Gemälde, das unendlich,
Ein Gemälde, drauf erscheinen
Blinder Erbensöhne Kämpfe,
Die nach ew'gem Glücke suchend,
Finden nur den Gram, der ewig.

III.

O Prometheusfabel, Schöpfung
Du des Aeschylus, des Hehren!
Wiederschein von Dir ist Hamlet.
Und in Segismundo lebst Du;
Geier ist der Zweifel, und, von
Ihm verwundet, mengt der Menschen
Fühlen Beides, Sein und Nichtsein,
Denn es ist ein Traum das Leben,
Tod Geheimniß unergründlich;
Sterben? . . . Schlafen . . . oder wen'ger;
Es ist Nichts vielleicht der Anfang,
Und das Nichts vielleicht das Ende.

IV.

Calderon, da Dein Gedächtniß
Heut' in niegeseh'nen Festen
Ehrt das Vaterland, Dein Bildniß
Seh' ich jetzo sich erheben,
Und mir däucht selbst, daß ich höre
Deiner Stimme lieblich Sprechen:
„Ja ich lebe: die Gedanken
Leben dort in meinen Werken,
Und es ist der Geist, der schaffet,
Eine Leuchte, die unsterblich!"

Vielleicht ist in Spanien noch manches Mittheilens=
werthe über Calderon erschienen, was mir nicht zu Gesicht
gekommen, aber das Augeführte genügt, um darzuthun, daß
das Land, das ihn erzeugt, ihn erkannt und geehrt hat.
Ich aber bin mit Freuden, wie in meiner „Walhalla" der

Herold deutschen Ruhmes in Spanien, in diesem Büchlein
der Herold spanischen Ruhmes in Deutschland gewesen, und
jetzt, da ich die Beschreibung des Calderonfestes vollendet,
möchte ich nur noch den Wunsch ausdrücken, daß mein lieber
Freund D. Luis Vibart, der so kräftig einer Cervantesfeier
in Spanien das Wort redet, bei diesem edlen Aufruf den=
selben Erfolg haben möge wie bei dem von ihm und D. Ma=
nuel Maria José de Galbo angeregten, vom König von Spa=
nien, der ganzen spanischen Nation und Calderon's Ver=
wandten großartig gefeierten Calderonfest.

Mit welchen Worten aber könnte ich besser schließen,
als mit denen des Helden meines Büchleins, des großen
und zugleich so bescheidenen Dichters, der in seiner Komödie
„El acaso y el error" sagt:

> A vuestras plantas rendidos,
> Nos ponemos suplicando
> Que lo que se escribe aprisa
> No lo murmureis de espacio.

(Und ich schließe mit der Bitte
Und ich scheide mit dem Gruße:
Was geschrieben in der Eile,
Werd' verunglimpft nicht mit Muße.)

Anhang.

Die Beziehungen zwischen Calderon's „Wunderthätigem Magus" und Goethes „Faust."

Von der Akademie der Geschichte in Madrid
preisgekrönte Schrift

des

D. Antonio Sanchez Moguel,

verdeutscht von

Dr. Johann Fastenrath.

I.

(Das spanische religiöse Drama im ersten Drittel des 17. Jahrhunderts. — Die Heiligenkomödien. — Das Theater Calderon's. — Der „Wunderthätige Magus.")

Am Ende des ersten Drittels des 17. Jahrhunderts war der Verfall groß, in den in unserem Vaterland das religiöse Drama gerathen. Herausgeworfen aus dem Tempel, wo es entstanden und wo es Jahrhunderte lang dem Kultus und der Andacht der Gläubigen gedient; vom bittern Tadel gelehrter Männer verfolgt; in die corrales (Schauspielhöfe), auf die öffentlichen Plätze und zu den Gesellschaften wandernder Schauspieler verwiesen; in ungleichem Wettstreit mit dem weltlichen Drama, das für die Menge angenehmer und mehr nach dem Geschmack der Theaterdichter war, kann man wohl versichern, daß es, als der große Lope de Vega in's Grab stieg, d. h. 1635, auf der spanischen Bühne das kümmerlichste Dasein fristete. Nur die charakteristischen kleineren Stücke unserer religiösen dramatischen Literatur, unsere Autos Sacramentales, bewahrten die Volksgunst etwas mehr, besonders als Calderon's ausgezeichneter Genius und sein frommer Sinn ihnen neue Reize, neuen Zauber liehen.

Aber das religiöse Drama, das nicht bloß, wie diese, im Mysterium des heiligen Abendmahles seine Haupt= Inspirationen suchte, sondern auch in den heiligen Seiten des Alten und Neuen Testamentes, in den Legenden und Traditionen der Heiligen, in ernsten Gegenständen der Theo= logie und der geistlichen Geschichte; dies Drama, wiederholen wir, wurde kaum bei uns wie vordem gepflegt.

Unter der Regierung Philipp's III. theilten unter An= derem die frommen Neigungen dieses Monarchen dieser Art von Darstellungen einigen Impuls mit. Der „Phönix der Geister", der Patriarch unseres Theaters (Lope de Vega), der lebendig und mit so überlegener Einsicht stets dem Ge= schmack des Hofes und dem Wandel der Meinung folgte, warf sich einmal auf diese Bahn, indem er Alle mit seiner „Limpia Concepción" in Staunen setzte. Von dem Beifall, mit dem Madrid dieses Werk aufnahm, hat uns Tirso in seiner „Villana de Vallecas" die klarste Kunde bewahrt.

Auf diesem, wie auf allen Wegen, sind ihm (Lope) die Dichter gefolgt, die mit ihm den Lorbeer der Bühne theilten: Tirso selbst, Mira de Améxcua, Velez de Guevara, Mon= talván und so viele Andere, die uns als Frucht dieser Be= strebungen Werke wie „El condenado por desconfiado", „El esclavo del demonio", „La rosa alejandrina", „El divino portugués" und andere ähnliche hinterlassen.

Mit der Thronbesteigung Philipp's IV. änderte sich die Richtung des Theaters sehr bald. Ohne die früheren Hindernisse und bei dem verschiedenen Geschmack des neuen Königs wurde das definitive Uebergewicht des weltlichen Drama's eine Thatsache. Die burlesken Komödien, welche damals im königlichen Schlosse über Themen oder mit Per= sonen der heiligen Schrift, in Gegenwart und oft unter

Mitwirkung des neuen Königs improvisirt wurden, an denen unsere ersten Dichter theilnahmen und bei denen hohe Würden- träger zugegen waren, zeigen sehr deutlich, nicht bloß wohin das religiöse Drama, sondern die Ehrfurcht vor den heiligsten Dingen gekommen.

Ein Gleiches kann man von der Volksbühne, ebenso in Madrid wie in den Provinzen der Monarchie, sagen: „Wenn es nicht die Darstellung von Fabelhaftem, Erlo- genem, Liebesgeschichten, Intriguen, Erfindungen und Ereig- nissen ist, über die sich Geist und Verstand der Hörer wundern, so gefällt es nicht, und Niemand will es sehen", sagte der Doktor Jerónimo de Alcalá durch den Mund seines „Donado hablador" um die Jahre 1624 bis 1626.

Es beweist es auch die beschränkte Anzahl religiöser Komödien, die in dieser Zeit geschrieben wurden, die sich bei dem Autor, welcher deren am meisten verfaßt, höchstens auf den 4. oder 5. Theil der Summe seiner Theaterstücke beläuft — ein sehr beredtes Zeugniß für die geringe Schätzung, die sie beim Volke genossen, für das sie sie schrieben und nach dessen Geschmack sie sich richten mußten, vorzüglich in einem so eminent volksthümlichen Theater wie das unsrige.

Was wir vom spanischen religiösen Drama im Allge- meinen sagten, hat eine besondere Anwendung auf eine seiner Gattungen, die zu andern Zeiten zumeist im Schwunge war, die Heiligenkomödie, vor Allem die der heiligen Märtyrer. Vorbilder in Handlung, gemeinschaftlicher Stoff mit den Themen der heiligen Schrift, unserer volks- thümlichen Autos, das Uebergewicht der bloß sakramenta- lischen wie des weltlichen Drama's einerseits, und anderer- seits der heftige Krieg, den Uebermaaß und Mißbrauch der

Theaterdichter hervorrief, zogen ihnen die Verachtung, dann die Strenge des Gesetzes und später den Tod zu und mit ihm den jeder Art religiöser Darstellungen, einschließlich selbst der Autos Sacramentales.

„Die Komödien sind nicht geeignet, die Heiligen zu ehren" hatte vor Jahren als Ueberschrift des ganzen Kapitels, welches er gegen die Heiligenkomödien seiner Zeit schrieb, voll Entrüstung in seinem „Buch gegen die öffentlichen Spiele" der ernste und gelehrte Mariana drucken lassen.

Keine vollendetere Schilderung des Zustandes, in den die Heiligenkomödien am Ende des ersten Drittels des 17. Jahrhunderts gekommen, als die, welche uns das unumstößliche Zeugniß eines Priesters darbietet, der zugleich Komödiendichter und Autor von Heiligenkomödien war, der berühmte Verfasser von „El condenado por desconfiado", Tirso de Molina. In der Widmung an D. Luis Fernandez de Córdoba y Arce, Señor de la villa del Carpio, der Widmung der Novellensammlung, die er „Deleitar aprovechando" betitelte, welche in dem schon erwähnten Jahre 1635 gedruckt wurde, sagt er, daß er daran gedacht hatte, dem Theater in 3 Komödien die Gegenstände anzuvertrauen, die er in diesen Novellen behandelt, nämlich Heiligengeschichten, „kaum aber habe sein Gedanke die Komödie in Betracht gezogen, als er selbst zurückscheute und ihn (Tirso) aufmerksam machte, wie leicht das Theaterpublikum, allen Heiligengeschichten abgeneigt, ihnen mit frecher Abweisung drohe, die bald vom Neide, bald von Unbildung, wenn ein Unterschied zwischen beiden ist, veranlaßt wird; er (der Gedanke) zeigte ihm warnend die Ungewißheit des Erfolges, das Gefährliche der Schaustellung

von Zimmermanns= und Maler=Kunststücken *), zu denen wie
zum Klosterpförtner die Armuth an Erfindung und Gedanken
ihre Zuflucht nimmt; den geringen Glauben, den die wahren
Thatsachen finden, in Folge der erlogenen Zusätze, welche
bei solchen Stoffen die Musen beifügen, sintemal es keine
Komödie dieser Art gibt, in welchem die Dichter nicht
Wunder von ihrem eigenen Gewächs anbringen, mehr als
ein „Flos Sanctorum" **) enthält, wenn sie ihnen nur für
die Maschinerie und Dekorationen zu paß kommen, ohne
daß ihnen die Verurtheilung einen Skrupel macht, welche
das allerheiligste Tridentinische Konzil gegen die ausspricht,
welche nie geschehene Wunder erdichten; und endlich fühle
er (der Gedanke) sich auch ängstlich, weil er wisse, wie kurze
Zeit das Angedenken der gefeierten Männer dauert, die
auf diesem Wege vor das Publikum treten, denn dessen
größte Dauer ist in der Residenz vierzehn Tage, und an
andern Orten drei oder vier, und nach drei Jahren liegen
die geschriebenen Hefte, wenn's hoch kommt, unter den Bündeln
irgend eines Händlers."

Zwei Jahre später, 1637, wurde nicht eines Theologen
oder Priesters, sondern eines Soldaten Werk, auf dem
öffentlichen Platze eines kleinen Fleckens von höchstens tausend
Einwohnern, und nicht in den Theatern der Residenz, zum
ersten Mal eine der werthvollsten Heiligenkomödien unserer
sowie der ausländischen Literatur: „El Mágico Prodigioso" von D. Pedro Calderon de la Barca

---

*) Das heißt der bei Comedias divinas nöthigen Maschinerien
und Dekorationen. Das Bild ist nicht exakt: es meint: die Armuth, die sich wegen der Klostersuppe zum Pförtner drängt.
                                    Anmerkung des Uebersetzers.
**) Bekannte Sammlung von Heiligengeschichten.

aufgeführt. Einige Jahre früher war in der ärmsten Wiege eines Gefängnisses, auch als Sohn eines Soldaten, der Ingenioso Hidalgo de la Mancha geboren worden.

Mag es Zufall sein oder nicht, Calderon ist von unseren größten Dichtern der Einzige, der uns ein reiches und mannigfaltiges Repertoire von religiösen Komödien aller Art hinterlassen. Nicht war dies für ihn, ebenso wie für seine Vorgänger und Zeitgenossen, die Gattung, die er mit Vorliebe pflegte, denn von den hundertundsoviel Komödien, die er, wie wir wissen, geschrieben, gehören 24, d. h. kaum der vierte Theil, der reinreligiösen Dichtung an; aber sie genügen, um unsere Behauptung vollauf zu beweisen. Bald biblisch, wie „Júdas Macabeo" und „La gran Cenobia"; bald marianisch, wie „La Vírgen del Sagrario" und „La Aurora en Copacavana"; die Einen wie „La Exaltación und La Devoción de la Cruz" dazu bestimmt, die Andacht zum Kreuze zu fördern,

> el madero soberano,
> iris de paz que se puso
> entre las iras del cielo
> y los delitos del mundo;

> (Dieses Holz, das allgewalt'ge,
> Friedensiris hingestellt
> Ward es zwischen Himmels Zürnen
> Und die Sünden dieser Welt;)

während Andere zum Thema das Leben der Heiligen haben, wie „San Bartolomé" und „Santa Eugenia", oder Gegenstände der religiösen Geschichte, wie „La Cisma de Inglaterra", sind die religiösen Komödien Calderon's, unseres in

allen seinen Aufgaben begeisterten und tiefen Dichters, Denk=
male zugleich der reinsten und geläutertsten katholischen Lehre
und der erhabensten dramatischen Poesie.

Durch das Prisma eines anderen religiösen Glaubens
mit vorschnellem und engherzigem Urtheil betrachtet oder
den literarischen canones einer unpassenden Vorschrift unter=
worfen, können sie anders erscheinen. Nur Sektirer und
gewöhnliche Kritiker werden so etwas thun. Große Dichter,
wie der englische Pantheist Shelley und der deutsche Pan=
theist Goethe, werden trotz ihrer philosophisch = religiösen
Meinungen die außerordentlichen Schönheiten des calbero-
nianischen religiösen Drama's fühlen und verstehen können.
Kritiker wie Lessing, wie Schlegel, werden treffend die poetischen Eigenschaften des Madrider Dichters zu beurtheilen
wissen.

Der „Wunderthätige Magus" kann mit Recht, wenn
nicht an der Spitze der religiösen Komödien Calberon's
(denn dieser Punkt ist hier nicht zu erörtern), doch wenigstens
an der Spitze seiner Komödien heiliger Märtyrer stehen.
Abgesehen von „La Perla Preciosa" (der heiligen Margaretha),
in der bloß der dritte Akt von Calberon ist und die übrigen
von Zabaleta und Cáncer, übertreffen „Las Cadenas del
Demonio", „Los Dos Amantes del Cielo", „El José de
los Mujeres" und „El Purgatorio de San Patricio", sei
es in religiöser, sei es in literarischer Beziehung, weder an
religiöser Tiefe noch an künstlerischer Schönheit den „Wunder=
thätigen Magus."

II.

(„Der Wunderthätige Magus": fein Inhalt. — Ver=
meintliche Quellen. — Sauftfage. — „El Hermitaño
Galán." — Comedias de mágia).

Es lebten in Antiochien eine chriftliche Jungfrau und
ein heidnifcher Jüngling: ihre Namen: Cipriano und Juftina.

Con penitencias ella
camina á ser tan santa como bella;
con ciencia él peregrina,
hasta hallar la verdad de un Dios camina.

(Mit Büßen fucht auf Erden
So heilig fie gleichwie fie fchön zu werden;
Er fucht im Wunderbaren
Des Wiffens nach dem Gott, dem einzig wahren).

Weder das Eine noch das Andere mußte fehr nach
dem Gefallen des Teufels fein, der uns diefe Thatfachen
berichtet. Es ift daher natürlich, daß er hinzufügt:

Y así á los dos me importa
(si tanto fuego este volcán aborta)
alterar en su estado
á ella, para que pierda lo ganado;
y á él, porque no lo adquiera
con su sutil ingénio; de manera
que pretendiendo el cielo
de aquélla acrisolar virtud y celo,

y déste ingenio y ciencia.
Dos licencias me da en una licencia.*)

(Drum möcht' ich in den Zweien —
Wenn so viel Feuer der Vulkan kann speien —
Den Zustand anders schaffen,
Um ihr, was sie gewonnen, zu entraffen,
Und daß sein Geist, der seine,
Es nicht erlang', so daß als diese Reine
Der in dem Himmel droben
In ihrer Gluth und Unschuld wollt' erproben
Und Jenes Geist, den feinen,
Er zwei Licenzen mir gab in der einen).

Wie benutzt er dieselbe? Wie befördert er zugleich
das Verderben des jungen Philosophen und der christlichen
Jungfrau? Durch das direkteste und immer sichere Ver=
fahren: die Liebe. Wenn Cipriano Justina liebte, mit der
heftigen ungestümen Liebe dessen, der, ganz dem Leben der
Intelligenz hingegeben, das des Herzens nicht kennt, würde
er aufhören nach der Wahrheit der Wahrheiten, der Er=
kenntniß Gottes, zu forschen; er würde allein für seine Liebe
leben, eine um so lebendigere Liebe, je größer der Wider=
stand, eine blinde, wahnsinnige Liebe, die ihn, wenn die

---

*) Diese Verse gehören dem Monolog oder der Loa an, welche
der Teufel beim Beginn des calderonianischen Drama's recitirt,
die das Originalmanuscript hat und in allen Ausgaben unterdrückt
worden. Man sehe den Text des genannten Manuscripts, das sich
in der Bibliothek des Duque de Osuna y del Infantado befindet
oder die vorzügliche kritische Ausgabe dieses Textes von Alfred
Morel-Fatio (El Mágico Prodigioso . . . publiée d'après le
manuscrit original . . . Heilbronn, 1877.)

13*

Hoffnung auf die Wirksamkeit der natürlichen Mittel ver=
loren, dahin bringen würde, selbst um den Preis seiner
Seele, in den Mächten der Hölle, in den Zauberkünsten,
den Besitz des geliebten Weibes zu suchen. Wenn sie mit
solcher Leidenschaft und von dem geliebt wurde, der außer=
dem in seiner Person alle Vollkommenheiten zusammen,
Jugend, Schönheit, Adel, Vermögen, Verstand, Wissen ver=
einigte, wie war es möglich, daß Justina, eine Waise, ein
armes unschuldiges Mädchen, so großen Verlockungen und
so großem Zauber widerstände? Das Verderben Justina's
und Cipriano's schien somit sicher, der Sieg des Teufels
gewiß. Aber da geschieht gerade das Gegentheil. Denn
Justina zählte auf eine Macht über alle Mächte, die gegen
sie in's Feld gerufen, auf die unumschränkte Macht des
freien menschlichen Willens, mit dem sie die Versuchungen
des Fleisches und des Geistes wie die Macht der magischen
und höllischen Künste besiegt. Und Angesichts der offen=
baren Ohnmacht dieser Künste, Angesichts des erhabenen
Heldenmuths der heiligen Jungfrau, erlangt auch Cipriano
den vollen Gebrauch seiner Vernunft wieder, die ihn dem
Teufel entreißt und ihn vollständig dem Gotte Justina's
zuführt. Das Märtyrthum besiegelt den Triumph, den
Beide davon getragen, und schließlich verkündet der Teufel
seine Niederlage.

Dies in Kürze der Inhalt der Komödie D. Pedro
Calderon de la Barca's, die von ihrem Helden, dem Mago
oder Mágico Cipriano und von den Wunderwerken, die
dieser anwendet, um seinen Willen zu befriedigen, den Titel
„El Mágico Prodigioso" erhalten. Genauer bezeichnet,
könnte sie „El Mago Cipriano", „San Cipriano" oder
„Cipriano" schlechtweg heißen. Der allgemeinen Gewohn=

heit feiner Zeit folgend, glaubte Calderon fie beffer mit dem Namen der charakteriftifchen Eigenfchaft feines Helden in der Komödie, alfo der Magie, zu nennen, nach Art anderer feiner Heiligenkomödien, z. B. der der Santa Eugenia und der des San Crisanto und der Santa Daría, welche nicht die Namen der genannten zum Titel haben, fondern die eine den Titel: „El José de las Mujeres" die andere den: „Los Dos Amantes del Cielo".

Der heilige Cipriano und die heilige Juftina, Märtyrer von Antiochien, deren ruhmvollen Tod die lateinifche Kirche ebenfo wie die griechifche, die erfte am 26. September und die zweite am 2. Oktober feiert, find alfo die Helden des calderonianifchen Drama's, die poetifche Legende des Lebens und Märtyrthums diefer Heiligen der Gegenftand des Drama's; dies ift daher in keiner Weife eine phantaftifche Schöpfung, eine freie Erfindung des berühmten fpanifchen Dichters, fondern eine dramatifche Interpretation diefer Legende, die in Spanien wie in der ganzen katholifchen Welt populär und eine der fchönften der chriftlichen Heiligengefchichte ift.

Unglaublich fcheint es, daß diefe fo zu fagen elementaren, einfachften Wahrheiten — denn fie zu erlangen genügt das bloße Gegeneinanderhalten des Drama's Calderon's und eines „Flos Sanctorum" oder irgend eines „Año Cristiano" — fich der klaren Intelligenz Gebildeter, wie der Engländer Lewes und der Portugiefe Vasconcellos, bis zu dem Grade haben verbergen können, daß beide förmlich verfichern, das Calderon'fche Drama fei „eine Interpretation der Sage vom Doktor Fauft!" Da wir von diefer Sage an anderer Stelle zu reden haben, fo ift es hier nicht am Platz, uns bei der Widerlegung folcher Irrthümer aufzuhalten, fondern bloß ihre Exiftenz kundzuthun.

Ob sich Calderon direkt in der Legende der heiligen
Märtyrer von Antiochien begeistert oder in einer Wieder=
spiegelung derselben, in irgendeinem andern Drama oder
einem früheren ähnlichen Werke, das sind Dinge, die er
uns nicht gesagt hat und welche die Nachlebenden bis jetzt
noch nicht zu ermitteln vermocht haben.

Nicht bloß der „Wunderthätige Magus", sondern auch
die übrigen calderonianischen Komödien befinden sich in
diesem Falle. „El Purgatorio de San Patricio" bringt
am Schlusse ein langes Verzeichniß von Autoren,

> Para que con esto acabe
> la historia que nos refiere
> Dionisio el gran Cartusiano,
> con Enrique Saltarense,
> Cesario, Mateo Rodulfo,
> Domiciano Esturbaquense.
> Membrosio, Marco Marcelo.
> David Roto, y el prudente
> primado de toda Hibernia
> Belarmino, Beda, Serpi,
> Fray Dímas, Jacob Solino.
> Mensigano, y finalmente
> la piedad y la opinion
> cristiana que lo defiende;
> porque la comedia acabe
> y su admiración empiece.

Aber, wie man sofort bemerkt, kommen diese Namen hier
in Betracht, nicht als Werke, die der Dichter zu Rathe ge=
zogen, um die Komödie zu schreiben, sondern als Autori=
täten, die er anführt zur Stütze der frommen Tradition,

die er in seinem Werke entwickelt, und vielleicht in der
Voraussicht, daß einige Stellen in demselben, wie die Be=
schreibung und das Hinabsteigen des Ludovico in's Fege=
feuer, von einem weniger leichtgläubigen und naiven
Publikum gehört würden, als dasjenige, für welches Jahr=
hunderte früher der florentinische Dichter die göttlichen
Seiten seiner „Göttlichen Komödie" bestimmte. Die Damen
und Kavaliere, und selbst die Mosqueteros, welche den
corrales beiwohnten, waren sehr verschieden von den ein=
fachen Leuten, die erschraken, wenn sie Dante trafen,
und mit dem Finger auf ihn weisend sagten: „Der ist in
der Hölle gewesen."

Gerade die unmittelbare und wahre Quelle dieser
Komödie, großer Wahrscheinlichkeit nach der Autor, in dessen
Werk, unseres Erachtens, sich unser Dichter in, wenn nicht
ausschließlicher, doch hauptsächlicher Weise begeistert, kommt
in dem erwähnten Verzeichniß nicht vor: es war dies
Montalbán und sein Werk die „Vida y Purgatorio de
San Patricio", 1627 veröffentlicht.

Sollte dasselbe beim „Wunderthätigen Magus" der
Fall sein? Sollte dieser seine unmittelbaren Quellen in
einer früheren Komödie oder in einer aus der Zeit des
Calderon selbst haben? Wir unserestheils erklären frei
und ehrlich, daß wir keine einzige kennen, in der sich unser
Autor hätte begeistern können. Es kann sein, daß irgend
eins der Misterios, Representaciones, Autos oder Comedias vor Calderon denselben Gegenstand behandelt hat,
aber, da man dies bis jetzt nicht weiß, so gibt es keinen
Grund, Calderon die Priorität, deren er sich erfreut, streitig
zu machen. Sein Werk zeigt sich so ursprünglich, so frisch,
mit Einem Wort, so calderonisch, daß, wenn wir nicht,

wie wir es wissen, durch dessen eigenen Verfasser wüßten, von wem es ist, war, ein bloßer Blick auf seine Seiten genügen würde, es zu offenbaren.

Wir sind unsere Heiligenkomödien, so weit es uns möglich war, sorgfältig durchgegangen: in keiner einzigen haben wir unsere Heiligen gefunden. Noch mehr: wir haben ebensowenig in irgend einer eine gleiche Konception, gleiche oder identische Situationen gesehen. Daraus ergibt sich klar, daß San Cipriano und Santa Justina in unserem Vaterlande nicht die Berühmtheit erlangt haben wie andere Heilige, z. B. die heilige Katharina von Siena, der heilige Augustinus, der heilige Antonius von Padua, die heilige Brigitte, von denen Einige nicht bloß ein=, sondern zwei=, dreimal und noch öfter auf die Bühne gebracht worden, sei es von Autoren wie Lope, Moreto und Montalbán, sei es von Dichtern geringerer Qualität wie Diamante, Cañizares, Villayzán, Matos Fragoso und andere gleiche oder unbedeutendere.

Verschiedene magos oder mágicos haben auf unserer Bühne Berühmtheit erlangt, einige traditionell, andere rein phantastisch, in ernsten Komödien und in magisch=burlesken, wie „El Mágico Africano", „El Mágico Apolonia", „El Mágico de Cataluña", „El Mágico Segismundo" und „El Mágico de Salerno", die nicht weniger als 6 Theile hatte. Keins dieser Werke hat eine Verwandtschaft oder wesentliche künstlerische Analogien mit dem „Mágico Prodigioso."

Calderon war der Ruhm vorbehalten, der Erste und Einzige unserer Dichter zu sein, der auf unserem Theater die Namen Cipriano und Justina verherrlichte, sowie auch die Priorität auf dem modernen Theater der Welt, denn bis heute kennt man außerdem kein anderes Werk, das sich auf unsere Heiligen bezieht, als „The Martyr of Antioch" von Milman, ein Werk unseres Jahrhunderts und als solches um zwei Jahrhunderte später als das des Madrider Dichters.

Aber ist dieses Werk eine wahrhaft originelle Schöpfung oder vielmehr eine Nachahmung, oder ein Plagiat irgend einer andern Heiligenkomödie? Der sehr gelehrte Graf von Schack glaubte eine Aehnlichkeit zwischen diesem Werk und „El Hermitaño Galán" des Mira de Amézcua, aber nur in Dingen von geringer Wichtigkeit, zu bemerken. Indem sie seine Meinung in größerem Umfange als sie durften interpretirten und, ohne sich die Mühe zu geben, beide Werke zu vergleichen, sind sodann einige Kritiker dahin gekommen, daß sie das calderonianische Drama als inspirirt annahmen in dem, welches dem Doktor aus Guadix (Mira de Amézcua) zugeschrieben wird. So verbreitet ist diese Ansicht, daß wir sie nothgedrungen mit der Ausführlichkeit, die sie verdient, zu prüfen haben.

Auf zwei verschiedenen Arten finden wir sie ausgesprochen; die eine 1858 durch Mesonero Romanos in folgenden Ausdrücken: „Derselbe dramatische Dichter (Calderon) gibt in „La Dama Duende", „El Mágico Prodigioso", „El Escondido y la Tapada" und andern seines bewunderungswürdigen Repertoires zu erkennen, daß er durch „La Fénix de Salamanca", „El Hermitaño Galán", „El Galán Secreto" und andere des Doktor Mira de Amézcua inspirirt war." Die zweite Version im Jahre 1864 durch Valera versichert, auf Schack bezugnehmend, daß im „Mágico Prodigioso" sich viele „Reminiscenzen und Kopien" . . . von Mira de Amézcua befänden. Er führt darauf andere Nachahmungen und Kopien Calderon's von andern

Werken an und schließt: „Diese und andere Beobachtungen
beweisen wenigstens, daß Calderon, wenn er sie auch vielleicht
verbesserte, Inhalt, Charakter und selbst Situationen anderer
Dramen wiederholte."

Diesen Behauptungen setzen wir entschieden sofort fol=
gende andere entgegen:

1. Der „Hermitaño Galán" ist nicht von Mira be
Amézcua, sondern von Zabaleta, wodurch nicht bloß die
Sache sich ändert, sondern die Frage durch sich allein schon
ohne weitere Beweise gelöst wird, denn Zabaleta, der wahre
Verfasser jenes Werkes, hat es nicht bloß Jahre nach dem
„Mágico Prodigioso" geschrieben, sondern er hat seine bra=
matische Laufbahn und seine ersten Komödien 1644 zu
schreiben begonnen, das heißt 7 Jahre nachdem Calderon den
„Mágico Prodigioso" verfaßte.

2. Zwischen dem „Hermitaño" und dem „Mágico"
gibt es keine Beziehungen und keinerlei wesentliche Aehn=
lichkeit, sondern beide sind vollständig von einander ver=
schieden.

Der gelehrte Labarrera erwähnt in seinem wichtigen
„Catálogo biográfico y bibliográfico del antiguo teatro
español", als ob es ein und dasselbe Werk wäre, „El Hermitaño Galán", veröffentlicht im 10. Theil des „Nuevo
teatro de comedias varias de diferentes autores (Ma=
brid, 1658) und „La Mesonera del Cielo", gedruckt im
39. Theil der nämlichen Sammlung (Madrid, 1673), und
wird in den genannten Theilen das erste Werk dem D. Juan
be Zabaleta und das zweite dem Doktor Mira de Amézcua
zugeschrieben. Da er glaubte, es wären zwei Titel und
nur ein Werk, zwei verschiedenen Dichtern beigelegt, ent=
schied er sich nichtsdestoweniger für Keinen, sondern registrirte

es in gleicher Weise in dem Zabaleta=, wie in dem Mira de Amézcua=Artikel mit beiden Titeln und setzte ein Frage= zeichen am Rande, als ob er fragte, wer der wahre Ver= fasser und was der wahre Titel des Werkes sei. Wenn der fleißige Bibliograph bloß den Text des 10. und 39. Theiles gelesen hätte, so würde er ohne die geringste An= strengung, schon beim Ansehn der ersten Scenen, auf der Stelle bemerkt haben, daß diese Texte nicht ein und derselbe, sondern zwei verschiedene waren, und verschieden auch die Werke, wie ein Original verschieden von einer Umarbeitung.

In beiden Werken ist gemeinsam die Person eines Einsiedlers, Abraham im einen, Abrahamio im andern, der von der Welt und ihren Eitelkeiten zurückgezogen, und ebenso eine Nichte, Maria, die mit ihm lebt und Buße thut.

Die übrigen Personen weichen voneinander ab, ebenso wie die Geschichte des Einsiedlers und die der Nichte in beiden Werken verschieden ist.

Der Gedanke ist in beiden derselbe und beruht darauf, daß Maria aus ihrer Grotte geht und sich in die Welt begibt, von einem Liebhaber verführt, der sie dann verläßt: daß sie in Folge dessen sich der schrecklichsten Prostitution hingiebt, aus der sie der heilige Einsiedler rettet, indem er sich ihr vorstellt verkleidet als Galan und als einer wie so Viele, die Verkleidung abwirft und wieder sein Büßerhemd gerade in dem Augenblick anzieht, in welchem das junge Mädchen es am wenigsten erwartete, was die Bekehrung Maria's, ihre Rückkehr zur Grotte und später auch die Be= kehrung ihres Liebhabers und Verführers zur Folge hat, der zuletzt ebenfalls Einsiedler wird. In der Entwickelung dieser Idee weichen alle Situationen außer der des Ermi= taño galán sehr voneinander ab und sind durchgängig ver=

schieden, gerade wie die Person des Liebhabers und die übrigen, die im Werke vorkommen, was hier im Einzelnen auszuführen nicht am Platz ist. In der Komödie des 39. Theils ist die Hauptfigur Maria, weßhalb mit Bezug auf die Zeit ihrer Prostitution in einem mesón de mozas, in welchem sie die Hauptmesonera war, und als Antiphrase zu ihrer Bekehrung der Dichter sie „La Mesonera del Cielo" genannt hat. In der im 10. Theil veröffentlichten ist die Hauptperson nicht Maria, sondern der Eremit, und mit Bezug auf die Hauptscene, in welcher dieser vorkommt, nennt der Autor seine Komödie „El Hermitaño Galán". Welche von diesen Komödien hatte der andern als Muster zu dienen? Für uns ist kein Zweifel: die „Mesonera del Cielo" dem „Hermitaño Galán", denn Mira de Amézcua, welchem der Theil der Komödien, der sie veröffentlicht, sie zuschreibt, und dessen Styl im ganzen Werke sehr sichtbar ist, hatte sie nicht bloß geschrieben, sondern war schon 9 Jahre gestorben, bevor Zabaleta, ein Freund wie er war von Nachahmungen und Umarbeitungen, Komödien zu schreiben begann: der Doktor aus Guadix starb 1635, im selben Jahre wie Lope de Vega; Zabaleta schrieb seine erste Ko= mödie: „El Hijo de Marco Aurelio" 1644.

Weder die „Mesonera del Cielo" noch der „Hermi- taño Galán" bieten wirkliche Analogien mit dem „Mágico Prodigioso" dar. Die summarische Exposition, die wir von diesen Werken gemacht haben, genügt, um es voll- ständig bis zur Evidenz darzuthun, ohne Nothwendigkeit neuer Beweise. Wo sind diese „Kopien" und diese „Re- miniscenzen" im calderonianischen Werke? Wie kann man sagen, daß er, um es zu schreiben, sich im „Hermitaño

Galán" „inspiriren" mußte, der wenigstens sieben Jahre
nach seiner Komödie verfaßt wurde?

Derselben Klasse gehören viele andere Nachahmungen
und Plagiate an, die unserm Dichter in anderen seiner
Werke bis zu dem Grade zugeschrieben werden, daß man
sagt und wiederholt, er müsse mehr als „Vervollkommner"
fremder Entwürfe und Gedanken, denn als „Erfinder" be=
trachtet werden.

Wenn sich also Calderon nicht in diesen Werken noch
in irgend welchen andern, die wir kennen, inspirirte, so ist
es klar, daß er sein Werk direkt auf die Legende unserer
Heiligen gründen mußte.

III.

(San Cipriano und Santa Justina in der morgen=
ländischen und in der abendländischen Kirche. — Aelteste
Denkschriften. — Die Legende unserer Heiligen. —
Specielle Denkmale, — Verschiedene Versionen. — Ver=
gleichendes Studium derselben.)

Da sie, wie die alten Berichte gemeinsam sagen, in
Antiochien geboren und in Nicomedia den Märtyrtod er=
litten, so war es erklärlich, daß San Cipriano und Santa
Justina eher in der morgenländischen als in der abend=
ländischen Kirche sehr bald glühende Verehrung und be=
sondere Berühmtheit genossen. Sie erlangten sie in der
That, das bezeugen klar die ältesten auf sie bezüglichen
Werke, von denen wir Kunde haben und deren Zeit uns

bekannt ist. Diese gehören dem 4. und 5. Jahrhundert
an; das Erste ist eine Homilie des heiligen Gregor von
Nazianz, das Zweite ein Gedicht der Kaiserin Eudoxia, der
Tochter des Sophisten Leontius und Gemahlin Theodosius II.
Jenes ist glücklicherweise auf uns gekommen, eingeschlossen
in den Schriften des Kirchenvaters; aber nicht so das
Gedicht der Eudoxia, von dem wir nur die sehr dürftigen
Notizen haben, die uns Photius Jahrhunderte später in
„Bibliotheca" hinterlassen.

Aber in der abendländischen oder lateinischen Kirche
mußte, nach den ältesten Denkschriften zu urtheilen, die wir
kennen, einige Zeit verfließen, bevor sie so bekannt und
verehrt wurden. Und zum Zeugniß der Wahrheit wird es
uns genügen zu sagen, daß ihrer weder alte Martyrologien
gedenken, wie das „Parvum Hieronymianum sive Martirologium dixeris", das dem berühmten Anachoreten von
Belén zugeschrieben wird, noch daß sie der große christliche
Dichter, der berühmte Verherrlicher der Märtyrer, unser
bewundernswürdiger Prudencio, besungen. Wohl besang
er einen Märtyrer Cipriano, aber nicht den von Antiochien,
sondern den berühmten Bischof gleichen Namens von Kar=
thago. Die erste Erwähnung unserer Heiligen, die wir
haben finden können, bezieht sich auf das 7. Jahrhundert
und ist in der Abhandlung des Aldhelm, Aldhelmo oder
Albelmo, Bischofs von Sherborne (England) enthalten,
die sich „De Virginitate seu de Laude Virginum" be=
titelt, und in der die Jungfräulichkeit Justina's und ihr
Heldenmuth in den Versuchungen, die ihre Reinheit auf
die Probe stellten, gepriesen wird.

In beiden Kirchen, der griechischen wie der lateinischen,
gehört das Leben unserer Heiligen ausschließlich dem Felde

der frommen Traditionen, dem Gebiet der Legende an.
Die wahre Geschichte, die positiven Thatsachen, die ursprüng=
lichen Berichte des Lebens und Märtyrthums dieser Heiligen
sind nicht auf uns gekommen. Alle Denkmale, die wir
kennen, selbst die ältesten, sind gleich legendenhaft. Und
da sie das sind, so gibt es kein einziges, das uns die
Legende unverletzt und rein erhalten. keins, das vollkommene
Aehnlichkeit, wenn nicht Identität, mit den andern bewahrt.

In der Homilie des heiligen Gregor von Nazianz, ob=
gleich sie das Werk eines so ausgezeichneten Kirchenvaters
ist und Zeiten angehört, die dem Märtyrthum unserer Heiligen
sehr nahe waren, verfällt man in so große Irrthümer, daß
man aus dem Cipriano aus Antiochien und dem Cipriano
aus Karthago einen Einzigen macht, der Magier ist und
in eine heilige Jungfrau verliebt, deren Verderben er
mittelst seiner magischen Künste sucht, wie der Erste, Kar=
thager und Bischof von Karthago ist, wie der Zweite; Irr=
thümer, in die nicht unser Prudencio verfiel, als er diesen
besang, ohne Zweifel weil sich in Spanien das Andenken
an den Prälaten von Karthago reiner erhalten hatte als
im Morgenland das an den Märtyrer von Antiochien.

Die legendenhaften Berichte über das Leben unser
Heiligen, von den ältesten bis zu den modernsten, in vielen
Punkten übereinstimmend, weichen indeß in einem Punkt
von höchster Wichtigkeit ab; dies ist nämlich die Liebe
Cipriano's zu Justina, über die sie uns zwei ganz ver=
schiedene Versionen darbieten, beide von altem Ursprung,
beide ebenso von der griechischen wie der lateinischen Kirche
gekannt, und die hier zu studiren von Wichtigkeit ist, denn
dieses Studium wird uns alsbald zu sagen haben, in

welcher der genannten Versionen wir die ursprünglichen Quellen des „Mágico Prodigioso" suchen müssen.

Die erste dieser Versionen, die wir wegen ihres größeren Uebergewichts in der morgenländischen Kirche die morgen= ländische oder griechische nennen wollen, ist uns durch Denk= male von relativ modernem Datum bekannt, die aber, wenn nicht in den ursprünglichen Quellen der Legende, wenigstens in denen inspirirt sind, die am besten bie den ältesten Berichten eigene Art bewahrt haben. Das erste Werk, in welchem wir diese Version niedergelegt gesehen, ist das „Martyro= logium", welches dem Benediktiner Notker oder Noclerio zugeschrieben wird, der um die Jahre 830 bis 912 blühte, und das zweite die „Vida" unserer Heiligen, ein Werk des 10. Jahrhunderts, das zum Autor den Simeón oder Simón Metaphrastes oder Metafrasto hat. Als dieser die in den Kirchen und Klöstern des Orients zerstreuten Lebensbeschreibungen einiger Heiligen kompilirte, schloß er in dieselben die unserer Heiligen ein, in denen er der genannten Version folgt, ein klarer Beweis, daß diese und keine andere in den Kirchen des Morgenlandes, wenigstens in den Zeiten des berühmten Hagiographen, die allgemeine war.

Die zweite Version, die wir zum Unterschied von dieser andern und aus gleichen Gründen, nämlich weil sie ihrerseits in der abendländischen oder lateinischen Kirche die allgemeine war, die lateinische oder abendländische nennen wollen, ist in zwei Hauptberichten enthalten, die zuerst griechisch geschrieben und dann an einem bis heute unbekannten Datum in's Lateinische übersetzt worden, gerade wie auch die Autoren und Uebersetzer unbekannt sind. Es sind nämlich die „Passio B. Cypriani et Justinae", die auch mit dem Titel „Conversio S. Justinae, virginis, et

S. Cypriani episcopi" bezeichnet wird, und die „Confessio
seu Poenitentia S. Cypriani." Von der ersten haben
wir bloß den lateinischen Text; von der zweiten den lateinischen und griechischen. Diesen Berichten verwandt ist auch
das „Martyrium Sanctorum martyrum Cypriani et Justinae"; da es sich aber bloß auf das Märtyrthum bezieht,
so hat es in diesen Studien geringe Wichtigkeit.

In dem ersten „Index librorum prohibitorum" der
katholischen Kirche, im Dekret „De libris non recipiendis"
des Pabstes St. Gelasius und unter den apokryphen
Büchern (opera spuria) sind verschiedene in dem Titel
„Opuscula Tascii Cypriani" einbegriffen, die nämlich dem
San Tascio Cecilio Cipriano, Bischof von Karthago, zugeschrieben werden. Und da zu den Werken, die lange Zeit
hindurch dem heiligen karthaginensischen Doktor fälschlich zugeschrieben wurden, weil man ihn mit dem von Antiochien ver-
wechselte, die „Confessio" gezählt wird, so könnte man wohl
glauben, daß diese im gelasianischen Dekrete inbegriffen gewesen, nicht wegen ihrer Lehre, sondern weil sie allgemein
einem Autor zugeschrieben wurde, dem sie nicht gehörte.
Wenn dem so ist, würden wir annehmen, daß dieser Bericht
schon um das Jahr 494 oder 96 in der abendländischen
Kirche circulirte.

Dem 8. oder 9. Jahrhundert gehört der erste aus
einer bestimmten Epoche an, den wir in der lateinischen
Kirche kennen: er ist in dem „Martyrologium" enthalten,
welches Einige Beda dem Ehrwürdigen und Andere dem
Floro, Diakon in Leon, zuschreiben. Mit seinem Alterthum
verbindet dieser Bericht das besondere Verdienst, in der
abendländischen Kirche in dem Grade angenommen worden
zu sein, daß ihn das „Martyrologium Romanum" repro-

ducirt. Mehr als 20 Ausgaben dieses Martyrologiums haben wir mit dem des Beda verglichen und können wir versichern, daß es vollständig und bis auf den Buchstaben diesem letztern Text folgt.

In gleicher Weise richtet sich das „Breviario" sowie das „Misal Romano" nach der im Martyrologium adoptirten Version, und dieser und keiner andern folgen die „Legenda aurea" des Giacomo de Voraggio, genannt Voragine, die „Flores sanctorum", der „Sanctorum Catalogus", mit Einem Wort, die lateinische Hagiographie. Das Martyrologium des Notker war augenscheinlich wenig gekannt und geschätzt. Und was den Metafrasto betrifft, so drang dieser bis zum 16. Jahrhundert, wo sich das lateinische Legenbarium vollständig gebildet hatte, nicht in das Abendland, erst durch das Compendium des Lebens der Heiligen des Mönchs Agapio, das 1541 in seinem „Liber dictus Paradisus" an's Licht trat. Die erste vollständige Uebersetzung des auf unsere Heiligen bezüglichen Berichts in's Lateinische war das Werk des Bischofs von Verona, Lipomano, und wurde in seinen „Sanctorum priscorum vitae" veröffentlicht.

Studiren wir jetzt vergleichsweise beide Versionen, und diese Vergleichung wird uns sagen, daß keine die Legende unserer Heiligen vollständig enthalten hat, daß sich aber die Auslassungen der einen in der andern ergänzt finden, daß sie sich gegenseitig vervollständigen und daß man auf diese Weise, wenigstens nach unserem bescheidenen Dafürhalten, versuchen kann, sie, wenn nicht mit vollkommener Sicherheit, so doch mit großer Wahrscheinlichkeit des Gelingens neuzumachen. Sehen wir, was an ihnen gemeinsam und was verschieden, in dem was das Wesentliche betrifft,

um auf diese Weise die allgemeinen und besonderen Merk=
male der Legende zu deduciren.

In beiden Versionen ist Justina dieselbe: eine antio=
chenische Jungfrau, Tochter heidnischer Eltern und Heidin
wie diese, die sich zum Christenthum bekehrt, wie hernach
auch ihre Eltern. In gleicher Weise will der Teufel, als
er die Tugend der christlichen Jungfrau sieht, sie verderben,
indem er die sinnliche Leidenschaft eines Jünglings jener
Stadt, mit Namen Aglabio oder Aglaibas, eingibt und be=
günstigt. Dieser nimmt auf Antrieb seiner Liebe, und da
er sieht, daß er nicht durch natürliche Mittel den Besitz
Justinens erlangen kann, zu den Zaubereien eines famosen
Magiers, genannt Cipriano, seine Zuflucht, damit ihm
dieser mit seinen magischen Künsten die Ausführung seiner
Gelüste verschaffe. Darauf ruft Cipriano die höllischen
Mächte an, und durch sie wird Justina von unkeuschen
Versuchungen verfolgt, die vergebens ihre Reinheit zu be=
flecken streben, denn mit ihrem Glauben und ihrem Ver=
trauen auf Gott gewappnet, tritt sie ihnen muthig ent=
gegen und überwindet sie mit unerschütterlicher Entschlossen=
heit und Festigkeit. Von Staunen erfüllt, fragt Cipriano
die Hölle nach der Ursache, die seine magischen Künste
machtlos macht, und erhält endlich zur Antwort, daß über
die Macht derselben die des Gottes der Christen geht, der
der Gott der Gerechtigkeit ist. Ihn bekennt Cipriano und
später, im Verein mit Justina, erringt er die Palmen des
Märtyrthums, triumphirend über die schrecklichen Prüfungen
und Qualen (welche die Erzählungen specificiren), denen
der unüberwindliche Glaube ihrer Herzen unterworfen wurde.

Aber wenn hierin beide Versionen übereinstimmen, so
gibt es einen wesentlichen, einen Hauptpunkt der Legende.

14*

in welchem sie von Grund aus abweichen, und dieser ist, wir haben es schon gesagt, die Liebe Cipriano's zu Justina.

In der morgenländischen Version ist unser Heiliger bloß ein Vermittler des Aglaidas, der aus Habsucht, als Kuppler, Schwarzkünstler, Hexenmeister oder gewöhnlicher Zauberer, seine magischen Künste anwendet, um Justina zu verführen, damit jener sie besitze, während in der abend=ländischen hier sein Werk nicht endet und dies nicht so beschaffen ist, sondern man kann sagen, daß es dann gerade anfängt, weil die Vermittlung, kaum begonnen, sich in Liebe, in ausschließliche Liebe zu Justina, verwandelt, und diese Liebe, um so lebendiger und verzweifelter, je mehr ihr Widerstand entgegengesetzt wird, das einzige Motiv ist, das ihn antreibt und dahin bringt, die Hilfe des Teufels an=zurufen, um für sich das zu erlangen, was er Anfangs für Aglaidas unternahm. Wie verschieden in beiden Versionen die Person des Cipriano erscheint, braucht nicht hervor=gehoben zu werden, da es von selbst einleuchtet. Und in diesem Falle ist das Recht vollständig auf Seiten der abend=ländischen; nicht bloß die Uebereinstimmung ihrer Texte sondern auch das obenerwähnte Zeugniß des heiligen Gregor von Nazianz verstärkt die Autorität, welche sie in diesem Punkte verdient.

Daher ist es nicht zu verwundern, daß diese Version in der abendländischen Lebensbeschreibung der Heiligen über die andere in dem Grade die Oberhand gewann, daß als untergeordnet die Figur des Aglaidas in der Legende ver=schwand, als wirklich und wahrhaft wichtig und wesentlich die Liebe Cipriano's allein übrig blieb und dieser nebst Justina die einzigen Personen der Legende wurden.

Die Abweichung, die wir unter den Versionen bemerkten,

will nicht sagen, daß sie verschiedenen Quellen entspringen, sondern daß sie, in den nämlichen inspirirt, deßungeachtet verschiedene Redaktionen und verschiedene Zeiten die histo= rischen Entwicklung derselben Legende darstellen. Auf andre Weise würde sich nicht die Uebereinstimmung erklären lassen, welche Beide in so vielen andern Punkten haben, und die Verschiedenheit, welche sie in diesem zeigen.

In den Tagen des Märtyrthums der Heiligen und in den unmittelbar darauf folgenden mußte die Liebe Cipriano's zu Justina sehr wenig in den frommen Berichten interessiren: das Hauptsächliche in diesen Berichten mußte nothwendiger= weise die Anwendung der magischen Künste sein, der sinn= liche Trieb, der sie in Bewegung setzte, die Versuchungen Justina's, ihre unbefleckte und triumphirende Reinheit, die Bekehrung des Magiers und das Märtyrthum Beider. Die Figur Justina's mußte über alle übrigen hervorragen und sie verdunkeln. Im Kampf des Heidenthums gegen das Christenthum, in welchem jenes in der Magie und in den höllischen Künsten, die ihm halfen, dargestellt war, und dieses in einer zarten Jungfrau, einem erhabenen Vorbild evangelischer Unschuld, mußte lauter zur Einbildungskraft und Frömmigkeit der Gläubigen die Gestalt Justina's als jede andere sprechen. Justina, gleich Agnes, Cäcilia, Katha= rina, Lucia, Eulalia, Dorothea, der Chor himmlischer Jung= frauen, die, über die Schwäche ihres Geschlechts erhaben, in den Tagen der Verfolgung und des Todes den Männern ein Beispiel gaben von Heiligkeit und von Heldenmuth, mußte in den hagiographischen Berichten im Vordergrund stehen. Daher ist es die morgenländische Version, die uns am besten den Geist der ersten Berichte überliefert, der entweder direkt oder in späteren Quellen sich erhalten konnte.

Dann, als jene Umstände vorüber waren, in Tagen, in denen die magischen Künste lebhaftes Interesse bei der Menge erweckten, mußte die Persönlichkeit des Magiers Cipriano ihren eigenen Platz in der Legende wiedererlangen und selbst im Vordergrund, als sich ihre ursprüngliche Natur schon geändert hatte. Daher kommt er in der „Confesión" fast als ein Zauberer vor, der von Ort zu Ort reist und seine Künste in Unternehmungen zeigt, die wenig mit seinem früheren Charakter übereinstimmen.

Seine unglückliche Liebe, seine Bekehrung, sein Märtyr=thum, so schön und dramatisch, konnten nicht umhin, die edlen Seelen zu rühren und in den Erzählungen die Wich=tigkeit zu erlangen, die ihnen zukam und die sie schon in den Ursprüngen der Legende hatten.

IV.

(Die Legende des San Cipriano und der Santa Justina in Spanien. — Aelteste Denkschriften. — Hispanisch=lateinische Hagiographie. — Kastilianische Hagiographie. — Gedruckte Berichte und Manuscripte.)

Lange bevor sich Calderon in der Legende unserer Heiligen inspirirte, war diese nach Spanien gedrungen. Wann und wie, an welchem Datum und in welchen Be=richten, das sind unentschiedene Fragen, die bis jetzt noch nicht einmal aufgeworfen worden.

Unserestheils können wir sofort versichern, daß ebenso wie unsere Heiligen nicht im „Peristefanon" des Prudencio einbegriffen sind, sie auch in unseren alten „Himnarios" nicht vorkommen und ebensowenig im „Breviarium gothicum" und im „Missale mozarabicum." Ein besonderes Fest, besondere Hymnen, die größte Verehrung und den feierlichsten Kultus verdiente mit Recht von alter Zeit her der heilige Cipriano von Karthago, ebenso wie im Leben den höchsten Respekt und das höchste Ansehen bei unseren Kirchen, für die er einer ihrer vorzüglichsten Doktoren war; aber vom Cipriano von Antiochien haben wir keine besondere Denkschrift aus diesen Zeiten in unserem Vaterland finden können.

Später hatten die einzelnen Breviarios unserer Kirchen, wenigstens die, die wir eingesehen haben, einige, wie das von Sevilla und das von Burgos, wie die von Coria und Siguenza, den Festtag unserer Heiligen; andere wie das Compostelanische, das von Lériba und die von Pamplona, Segovia und andern Diöcesen, begreifen ihn nicht in sich.

Die endgültige und vollständige Annahme des römischen Martirologio, Breviario und Misal versetzte Spanien in dieselbe Lage wie alle katholischen Nationen, und seitdem wird, wie bei diesen, jährlich das Fest des heil. Cipriano und der heil. Justina am 26. September gefeiert. Es braucht nicht gesagt zu werden, daß die Version der Legende, der man hier gefolgt, die in der Kirch- allgemeine, die abendländische oder lateinische sein mußte. Aber deshalb hörte doch die morgenländische oder die metafrastische nicht auf gekannt und selbst, wie wir sehen werden, von Einigen adoptirt zu werden.

Von den alten Berichten der Legende ist der einzige, von dem wir wissen, daß er in Spanien in Zeiten, die den gegenwärtigen verhältnißmäßig fern liegen, im Schwunge war, die „Passio Sanctorum Justinae et Cypriani", enthalten in einem Codex der Kathedrale von Toledo, von anonymem Verfasser, in der Schrift des 12. Jahrhunderts geschrieben, unter dem Titel „Acta et Passiones Martyrum", der glücklicherweise heute in der Bibliothek der genannten Kirche verwahrt wird. Dieser kostbare Codex hat außer der besondern Wichtigkeit, die er für die spanische Hagiographie hat, eine nicht minder große für die allgemeine der Kirche, wie für die specielle unserer Heiligen, wegen der Varianten der Redaktion, die er in Bezug auf die bis jetzt veröffentlichten Texte der Passio selbst enthält, Varianten, die, wie der Text selbst, bis jetzt unseres Wissens von keinem Hagiographen, die berühmten Bollandisten miteinbegriffen, bemerkt worden.

In der nämlichen Bibliothek wird ein anderer kostbarer Codex aufbewahrt, „Flores sanctorum" betitelt, der die Lebensbeschreibung unserer Heiligen enthält, die sich auf die erwähnte „Passio" gründet. Die Schrift ist französisch aus dem 13. oder 14. Jahrhundert, „per manus Petri Riambaldi Presbiteri oriundi de Ferratia", wie man am Ende des Codex selbst liest. Derselbe gehörte unserem berühmten Hagiographen Alonso de Villegas, wie in einer Anmerkung gesagt wird, welcher Umstand uns vermuthen ließ, daß dieser ihn für sein „Flos Sanctorum" benutzt haben würde, wie es in der That der Fall sein mußte und die Vergleichung beider Werke es auch vollständig bezeugt.

Andre Sammlungen von Lebensbeschreibungen der Heiligen und wichtige hagiographische Kompilationen des 13. und 14. Jahrhunderts, wie die „Legenda aurea" von Voragine und der „Catalogus Sanctorum" von Pedro de Natali oder Natalibus, bald Manuscript, bald nachher gedruckt, trugen dazu bei in unserem Vaterlande die Legende unserer Heiligen nach der abendländischen oder lateinischen Version, der diese Kompilationen allgemein folgten, mehr und mehr zu verbreiten. Das älteste Werk, in welchem wir die „Legenda aurea" erwähnt gesehen, ist der „Tractado del divinar e de sus especies" des berühmten Fr. Lope Barrientos.

Die griechische oder morgenländische Version drang viel später in Spanien ein, und zwar durch die lateinische Ueber- setzung des Lipomano, insbesondere durch die Ausgabe von Surius. In der Biblioteca de San Isidro haben wir unter den Büchern, welche der alten Bibliothek des Jesuitenkolle- giums gehörten, zwei verschiedene Ausgaben des Werkes: „De vitis Sanctorum auctore Aloysii Lipomani Episcopi Veronensis" und die surianische Ausgabe: „De Probatis Sanctorum historiis, partim ex Tomis Aloysii Lipo- mani, optima fide collectis per F. Laurentium Surium" sehen können, in der sich die „Vita et Martyrium S. S. Cypriani et Justinae, auctore Simeone Metaphraste" befindet.

An diesen Punkt gekommen, fragen wir: Gibt es außer den genannten lateinischen Texten in unserer Literatur einige kastilianische? Ein ausgezeichneter französischer Kritiker, Morel-Fatio, versichert uns kategorisch, sie vergeblich gesucht zu haben, da sogar unsere berühmtesten Hagiographen, wie Villegas und Rivadeneira das Leben unserer Heiligen nicht in ihre Sammlungen eingeschlossen hätten. Führen wir hier seine Worte selbst an: „Je me suis en quête de versions espagnoles de la vie de Saint Cyprien, espérant trouver dans l'une d'elles la source immediate de Cal- derón et expliquer ainsi certaines divergences du drame espagnol avec le texte traditionnel de Lipomanus. Malheuresement mes recherches ont été vaines. Ni Alfonso de Villegas, ni Pedro de Rivadeneira, qui sont les hagiographes espagnols les plus connus (je parle de ceux qui n'ont pas traité seulement des saints nationnaux) n'ont compris la vie de notre saint dans leurs recueils."

Als wir diese Zeilen zum erſten Male laſen, kannten wir zum Glück die ſpaniſche Hagiographie etwas, denn, wenn wir ſie nicht gekannt hätten, iſt es möglich, daß genannte Lektüre uns abgemahnt haben würde ihre Behauptungen zu beglaubigen, indem wir uns bei dem Wort eines ſo achtungswerthen und von uns geachteten Gelehrten vollſtändig beruhigt hätten. . Es iſt wahr, daß das Leſen der Worte weiter unten: „Peutêtre qu'un erudit, plus versé que moi dans cette partie de la litterature espagnole, saura trouver une version en langue vulgaire plus rapprochée de notre drame, que le texte latin de Lipomanus", den Eindruck verwiſchte, den die anderen Worte uns hinterlaſſen hatten.

Denn jedes „Flos Sanctorum", jedes „Año Cristiano", jedes ſpaniſche „Sanctoral" und in ſpaniſcher Sprache abſolut alle, folglich auch die von Villegas und Ribadeneira, welche Morel=Fatio, wie er ſagt, geprüft hat; alle, wiederholen wir, enthalten die Lebensbeſchreibung unſerer Heiligen. Bloß vor Calberon haben wir Kenntniß nicht von einem oder zweien, ſondern von wenigſtens 11, von denen wir 9 in der Hand gehabt haben, die Herr Morel=Fatio, wenn es ihm beliebt, nachleſen kann. Wir zweifeln, daß es eine andere Literatur gibt, welche in dieſem Punkte reicher iſt als die unſrige.

In dieſen kaſtilianiſchen Erzählungen iſt ebenſo die morgenländiſche wie die abendländiſche Verſion einbegriffen, mit dem bemerkenswerthen Unterſchied, daß, während eine einzige die erſte reprobucirt, die übrigen ganz der zweiten

folgen, ein neuer und evidenter Beweis, daß diese und nicht
jene immer die spanische Version gewesen ist.

Die morgenländische Version adoptirt der P. Riva=
beneira in seinem „Flos Sanctorum" oder „Libro de las
Vidas de los Santos." Daß der berühmte Jesuit den
metafrastischen Bericht kannte, welche lateinische Ausgabe
des Lipomano oder Surius er auch in der Hand gehabt
haben mag, erklärt Rivadeneira selbst. So sagt er, von
Justina sprechend: „Justina von Antiochien, Tochter des
Dusio oder, wie Metafrastes sagt, Edesio." Aber mehr
als Alles beweist es die Thatsache, daß er ganz jenem
Bericht und keinem andern folgt. So erzählt er uns, wie
der Teufel, der Justina verderben will, „deshalb einen
jungen reichen Wollüstling mit Namen Aglaïo antrieb, daß
er seine Augen auf Justina würfe, sich in sie verliebte und
sie durch alle Mittel, die blinde Liebe anzuwenden pflegt,
zu gewinnen suchte." Dann fügt er hinzu, daß Aglaïo,
als er das, was er wahnsinnig wünschte, nicht erreichen
konnte, „zu einem großen Zauberer und Schwarzkünstler
mit Namen Cipriano seine Zuflucht nahm: diesem ent=
deckte Aglaïo, was er von Justina begehrte." Cipriano
nimmt dies Unternehmen auf sich, ruft die Teufel an u. s. w.
u. s. w. bis er, besiegt und gebrochen, sich bekehrt. Und so
alles Uebrige, ohne daß sich unser Autor im Geringsten von
der metafrastischen Version entfernt und daher, dieser Version
entsprechend, auch nur die unbedeutendste Beziehung auf die
Liebe Cipriano's und Justina vorbringt.

Hier ist die so gesuchte und nicht gefundene spanische
Redaktion des metafrastischen Berichtes, die so leicht zu
finden, denn es gibt nichts Bekannteres noch etwas, das
mehr von Allen zu erreichen, als dieses „Flos Sanctorum"

von Ribabeneira, daß oft in unserem Vaterlande gedruckt, 4 mal vor dem „Mágico Prodigioso" (1599, 1601, 1604 und 1616) und in's Lateinische, in's Französische und Italienische übersetzt und daher allgemein bekannt.

Kommen wir jetzt zur abendländischen oder lateinischen Version und zu den kastilianischen Berichten, die in ihr inspirirt sind. Indem wir diese Berichte klassificiren, müssen wir sagen, daß Einige gedruckt und Andere Manuscript und bis heute unbekannt geblieben sind, denn wir haben sie in keinem Werk erwähnt gesehen. Dieser letzteren sind 4, alle in gleicher Weise von anonymem Verfasser. Der erste und älteste ist in einem „Santoral" enthalten, ohne Anfang und Ende, theils auf Pergament, theils auf Papier, in der Schrift des 15. Jahrhunderts, Kopie eines älteren Textes, nach seiner Sprache zu urtheilen, aus dem Ende des 13. oder dem Anfang des 14.

Hier eine summarische Darstellung dieses Berichts. Er beginnt mit den Worten: „Aquí comiença la ystoria de Santa Justina e san cebrian. Declaraçion de sus nombres." Hierauf folgt die Geschichte unserer Heiligen, zuerst die der Justina, welche „fué vírgen e de la çibdat de antiochia e era fija de vn sacerdote de los y dolos." Er erzählt ihre Bekehrung und die ihrer Eltern und fährt fort: „E aquesta virgen santa Justina fue mucho afincada de un encantador que auía nombre Cebrian . . . e aqueste Cebrian fué encantador desde su mocedat ca fue ofrecido de sus padres al diablo desde que habia siete años e muchas veces tornaba en bestias á las dueñas segunt parescia a los otros e a ellas facia cosas semejables por sus malas artes. E encendido en amor de la virgen Justina trabajaba mucho por su arte mala por la haber para si e para un estudiante

que auia nombre Agladio." Er erzählt dann seinen
Verkehr und seine Verträge mit den Teufeln, die Ver=
suchungen, mit denen Justina verfolgt wurde, die Bekehrung
Cipriano's und das Märtyrthum Beiber. In den apéndices
dieses Werkes kann man diesen Bericht so wie die übrigen
kastilianischen Berichte vollständig lesen, weshalb wir hier
bloß die eben mitgetheilte Probe geben, und nicht weniger
kurz müssen wir uns bei den übrigen fassen. *)

Den zweiten derselben in chronologischer Ordnung
haben wir in einem alten „Flos Sanctorum" gefunden,
auf dessen erstem Blatt man liest: „Estas son las Estorias
que son escriptas en este Libro é Colegio de los Santos."
Die Lesart dieses Werkes in dem, was sich auf unsere Hei=
ligen bezieht, hat so große Aehnlichkeit mit der vorher=
gehenden, daß sie eine Kopie von dieser scheinen könnte,
wenn nicht beide, wie sie es in der That sind, in gleicher
Weise mehr oder weniger treue und genaue Uebersetzungen
der „Legenda aurea" wären, wie die Vergleichung beider
mit dieser uns offenkundig zeigt. Führen wir hier die
Stelle an, welche der oben erwähnten entspricht: „E a esta
Justina virgen persiguiéndola mucho Cibrian en cabo
convertido ella a la fe ca este Cibrian de niño fue
grand Nigromantico, ca habiendo siete años, su Padre
e su Madre ofrecieronlo al Diablo; e este usaba de
Nigromancia e semejaba que tornaba las buenas dueñas
en bestias, e facia otros muchos encantamientos; e
habiendo grand amor de Justina la Virgen, tornose a

---

*) Wer sich für die „apéndices" näher interessirt, möge sie im
Werke des D. Antonio Sanchez Moguel selbst nachlesen. Den apéndices vorher gehen noch einige Anmerkungen, von denen ich nur
ein paar übersetzt habe.　　　Anmerkung des Uebersetzers.

sus encantamientos por que la pudiese haber por si
o por otro alguno home que le dirian Acladico."

Auf biesen Text, ber burch seine Rebaktion bem 14.
Jahrhunbert anzugehören scheint, folgt ein anberer eines
„Flos Sanctorum" in ber Schrift bes 15. Jahrhunberts
unb in ber Sprache bes nämlichen Jahrhunberts, mit ber
Geschichte: „De sant çebrian e santa iustina"; wie bie
vorhergehenben eine Reprobuktion ber „Legenda aurea",
wenn auch freier unb im Auszug. Der letzte enblich bieser
Manuscript gebliebenen Berichte gehört bem 16. ober bem
Anfang bes 17. Jahrhunberts an. Sein Verfasser, ber bie
metafrastische Version kannte unb bie lateinischen Ausgaben
von Surius in ber Hanb gehabt hatte, wie er uns sagt,
folgte nichtsbestoweniger ber abenblänbischen Version, wie
bie vorhergehenben, wenn er sich auch nicht wie biese in
ber hagiographischen Kompilation bes berühmten Domini=
kaners bes 13. Jahrhunberts inspirirte, sonbern vielmehr
wie wir haben bemerken können, in ber bes Pebro be Natali.

Inbem wir nun zu ben gebruckten Berichten kommen,
beginnen wir mit bem „Martirologio romano, traducido
de lengua latina en la Española, por el Padre Maestro
Dionysio Vazquez de la Compañia de Jesus" unb ver=
öffentlicht in Vallabolib im Jahre 1586. Dieser gelehrte
Jesuit kannte auch ben Metafrasto unb bie Uebersetzung bes
Lipomano; aber er beschränkte sich in seinem Werke barauf,
Wort für Wort ben Text bes „Martirologium Romanum"
nach ber Ausgabe Gregor's XIII. zu übersetzen, unb so
reprobucirt er bas Leben unb Märtyrthum unserer Heiligen.

Viel früher gingen gebruckt von Hanb zu Hanb in
unserer spanischen Sprache unzählige Kompilationen von
Lebensbeschreibungen ber Heiligen, bie bamals allgemein

„Flos Sanctorum" genannt wurden. Der Lektüre eines dieser Werke verdankte seine Bekehrung der berühmte Gründer der Gesellschaft Jesu, wie uns einer ihrer angesehensten Söhne berichtet, der Verfasser des „Flos Sanctorum", von dem wir oben gesprochen haben, der Padre Ribadeneira.

Von denen, die wir kennen, die diesen Titel tragen, ist das älteste das des Alonso de Villegas, dessen Hauptquelle wir erwähnt haben. Zu bemerken ist, daß der Autor der Komödie, die er, in Nachahmung der famosen „Celestina", „Selvagia" nannte, sich hernach in der frommen Arbeit übte, das Leben der Heiligen zu beschreiben. Unter diesen Lebensbeschreibungen ist die der antiochenischen Märtyrer mit einbegriffen. Oeffnen wir sein „Flos Sanctorum y Historia general, de la vida y hechos de Jesucristo, Dios y señor nuestro y de todos los Santos de que reza y hace fiesta la Iglesia Católica" und unter den Heiligen werden wir die unsrigen finden. Die Version, der Villegas folgt, ist keine andere als die abendländische oder lateinische. Daher kommen Aglaidas, seine Liebe zu Justina und Cipriano's Vermittlung durch Zauberkünste in diesem Berichte gar nicht vor. Er spricht zuerst von Justina „que siendo doncella sin letras ni saber humano la escogió Dios por instrumento para convertir á un pagano lleno de letras humanas asi infernales. Por que no solo era filosofo, sino mago y hechicero, que tenia tratos y contratos con los demonios." Dann fährt er fort: „Desta se enamoró Cipriano, que vivia en la misma ciudad: el cual era en la edad mozo, grande Filosofo, y muy mayor Nigromante." Er bewarb sich vergeblich um ihre Hand und dann „invocó demonios, háceles sacrificios, promételes amistad perpetua, que no tendrá ni recono—

cerá á otro por Dios. sino á quien fuese parte para
que el gozase de Justina." Diese wird verfolgt von
„imaginaciones torpes y feas", und zuletzt bleibt „vencido
el demonio, que vuelve al amante Cipriano, y confiesa
su poco poder y fuerza contra Justina, etc."

Und nicht bloß Villegas, sondern wir haben auch an=
dere Sammlungen von Beschreibungen des Lebens der
Heiligen in spanischer Sprache und von spanischen Autoren
vor der Dichtung des „Mágico Prodigioso". z. B. „La
Hagiographia y Vidas de los Santos" von Toller Joan
Basilio Santoro (1580), das „Compendio de Vidas de
Santos" von Fray Francisco Ortiz Lucio, Prediger der
Provinz Kastilien von der Ordensregel des Heiligen Fran=
ciscus (1597), in denen man, wie in der Sammlung des
Villegas, der lateinischen Version folgt.

Außer diesen haben wir eine andere aus derselben
Zeit und in der gleichen Version inspirirt, die noch den
besonderen Umstand hat, daß sie in kastilianischen Versen
geschrieben. Sie heißt „Templo Militante, Festividades
y Vidas de Santos, Declaración y Triunfos de sus Virtudes...", verfaßt von D. Bartolomé Cayrasco de Figueroa,
„Prior y Canónigo jubilado de la Iglesia Catedral de
la Isla de Canaria", und in 3 Theile getheilt, in deren
drittem, 1609 gedruckt, das Leben unserer Heiligen ent=
halten. Der Prior Cayrasco, der ziemlich schlechte Verse
machte, hatte, um noch schlechtere zu machen, unter Anderem
den seltsamen Einfall, ganze Reihen von Oktaven in Dak=
tylen zu schreiben, indem er ohne Zweifel durch dieses
Mittel sein unglückliches Werk noch zu verschönern glaubte.
Er schrieb sich pomphaft die Einführung der genannten
Daktylen in unsere Metrik zu und war so befriedigt von

feiner Erfindung, daß er in jedem der Theile feines „Templo Militante", zugleich mit feinem Bildniß, unter andern Lob= fprüchen den eines „novi Hispani saphici (Sdrujulos vo- cant) inventoris" drucken ließ.

Der den antiochenifchen Märtyrern gewidmete Gefang beginnt mit diefer Anrufung:

Oid, oid, amantes melancólicos,
Para que ya os canseis de ser frenéticos
Y de seguir amores tan diabólicos
Que les falta muy poco para heréticos;
Unos finos amores tan católicos
Que pueden competir con los angélicos,
Y si os quereis poner en su matrícula,
Dejad, dejad, esa afición ridícula.

Dann geht er dazu über, die heilige Heldin diefer Liebe in folgender Weife zu fchildern:

Hubo una vírgen en la edad pretérita
Á quien naturaleza fué magnífica,
Haciéndola tan bella, que era immérita,
Junto de su beldad la más clarífica:
Hízola el alto cielo benemérita
De la cristiana Religion pacífica,
Dióle linaje y patria en nada estítica,
Que fué Antioquía gran ciudad política.

Darauf befchreibt er uns die Liebe Cipriano's und feiner magifchen Künfte:

Por ella estaba helado en la canícula
Y ardiendo en el invierno un jóven mágico,

Dr. Joh. Faftenrath, Calderonfeier.   15

Que de esta facultad en la matrícula
Le dió mejor lugar el tiempo trágico:
Para la dama fué cosa ridícula
Su vano amor tan rústico y selvático,
Cipriano se nombra el nuevo Heráclito
Y Justina la dama del Paráclito.

. . . .

Y viendo que no basta su teórica
Ni su Filosofía y matemática
Ni dádivas, billetes ni Retórica,
Ni estar su alma tísica y asmática.
Ni el arte más poética ó hística
Para alcanzar ni áun una breve plática,
Ni áun un mirar ni un término benévolo,
Determinó valerse del malévolo.

Und in dieſer Form geht ſeine Geſchichte bis zum
Schluſſe fort. Die angeführten Proben genügen, um dieſe
unglückliche Ausgeburt des ſchlechten Geſchmacks und des
proſaiſchen Geiſtes des Prior Cayrasco kennen zu lernen.
Wenn unſere Heiligen von den ſpaniſchen Muſen einer feier=
lichen Genugthuung bedurften, ſo haben ſie dieſe vollauf er=
langt in den unſterblichen Scenen des „Mágico Prodigioso.‟

———

V.

(Verſion, auf die der „Mágico Prodigioso‟ ſich
gründet. — Unmittelbare Quellen. — Vergleichende
Prüfung der Legende und des Drama's. — Kritik
des calderonianiſchen Werkes.)

Auf welche der Verſionen gründet ſich das caldero-
nianiſche Drama? In welcher Quelle hat ſich der Dichter

inspirirt? Welchen speciellen Bericht hat er ausgewählt? Einstimmig war bis jetzt unseres Wissens die Meinung der Gelehrten: Version die, welche wir die morgenländische genannt haben; Quelle der metafrastische Bericht in der lateinischen Uebersetzung des Lipomano. Unter denen, welche diese Sätze aufrecht erhalten, erwähnen wir hier insbesondere Schack, Schmidt und Morel-Fatio, weil diese es sind, die von unseren Kritikern ganz blind abgeschrieben worden, und, es thut uns leid es zu sagen, indem sie oft den Sinn ihrer Klauseln derart entstellen, daß sie sie das sagen lassen, was sie nicht gesagt haben.

Ganz entgegengesetzt sind in diesen Fragen unsere Urtheile, die wir nach und nach darlegen werden. Erstlich ist die Version, welcher Calderon zu folgen hatte, keineswegs die morgenländische, sondern die abendländische oder lateinische, die in der katholischen Kirche allgemeine, auch in Spanien allgemeine und gleichzeitig die schönste. Aus der morgenländischen hätte niemals ein Drama, geschweige denn der „Mágico Prodigioso", hervorgehen können. Der Titel allein, den Calderon seinem Werke gegeben, ist der größte der Beweise und zeigt uns an sich schon die Quelle an, in der er sich inspirirte, und die durchaus nicht jene Version sein konnte, in der Cipriano ein gewöhnlicher Magier, ein Kuppler und Vermittler der Liebe eines Andern ist, sondern der leidenschaftliche Liebhaber Justinen's, der sich uns in der lateinischen Version zeigt, Held eines imponirenden und bewundernswerthen Drama's, mit Einem Wort, der wunderthäige Mago oder Mágico.

Wir wissen nicht, ob Calderon beide Versionen kannte und unter den beiden die lateinische auszuwählen hatte, oder ob er bloß diese kannte. Das Eine ist so möglich

15*

wie das Andere. Im ersten Falle konnte sein poetischer Geist keinen Augenblick schwanken: im zweiten hatte er, was er brauchte, um ein wahrhaft großartiges Drama zu entwerfen.

Ob der Bericht oder die Berichte, die ihm als unmittelbare Quellen dienten, lateinische oder kastilianische waren, läßt sich nicht absolut feststellen. Durch seine Studien im Madrider Jesuiten-Kollegium und auf den Universitäten Alcalá und Salamanca verstand Calderon mehr und besser Latein, als man allgemein glaubt. Viele Proben könnten wir zum Beweis anführen, aber es genügt, daß wir seine köstliche „Exortacion panegírica al silencio" erwähnen, die sich auf die poetische Inschrift „Psale et sile" im Chor der Kathedrale zu Toledo gründet, und in der die zahlreichen lateinischen Randbemerkungen seine nicht gewöhnliche Gelehrsamkeit in dieser Materie kund thun. Aber da er nicht nöthig hatte für seine Komödie zu lateinischen Quellen seine Zuflucht zu nehmen — denn nur um eine Komödie handelte es sich für ihn, nicht um gelehrte Studien — da es ihm für eine solche vollständig genügte, irgend einen der kastilianischen Berichte zu durchblättern, und vor Allem da von der Legende der Heiligen im calderonianischen Drama nichts ist, was nicht die genannten Berichte enthalten oder was nicht von reiner Erfindung ist, wie wir hernach zeigen werden, so haben wir zu glauben, daß die unmittelbaren Quellen dieses Dramas keine andern als die spanischen Berichte sind. Und wenn wir den Gegenstand noch mehr erschöpfen und den Bericht oder speciellen kastilianischen Text möglichst konkretiren wollten, der die meiste Aehnlichkeit mit dem Drama selbst darbietet und der ihm am wahrscheinlichsten als direkte Quelle hätte

dienen können, so würden wir uns sofort auf Seiten des
an anderer Stelle citirten Berichts des P. Lucio Ortiz
neigen, der eine specielle Beziehung zum „Mágico Prodigioso" hat, indem er gleichfalls die unumschränkte Macht
des freien Willens hervorhebt und die Ohnmacht des
Teufels ihn zu besiegen, wenn wir nicht wollen, daß
er ihn besiege. „Der Teufel," sagt energisch der P. Ortiz,
„ist wie ein festgebundener Bullenbeißer, der nur den
beißen kann, der von ihm gebissen werden will," was uns
sogleich an die kräftigen Worte Justinen's über den freien
Willen erinnert, der

> no fuera libre albedrío
> si se dejara forzar.

(kein freier Wille wäre, wenn er sich zwingen ließe.)

Sei es nun, daß sich Calderon dieses oder anderer
kastilianischer Berichte bedient oder lateinischer Erzählungen,
oder beider, sicher ist und für uns am wichtigsten kennen
zu lernen, daß die Version der Legende, der er gefolgt, keine
andere war als die in der Kirche, in Spanien und in seiner
Zeit allgemeine und zugleich die am meisten poetische und
dramatische.

Wie er dieser Version folgte, worin er sie reproducirt
und worin er von ihr abweicht, was der Legende und was
dem Talente Calderon's oder andern Quellen, zu denen er
seine Zuflucht genommen, angehört, das wird uns die nach-
folgende kritische Analyse seines Werkes sagen.

Indem wir, wie es natürlich ist, mit seinem Inhalt
beginnen, sehen wir, daß zwischen ihm und dem der Berichte der Legende Aehnlichkeiten und Verschiedenheiten von
größter Wichtigkeit bestehen. In den Berichten von der

„Passio" an bis zu den kastilianischen zur Zeit Calderon's ist der wesentliche Gedanke derselbe, nämlich die Ohnmacht der in Cipriano vertretenen magischen Künste und die unumschränkte Macht der in Justina personificirten christlichen Tugenden.

Diese Ohnmacht darzustellen mittelst einer Reihe unfruchtbarer Versuchungen, welche die unüberwindliche Stärke jener Tugenden beweisen, das war der gemeinsame Stoff jener Berichte. Die Hauptfigur, die wahre Heldin der Legende, wir haben es schon an anderer Stelle gesagt, ist Justina. Daher haben viele Erzählungen, z. B. die der „Legenda aurea", bloß den Titel: „De Santa Justina." Im Drama Calderon's ist ganz das Gegentheil der Fall: der Held, die Seele des Werkes ist Cipriano, und deshalb hat es mit Recht mit seinem Namen „El Mágico Prodigioso" genannt werden können. Da Vernunft und Wissenschaft, die in ihm personificirt sind, uns naturgemäß zur Erkenntniß der Wahrheit führen, da die Leidenschaften uns von dieser Bahn entfernen und in die größten Verirrungen stürzen können; da die einzige Kraft, an der diese scheitern, der freie menschliche Wille ist, dem die Vorsehung zu Hilfe kommt, so ist dies, in Kürze, der Grundgedanke des calderonianischen Drama's. Die Ueberlegenheit dieser Konception über die der Legende ist an sich klar und bedarf keines Beweises. Calderon hat daher die Legende nicht abgeschrieben, er hat sich in ihr inspirirt, aber wie sich die großen Dichter inspiriren, indem er sie ergänzte, größer machte und immer verbesserte.

Gehen wir jetzt vom Inhalt auf die Personen über, in denen er verkörpert wird. Justina ist im Drama ganz die Justina der Legende, die heilige Jungfrau

aller Berichte, ein der Sünde unzugänglicher Fels, die er=
habene Personifikation der christlichen Tugenden. Wenig
Neues und Wesentliches konnte der Dichter dieser bewun=
dernswerthen, in der Legende vollständig entwickelten Figur
hinzufügen. Und dennoch konnte er sie noch interessanter machen,
indem er sie uns als Waise und arm und in einer Lage
darstellte, in der ihre Tugend hervorleuchtete, wie sie mit
noch größerem Heldenmuth hervorleuchtet. Ideal des Glau=
bens, der Reinheit, der Ergebung, der Demuth, vermögen
weder die Liebe, noch die Wissenschaft, noch der Adel,
noch alle menschlichen und höllischen Mittel zusammen sie
zu besiegen. Mehr als ein menschliches Geschöpf, scheint
sie eine engelgleiche Schöpfung. Schön war sie in der
Legende, noch schöner stellt sie sich im Drama des großen
spanischen Dichters dar.

Ihre Geburt, ihre Eltern, ihre gesellschaftliche Stellung
sind anders im Drama als in der Legende. Ihre Eltern
waren schon gestorben und nicht, wie in der Legende, beide
zum Christenthum bekehrt. Die Mutter wohl und im Ge=
heimen; aber da der Vater es argwöhnte, und ehe er die
Schande über sich ergehen ließ, daß es bekannt würde und
die Gattin durch Henkershand stürbe, tödtet er sie auf einem
Felde. Ein heiliger römischer Priester, Lisandro, der, um
das Evangelium zu predigen, nach Antiochien kam, geht
vorüber, als die Katastrophe geschah, und nimmt das arme
Kind auf, das neben seiner todten Mutter lag, tauft es
und erzieht es als Vater, indem er ihm die blutige
Geschichte bis zu den Tagen verbirgt, in denen sich das
Drama entwickelt. Alles dies ist reine Erfindung des
Dichters, der entweder von den alten hagiographischen Er=
zählungen keine Kenntniß hatte und bloß die gedruckten

kaftilianiſchen Berichte kannte, welche nichts über die Eltern
Juſtina's ſagen und unſerem Dichter ein weites Feld ließen,
um frei zu erſinnen, was ihm am beſten ſchiene (und dies
halten wir für das wahrſcheinlichſte), oder, wenn er jene
Erzählungen kannte, es für paſſend erachtete, ſich von ihnen
zu trennen, um Juſtina auf eine neuere und zugleich in=
tereſſantere Art darzuſtellen.

Morel=Fatio glaubt, daß Liſandro die „wichtige Schöp=
fung Calderon's" iſt. Ohne die Schöpfung dieſer im Drama
ſo untergeordneten Perſon, die keinen andern Antheil hat
als den ſubalternen eines jeden Vaters, Bruders oder Vor=
munds, nämlich den, das verwaiſte Mädchen zu begleiten
und durch die gewöhnlichen Mittel zu ſchützen, würde
die Einbildungskraft Calderon's groß ſein, und groß auch
die Wichtigkeit ſeines Werks. Man unterdrücke in ihm die
Perſon Liſandro's, und das Drama wird ganz daſſelbe
ſein und die Handlung wird ſich ebenſo entwickeln, weil ſie,
wie wir ſehen werden, unabhängig von dem Einfluß iſt,
den dieſe Perſon auf ſie hat.

Die wichtigſte, originellſte und ſchönſte Schöpfung des
calderonianiſchen Drama's iſt die des Helden, die des wun=
derthätigen Magus Cipriano. Statt ihn von vornherein
als einen ſolchen Magus und noch weniger als einen Hexen=
meiſter oder Zauberer und Schwarzkünſtler darzuſtellen
wie allgemein die Berichte der Zeit, ſtellt er uns einen
Philoſophen dar, der die Zauberkünſte nicht kennt und noch
viel weniger praktizirt. Dieſe wird er ſofort lernen, wenn
er, leidenſchaftlich in Juſtina verliebt und vom Teufel ver=
ſucht, dieſen Verſuchungen auf Antrieb ſeiner unbändigen
Liebe nachgibt. Philoſoph und von ſo ſeltenem Wiſſen
und ſo lebendiger Liebe zum Studium, daß er nur hierfür

lebt, jung, reich, edel, tugendhaft, im Besitz der Mittel und vorzüglichen Eigenschaften, um Alles zu erlangen, ist es sein lebhaftestes Sehnen, aus den Zweifeln herauszukommen, die seine gerechte und klare Intelligenz über seine Götter quälen. Eine Stelle des jungen Plinius, die sich auf die Attribute der Gottheit bezieht, beunruhigt ihn ungeheuer, weil er findet, daß sie nicht auf die heidnischen Gottheiten paßt. Bei dieser Idee verharrend, bringt er die Stunden zu, über diese Stelle nachsinnend, und um größere Ruhe zu genießen, verläßt er die Stadt in den Tagen, in denen diese den Bau eines neuen Jupitertempels feierte, und mit seinen Büchern und seinen Gedanken sinnt er in der Einsamkeit, als der Teufel, da er, wie er uns bereits gesagt, sah, daß er schon daran ist, diese Seele zu verlieren, die mit Riesenschritten zur Kenntniß des wahren Gottes fortschreitet, sein höllisches Werk beginnt, um es zu verhindern und zu gleicher Zeit Justina zu verderben.

Wie man sieht, ist der Cipriano, den uns Calderon darstellt, wie man heute sagt, ein „unbewußter" Christ, ein Christ auf dem Punkte es in Wirklichkeit zu werden, eine prachtvolle Schöpfung des Genius unseres Dichters. Das hohe Interesse, das diese edle Figur von vornherein in uns erweckt, in der schönsten und dramatischsten Situation, die gedacht werden kann, läßt sich in keiner Weise mit dem Schrecken oder dem Widerwillen vergleichen, den der gewöhnliche Magus und Kuppler der alten Berichte erzeugen mußte. Calderon, der uns nachher den Magus darstellen wird, um sich treu nach der Legende zu richten, konnte ihn sehr gut als Philosophen ausdenken und uns vorher bloß diesen darstellen, ohne deshalb den Erzählungen untreu zu werden, die ihm einen solchen philosophischen Charakter zugleich mit den magischen Künsten zutheilen, und konnte er dies auf die neueste und poetischste Weise, die ihm seine In= spiration eingeben würde. Der christliche Glaube und zu= gleich die Güte und der Adel des Calderon'schen Geistes be= griffen nicht anders die Heiligen und frommen Helden ihrer Dramen: wenn sie den wahren Gott nicht kannten, so hatten sie eine Neigung und natürliche Fähigkeiten, um ihn zu suchen und zu finden, wie sie am Ende ihn fanden. Dies machte, außerdem daß es menschlicher und dramatischer, den Ueber= gang von einem Zustand zum andern, ohne wunderbare Thatsachen, möglich und natürlich, und der große Meister der Bühne mußte es mit der Klarheit, die seiner hohen Einsicht eigen, erkennen.

Die Dichter und Hagiographen des Mittelalters und selbst noch der Calderon'schen Zeit suchten in den Gegen= sätzen radikal verschiedener Situationen, in denen man von einer zur andern vermittelst eines Wunders oder einer außerordentlichen Thatsache überging, das Interesse und die Reize ihrer Werke, wenn es sich um die Lebensgeschichte der Heiligen handelte: daher bot jeder oder jede Heilige zwei diametral verschiedene Zustände dar: einen von äußerster Verdorbenheit vor ihrer Bekehrung und dann einen andern von äußerster Heiligkeit und Buße, in der frommen Absicht, auf diese Weise das unendliche Erbarmen Gottes und die Macht der Reue zu preisen. Möge als Beispiel, da es uns nicht gestattet ist, hier viele andere aufzuführen, die Legende der Sancta Maria Aegiptiaca dienen.

Denselben Weg hat dann das religiöse Drama in Spanien wie allerwärts durchlaufen. Für alle möge der famose „San Franco de Sena" von Moreto, die bereits früher angeführten „La Mesonera del Cielo" und „El

Hermitaño Galán", „La Adúltera Penitente" von Mo=
reto, Cancer, Matos Fragoso, und so viele andere sprechen.

Calderon, der sich in „La Devocion de la Cruz"
und in „El Purgatorio de San Patricio" von dieser Tendenz
tragen ließ, folgte im Gegensatze hierzu in anderen Heiligen=
komödien der natürlichen und schöneren, von der Cipriano
das beste Beispiel ist. Und so wie dieser aus natürlicher
Neigung der Wahrheit nachging und die Lektüre einer Stelle
des Plinius die bestimmende Ursache seiner Zweifel und
Unruhe wurde und sie nährte, so werden wir in „Los dos
Amantes del Cielo", im „José de las Mujeres" und im
„Gran Príncipe de Fez" den Crisanto, respective Eugenia
und den afrikanischen Prinzen lebhaft von der Lektüre einer
bestimmten Stelle, bald aus dem Johannesevangelium, bald
aus der Epistel Pauli an die Korinther, und in der letzten
der angeführten Komödien selbst aus dem Koran, einge=
nommen sehen. Welches das erste dieser Werke gewesen,
in welchem Calderon diese allen gemeinsame Situation ge=
schildert, hindert uns der Mangel an chronologischen Daten
zu entscheiden. Wohl aber sagen wir, daß in keinem von
diesen andern sie mit lebhafteren Farben und mit größerer
Uebereinstimmung mit den nachfolgenden Situationen sich
darstellt als im „Mágico Prodigioso."

Es braucht nicht gesagt zu werden, daß Cipriano wie
Justina mehr Spanier des 17. als Antiochener des 3.
Jahrhunderts sein mußten, und daß die Ehre, die Galan=
terie, der Geist, die Argumentationen in gehöriger Form,
die Liebesrhetorik, die gesprächigen und unkeuschen Diener,
die Streithändel mit Schwertklingen, die nächtlichen Strei=
fereien vor Liebchens Fenster, alles Wesentliche und
Charakteristische der Komödie und der spanischen Gesell=

schaft der calderonianischen Zeiten seine eigene Stelle im Drama hat.

Die Unkeuschheit der Diener tritt sehr grell hervor, wenn man sie abgesondert betrachtet. Aber wenn wir nicht getrennt, sondern mit Beziehung auf das ganze Werk die Scenen prüfen, in welchen die Diener vorkommen, weitentfernt uns über die Scenen zu wundern und sie der allgemeinen Absicht des Werkes nicht entsprechend zu finden, werden sie uns erklärlich und sogar passend erscheinen müssen, da der Dichter uns in ihnen den beredtesten Gegensatz hat darstellen wollen zwischen den Herren und den Dienern, zwischen der unbefleckten Reinheit Justina's und der groben Unkeuschheit Livia's, zwischen der mächtigen und ausschließlichen Leidenschaft Cipriano's, die ihn dahin bringt, selbst seine Seele dem Teufel zu verkaufen, und der gewöhnlichen Sinnlichkeit seiner Diener Clarin und Moscón, die sich ruhig darein fügen, die sinnliche Gunst Livia's abwechselnd zu genießen. So daß das, was, mit fleischlichen Augen und abgesondert gesehen, Widerwillen einflößen könnte, im Lichte des Grundgedankens betrachtet, wie es betrachtet werden muß, sich in ein schätzbares Element von Gegensätzen und Wirkungen von Wichtigkeit verwandelt.

Nebensächliche Theilnehmer an der Handlung sind auch die Galane Floro und Lelio, die, in gleicher Weise in Justina verliebt, ihren Streit den Schwertern überweisen und dem Cipriano bei diesem Vorfall als Freund Beider Gelegenheit verschaffen, als weiser und kluger Mann zu interveniren, der sie beruhigt, der von ihnen das vernünftige Uebereinkommen erwirkt, Justina den Streit zu unterwerfen und sie selbst das Glück des Begünstigten entscheiden zu lassen, indem er edel sich erbietet, im Namen Beider im

Hause Justina's aufzutreten. Einige wollen, daß Lelio und
Floro hier den Aglaidas der Legende und die Intervention
des Philosophen Cipriano die bezahlte Kuppelei des Zau=
berers Cipriano der Legende darstelle. Und sie kommen
sogar dazu, es als Beweis anzusehen, daß Calderon durch
diesen Umstand sich, im metafrastischen Bericht inspiriren
mußte. Sonderbar wäre es, was diesen letztern betrifft,
daß der, der diesem Bericht (den er vielleicht nicht einmal ge=
kannt hat) nicht in dem Wesentlichen seiner Version der Legende
gefolgt ist, in ihm das suchen sollte, was die allgemeine
Version ihm sofort in ihren ausgedehnten Erzählungen
darbot. Aber da zwischen Aglaidas und Lelio und Floro
und zwischen dem ritterlichen Sicheinmischen des Cipriano
in die Streitigkeiten dieser und der Kuppelei durch Zauber=
künste des metafrastischen Cipriano keine Aehnlichkeit ist,
sondern ganz radikale Unterschiede, so haben wir zu
denken, daß Lelio und Floro ebenso wie Lisandro, wie Li=
via, wie Moscón und Clarin, Personen reiner Erfindung
des Dichters sind, der sie wie diese andern in sein Drama
anführte, damit es seine Streithändel mit Schwertklingen
und nächtlichen Streifereien vor Liebchens Fenster hätte,
und vor Allem als Mittel, damit Cipriano Justina
kennen lernte. Dies beweist uns abermals, daß es die ge=
druckten kastilianischen Berichte der allgemeinen Version
waren, die unser Dichter in der Hand gehabt, da in keinem
derselben Aglaidas erwähnt wird, was dem Dichter ge=
stattete, frei die Personen und Vorfälle auszusinnen, die
er für nöthig hielt, ohne deshalb die Legende, wie sie in
den Berichten selbst enthalten ist, zu ändern.

Um die Galerie der Personen zu vervollständigen, die
in unserem Drama vorkommen, abgesehen von Andern, die

zu kennen nicht von Wichtigkeit ist, wie der Gobernador von Antiochien, der Vater des Floro, betrachten wir jetzt die einzig wichtige, die wir durchnehmen müssen, bevor wir die Handlung des Drama's auseinandersetzen: diese Person ist der Dämon. Die verschiedenen Teufel, die in einigen der alten Berichte bei den Versuchungen Justina's vorkommen, und die in den andern auf einen einzigen, den Satanas, beschränkt blieben, finden sich nicht im Drama. Satanas ist der einzige Dämon, den wir ausschließlich auftreten sehen.

Absoluter Herrscher der Hölle, hatten sich in ihm die Macht und Hauptintervention in den menschlichen Akten und vor Allem die Ausübung und Fähigkeit der magischen Künste unzertrennlich verbunden. In der Magie vor dem Christenthum, mit der reichen und mannigfaltigen orientali= schen Dämonologie, stellte jede der übernatürlichen bösen Mächte einen speciellen Dämon dar, an den man sich in jedem Falle wenden mußte, um seine Hülfe zu erlangen. Daher die Mannigfaltigkeit und der Reichthum der magischen For= meln. Die überraschenden archäologischen Entdeckungen an den Ufern des Nils, des Euphrats und des Tigris, die Entzifferung der Hieroglyphen und Keilschriften, die Arbeiten von Rougé, Lepsius, Rawlinson und Norris, Layard und Lenorman und vieler anderer berühmter Aegyptologen und Assyriologen haben uns zahlreiche und verschiedene magische Formeln und Beschwörungen verschiedener Teufel in den Ländern kennen gelehrt, welche die griechisch-lateinische und jüdisch=arabische Tradition uns als Wiege der magischen Künste bezeichnet hatte. Es mag genügen hier bloß die Formeln zu erwähnen, die von Rawlinson gefunden und in seiner Sammlung „Cuneiform inscriptions of western Asia" veröffentlicht worden und die Backsteine, die Layard im

Palast von Koyundjik in Ninive entdeckt, und zu ihrem bessern Studium die wichtige Arbeit von Lenorman über „Les Sciences occultes chez les Chaldéens." Mit solchen Resultaten ruht die Kenntniß des Ursprungs wie der Geschichte der magischen Künste auf soliden und positiven Grundlagen.

Wenige abergläubische Gebräuche haben eine so fern= liegende Geburt und eine so lang dauernde allgemeine Existenz erlangt wie die Magie. Wenn wir die heilige Schrift auf= schlagen, so sehen wir die Hexe von Endor die Seele Samuel's heraufbeschwören und die Magier Pharao's, wie sie die Wunder des großen Befreiers des hebräischen Volkes zu verdunkeln suchen. Die Orakel und Pythia's des klassischen Alterthums, die Zauberin Circe und der Zauberer Tiresias; in den Anfängen des Christenthums die drei Weisen aus dem Morgenland und dann Simon der Magier, und im Mittelalter die Zauberer, Wahrsager, Magier und Hexen= meister wie Merlin und Urganda zeigen ganz deutlich die Ausdehnung und Fortdauer der Magie bei allen Völkern.

Seit der Stiftung des Christenthums hatte die schwarze oder höllische Magie (per invocationem daemonum), zum Unterschied von der weißen, die dazu bestimmt war, dem Anschein nach wunderbare Wirkungen durch natürliche Mittel hervorzurufen, zum unumschränkten Herrscher und ausschließ= lichen Meister den Satan, dessen eigennützige Hülfe man nur durch einen Pakt erlangte, in welchem der Teufel sich verpflichtete, dem Fordernden das, was er wünschte, zu ver= schaffen, und der Fordernde, sich mit dem Verlust seiner Seele als Knecht des Teufels zu bekennen.

Dies als nothwendig vorausgeschickt, ist es klar, daß der Dämon des calderonianischen Drama's ganz der christ= liche Satan, der Vater der Lüge, der Fürst der Finsterniß, mit Einem Wort, der böse Feind der Menschen sein mußte, deren Verderben er wünscht und durch alle Mittel, die in seiner Macht sind, zu erreichen sucht. Aber zwischen der Intervention, die er in der Legende der Heiligen, und der, die er im Drama hat, sind bedeutende Unterschiede: in der Legende wünschte er bloß das Verderben Justina's, da Cipriano ihm schon gehörte und ihn nicht beunruhigen konnte; und im Drama das Verderben Beider, wie bereits gesagt worden; in der Legende hat Cipriano, der schon von vornherein als Magus figurirt, die Magie nicht wie im Drama zu erlernen, und der Dämon hat nicht, wie er es in diesem thut, als Meister der magischen Künste zu figuriren; in der Legende kam in einigen Berichten ein Eid zwischen Cipriano und dem Dämon vor, in welchem jener sich verpflichtete, um den Preis des Besitzes Justina's sein Knecht zu sein, und im andern wird ein solcher Eid nicht ausdrücklich erwähnt, während im Drama nicht bloß ein Eid, sondern ein Pakt vorkommt, ein Pakt, den Cipriano mit dem Blut seiner Adern geschrieben.

Das Abschließen des Teufelsbündnisses mit diesen Formalitäten gehört weder der Legende, wie schon gesagt worden, an, noch ist es Erfindung des Dichters, sondern es gehört dem Mittelalter an. Es läßt sich nicht mit Bestimmtheit die Zeit seines Ursprungs angeben: wohl aber, daß es in der christlichen Hagiographie kein Beispiel gibt, das früher wäre als das 13. Jahrhundert. Die ältesten poetischen Denkmale unseres Vaterlandes, in denen der Teufelspakt mit diesen Kennzeichen vorkommt, datiren aus diesen' Zeiten, und die, welche wir kennen, beziehen sich in gleicher Weise auf die Theophiluslegende. Es sind dies eine „Cántiga" Alfonso's des Weisen, einer der „Milagros

de Nuestra Señora" des Maestro Berceo, und verschiedene
nicht minder interessante Berichte unserer Sammlungen von
Lebensbeschreibungen der Heiligen. Mit den genannten
Formalitäten oder bloß mit dem Verbalcharakter kam der
Pakt mit dem Teufel schon in den Zeiten vor Calderon vor.
Und in gleicher Weise der Pakt aus Liebe. Die Komödien von
Heiligen und Nichtheiligen, die ihn enthalten, sind zahllos:
erwähnen wir unter vielen Anderen, die wir anführen könnten,
„Quien mal anda mal acaba" von Alarcon und „El
Esclavo del Demonio" von Mira de Amézcua.

Gehen wir jetzt endlich zu den Personen der Handlung
über und zu den verschiedenen Situationen, in denen sich
diese im Drama entwickelt.

Dasselbe beginnt, indem es uns Cipriano in dem
Augenblicke vorführt, in welchem er, die Stadt den Festen
überlassend, mit denen sie den Bau eines neuen Jupiter=
tempels feiert, sich in die Einsamkeit eines lieblichen Wohn=
sitzes zurückzieht, um still über die Stelle des Plinius, die
ihn beunruhigt, nachzudenken. Von Argument zu Argument,
von Folgerung zu Folgerung, ist er der Erkenntniß der
Wahrheit schon sehr nahe, als der Dämon seine Betrach=
tungen unterbricht, indem er plötzlich in Gestalt eines Rei=
senden eintritt, der den Weg nach der Stadt verloren
zu haben vorgibt. Cipriano nimmt ihn auf, und alsbald
entspinnt sich zwischen ihnen eine lebhafte Polemik über die
Stelle des Plinius, in der der Dämon, wie zu erwarten
war, besiegt wird.

Darauf faßt er den höllischen Plan, Cipriano zu ver=
derben, indem er ihn dem Studium durch das sicherste
Mittel entreißt, nämlich indem er bewirkt, daß er die hef=
tigste und ungestümste Leidenschaft für die heilige Jungfrau

empfinde. Der Liebesstreit des Lelio und Floro, die auf's
Land hinausgegangen waren, nahe der Stelle, wo sich Ci=
priano befand, verschafft diesem Gelegenheit, in demselben
zu interveniren und durch dieses Mittel, wie wir oben gesagt,
in das Haus Justina's zu kommen. Er geht wirklich dahin,
erfüllt seinen Auftrag, aber von den ersten Worten an be=
merkt er, daß es nicht für Floro und Lelio, sondern auch
für ihn ist, für den er Justina bitten muß. Diese antwortet
Allen in gleicher Weise, und Cipriano, in der Seele ver=
wundet, muß sich abgewiesen und ohne Hoffnung zurück=
ziehen. Zum zweiten Mal tritt er vor Justina, dann fleht
er, bittet beharrlich, aber vergebens: er erlangt von der
christlichen Jungfrau bloß das Versprechen, ihn im Tode
zu lieben, als ob sie so prophetisch anspielen wollte auf
das zukünftige Märtyrthum, das sie erwartet.

Cipriano ergibt sich endlich der Gewalt seiner Liebe.
Der Besitz Justina's ist jetzt sein einziges Sehnen, und, sie
zu erlangen, würde er seine Seele dem Teufel geben. Der
Teufel nimmt das Anerbieten an. Da erhebt sich auf dem
Meer ein so rasender Sturm wie der, der im Herzen Ci=
priano's wüthete, und der Teufel, der in einem Schiff auf
dem Meer fuhr, läßt es scheitern, um scheinbar als Schiff=
brüchiger herauszutreten, und sich in solchem Zustande Ci=
priano vorzustellen, der bei Allem zugegen gewesen. Der
Unglücklichliebende bietet ihm, zu Mitleid bewegt, edle Gast=
freundschaft an, die der Teufel annimmt. Das Gespräch,
das zwischen Beiden beginnt, fällt natürlicherweise auf den
Kummer, der Cipriano niederdrückt, und da läßt ihn der
Teufel seine magischen Künste sehen, indem er einen Berg
von einer Seite zur andern versetzt und macht, daß in
diesem Berge, einmal geöffnet, sich Justina schlafend den

Augen Cipriano's zeige, damit dieser sich, auf dem Gipfel seines Wahnsinnes, entschließe (wie er sich in der That entschließt), in einem Vertrag mit dem Teufel sich den Besitz Jener um den Preis seiner Seele zu bedingen.

Ein ganzes Jahr wendet der Teufel an, um aus Cipriano den vollendetsten der Magier zu machen. Als diese Zeit abgelaufen und der Tag sich naht, an dem der Teufel sein Wort erfüllen muß, verdoppelt er seine hinterlistigen Anschläge, um Justina zu verderben. Daß sie in den Augen des Lelio und Floro entehrt erschiene, hatte er schon vorher mit seinen höllischen Listen und durch verschiedene Zwischenfälle bewirkt, die hier nicht nöthig zu erzählen und die damit enden, daß jene Galane in's Gefängniß abgeführt werden. Jetzt entfaltet er alle Macht der Versuchung bei Justina. In der Legende sind der Versuchungen mannigfache und verschiedene: im Drama nur eine, aber diese ist so groß und gewaltig, daß sie dieselben an Größe übertrifft. Es sind keine Träume und unzüchtige Phantasien: es ist die ganze Natur, Vögel, Blumen, Bäume, Alles, was Justina von Liebe spricht und ihr mit verführerischen Stimmen und Impulsen Cipriano in Erinnerung ruft. Prachtvolle Situation, in der der Dichter den reichen Schmuck seiner mächtigen Phantasie zeigt!

> Justina resiste, Justina vence,
> con no dejarse vencer.

> (Justina widersteht, Justina siegt,
> da sie sich nicht besiegen läßt).

Weder die vorhergehenden Mittel noch das Erscheinen des Teufels selbst und seine Gespräche mit Justina vermögen

den freien Willen der chriſtlichen Jungfrau zu zwingen. In
den hagiographiſchen Erzählungen beſiegte Juſtina den Teufel,
indem ſie das Zeichen des Kreuzes machte. Calderon, der
berühmte Verfaſſer der „Andacht zum Kreuz", fand es ohne
Zweifel in dieſem Falle größer, kräftig den magiſchen Künſten
direkt den freien Willen des Menſchen entgegenzuſtellen.
Als der Proteſtantismus dieſen freien Willen leugnete,
verkündete ihn der katholiſche Dichter mit lauter Stimme
auf unſerer Bühne. Man ſieht auch hierin den alten Zög=
ling des Colegio Imperial, den Schüler der Jeſuiten, der
muthigen Kämpen dieſer Lehre. Die Analogien, die das
Drama in dieſem Punkte mit dem Bericht des P. Lucio
Ortiz bietet, ſind an anderm Ort erwähnt. Als die ma=
giſchen Künſte in unſerem Lande wie in allen nicht auf=
hörten ſich der Gunſt zu erfreuen, war es würdig, daß der
Dichter, der in „La Dama Duende" und „El Galán Fantasma" ſich ſo witzig über Geſpenſter und Kobolde luſtig
gemacht, uns hier die Magie gebrochen und beſiegt zu den
Füßen des freien Willens und des Glaubens, die in Juſtina
perſonificirt, darſtellte, gerade wie man Jahrhunderte früher
dieſelbe Magie niedergeſunken zu den Füßen des Heilands
in den Perſonen der „Reyes Magos" (der heiligen Drei
Könige) geſehen hatte.

Als der Teufel ſieht, daß er Juſtina nicht dahin bringen
kann, wo Cipriano ſie erwartet, wie er ſich erboten hatte,
erſinnt er, ihm eine Figur vorzuführen, die unſere Heldin
zu ſein ſcheint. Cipriano ſieht ſie, läuft ihr entgegen, um
ſie zu umarmen, und als er, von Entzücken bebend, ſie in
ſeinen Armen zu halten glaubt, findet er mit Schrecken,
daß das, was er hält, ein Skelett iſt, welches verſchwindet,
indem es ihm ſagt, daß ſo alle Glorien der Welt ſind.

Vergebens werden wir diese Episode in der Legende in ihren verschiedenen Berichten suchen. Man hat gesagt, daß Calderon sie dem Leben des D. Miguel de Mañara ent= nahm, von dem diese Thatsache erzählt wird; aber man hat auch mit gewichtigen Gründen bewiesen, daß Calderon sie nicht kennen konnte, als er sein Werk schrieb. Künstlich oder von außen überkommen, gewiß ist, daß mit ihr Cal= deron die Legende verschönert hat, indem er das Interesse seines Dramas durch eine so schöne Situation steigerte.

Man denke sich den Schrecken und die Verzweiflung Ci= priano's bei einem solchen Ereigniß. Die Scene, die darauf zwischen ihm und dem Teufel folgt, in der dieser seine Niederlage und die Macht des Gottes Justina's ver= künden muß, und in der Cipriano sich zu diesem Gotte bekehrt, ist außerordentlich ergreifend und schön.

Cipriano, jetzt aus Glauben ein Christ, wünscht lebhaft mit dem Blut des Märtyrthums die Urkunde oder den höllischen Vertrag zu tilgen, den er mit dem eigenen Blute geschrieben. Diese Gelegenheit bietet ihm die Verfolgung, die damals gegen die Christen dekretirt worden, und um deretwillen Justina schon gefangen genommen. In Gegen= wart des Gobernador und des ganzen Volkes von Antiochien bekennt Cipriano seinen Glauben und wird in dasselbe Ge= fängniß gebracht, in welchem Justina die Stunde des Mär= tyrthums erwartete. Das Zusammentreffen der beiden Liebenden — denn jetzt dürfen sie es sein, da Justina ihr Versprechen erfüllen kann, ihn im Tode zu lieben — kann nicht dramatischer sein, als es in unserem Drama ist.

In den alten hagiographischen Erzählungen verfließen ziemlich viele Jahre zwischen der Bekehrung des Magiers und seinem und Justina's Märtyrthum, in welcher Zeit er

die heiligen Weihen empfängt und Bischof wird, wie Justina
Aebtissin; in den gedruckten kastilianischen Berichten wird nicht
auf diesen Zeitraum und auf keine der Thatsachen, die in
demselben vorgekommen, angespielt. Calderon, jetzt wie so
oft mit diesen Berichten im Einklang, übergeht jene Umstände
mit Stillschweigen, ebenso wie die verschiedenen Prüfungen
und Episoden des Märtyrthums, welche jene Erzählungen
so lebhaft und mit so vielen Einzelheiten ausmalen. Von
der Bekehrung Cipriano's bis zu seinem Tode ist nur Ein
Schritt im Drama: alle Qualen des Märtyrthums beschränken
sich auf eine einzige: die Enthauptung, die unsere Heiligen
mit unsäglicher Freude erleiden. Sobald auf der Bühne
das Blutgerüst sich zeigt, erscheinen schon Haupt und Rumpf
getrennt und der Teufel verkündet auf Gottes Befehl seine
Niederlage, die Reinheit Justina's und die Vorzüge der heiligen Märtyrer.

Unter den Heiligendramen Calderon's gibt es nur eins,
das in künstlerischer Beziehung würdig mit dem eben ana-
lysirten in die Schranken treten kann, und das ist ohne
Zweifel „El Príncipe Constante." Verschieden in ihrer
literarischen Beschaffenheit, stellen sie auch in ihren Helden
zwei verschiedene Zustände des religiösen Gemüthes dar.
Cipriano ist die Seele, die die Wahrheit sucht, die kämpft,
um sie zu finden, und am Ende sie findet, triumphirend
über die Prüfungen, die sie zu bestehen hat. Fernando ist
die Seele, die, den Glauben an diese Wahrheit besitzend,
an ihr mit unbesiegbarer Standhaftigkeit festhält, indem
sie mit heldenmüthiger Ruhe alle Leiden und selbst den Tod
erträgt, ehe sie einen einzigen Augenblick in ihrer unerschütterlichen Stärke wankt.

Im religiösen Theater, im spanischen wie im auslänbischen, kann der „Mágico Prodigioso" wohl den Vergleich mit andern bemerkenswerthen Dramen aushalten, wenn diese auch „El Condenado por desconfiado" von Tirso und der „Polyeucte" von Corneille sind. Einige haben zwischen diesem letztern und dem Calderon'schen Drama Verwandt=schaftsbeziehungen finden wollen; in Wahrheit aber sind diese Beziehungen durchaus willkürlich, denn es konnte weder Calderon den Corneille, noch Corneille den Calderon nach=ahmen.

Der „Mágico Prodigioso", 1637 verfaßt, ging drei Jahre dem „Polyeucte" vorher, der 1640 zum ersten Mal aufgeführt wurde, und ebenso konnte Corneille, als er dies Werk schrieb, jenes nicht kennen, das noch nicht gedruckt worden und es erst 23 Jahre später, 1663, wurde.

„El Condenado por desconfiado" und „El Mágico Prodigioso", verschiedene originelle und unabhängige dra=matische Konceptionen, sind nichtsdestoweniger einander gleich an theologischer Tiefe, gleich in dem wesentlich katholischen und antiprotestantischen Charakter Beider in der bloßen Thatsache, daß sie so laut die Macht des freien Willens und der Gnade verkünden. Justina und Paulo stellen den freien Willen bei den Gerechten dar, aber indem sie ihn in sehr verschiedener Weise gebrauchen: Justina, auf die Hülfe der Gnade vertrauend; Paulo, dieser Hülfe mißtrauend. Deßhalb widersteht Justina der Versuchung und rettet sich, während Paulo ihr nachgibt und sich verdammt; daher könnte auch Justina „la salvada por confiada" (die Gerettete, weil sie vertraute) mit demselben Rechte genannt werden, wie Paulo „el condenado por desconfiado" (der Verdammte, weil er mißtraute). Cipriano und Enrico, gelehrt der Eine, der Andere unwissend, Beide Sünder, jener aus Leidenschaft,

dieser aus Gewohnheit; Magier der Eine und Straßenräuber
der Andere, personificiren gleichmäßig die unumschränkte
Macht der Reue und tilgen in gleicher Weise mit ihrem
Blut ihre frühere Schuld. In diesen beiden bemerkens=
werthen Dramen, kann man sagen, sind der Katholicismus
und das Spanien des 17. Jahrhunderts zusammengefaßt,
und in ihnen resumirt sich die höchste Größe des theolo=
gischen Drama's in unserem Vaterlande.

VI.

(Literarische Geschichte des „Mágico Prodigioso." —
Abfassung und erste Aufführung. — Veröffentlichung.
— Ausgaben. — Uebersetzungen. — Kritische Arbeiten.)

„Compuesta Por Don Pedro Calderon de la Barca
Para la villa de yepes En las fiestas del ss mo Sacramento año de 1637", sagt buchstäblich das Original=
manuscript dieses Werkes, welches in Madrid in der Bibliothek des Duque de Osuna y del Infantado aufbewahrt
wird. Weder Calderon noch seine Zeitgenossen, noch die
Archive von Yepes, die durch Andere in unserem Auftrag
durchgesehen, haben uns andere Notizen hinterlassen, als
die, welche die angeführte Klausel enthält.

Wir sehen also durch Calderon's Zeugniß und von
seiner eigenen Hand:

1) daß der „Mágico Prodigioso" sein Origi-
nalwerk ist, wie derselbe Calderon uns ebenfalls Jahre
nachher in dem Katalog seiner Komödien sagte, den er dem
Herzog von Veragua sandte, indem er diese Komödie darin
einschloß.

2) Daß er sie im Jahre 1637 schrieb. In dem angeführten Original=Manuscript ist das vollständige Datum, auch von Calberon's Hand. Es lautet: „En Md., (Madrid) 14 de Mayo de 1637 años."

3) Daß er sie im Auftrag des Fleckens Yepes verfaßte, damit sie dort aufgeführt würde. Aus den Randbemerkungen des Werkes selbst wissen wir, daß sie nicht in der Kirche, sondern auf dem öffentlichen Platze des genannten Fleckens, auf einem Gerüst in der Mitte und mit Hülfe der dazu gehörigen Karren dargestellt werden sollte.

Das Manuscript enthält die zur Aufführung nöthige Approbation, datirt Madrid den 1. Juni 1637 und unter=schrieben von Juan Navarro de Espinosa. Da es ein aus Auftrag verfaßtes Werk war, bei Zeiten geschrieben, um aufgeführt werden zu können, mit den nöthigen Licenzen und ohne irgend ein bekanntes Datum dagegen, so spricht alle Wahrscheinlichkeit für die wirkliche Thatsache der Auf=führung, die, wir wissen nicht wieso, ohne irgend einen Beweis, der sie Lügen strafe, von einem Kritiker frischweg hat geleugnet werden können.

Und 4) und letztens: daß die Aufführung bei den Festen des Heiligsten Sakraments stattfinden mußte. Es ist sonderbar, daß derselbe Kritiker, auf den wir vorher anspielten, der kein Anderer ist als Morel=Fatio, den Sinn der Worte „fiestas del Santísimo Sacramento" vag findet, da wir in Spanien nicht wissen, daß wir andere specielle Feste des Santísimo als die des „Corpus Christi" haben und gehabt haben, und noch sonderbarer ist es, daß man glaubt, unter diesem Namen könne auch „un jour quelconque de l'octave de la Trinité" verstanden werden.

Da nämlich der gedachte Autor es für unbestreitbar

hielt, daß am Tage des Santísimo Corpus Christi (Frohn=
leichnamstage) in Spanien nur Autos Sacramentales auf=
geführt wurden, und daher „El Mágico", weil er Heiligen=
komödie war, an jenem Tage nicht aufgeführt werden konnte,
so sah er sich, um dies aufrecht zu erhalten, genöthigt, den
Worten „fiestas del Santísimo Sacramento" Zwang an=
zuthun und darunter die der heiligen Dreifaltigkeit und ihrer
Oktave zu verstehen, anstatt die Dinge in ihrem eigentlichen
und natürlichen Sinne zu begreifen, indem er verschiedene
Schlüsse daraus herleitete: nämlich daß damals, da Calderon
sein Werk für die Feste des heiligsten Sakraments schrieb
und dies eine Heiligenkomödie ist, die Aufführung von Autos,
wenigstens in den Dörfern, nicht streng geboten war, und
nur die von religiösen Komödien, in denen der Name und
die Macht Gottes verherrlicht und gepriesen wurde, sei es
in seinen Heiligen, wie es von Alters her geschah, oder sei
es auf eine andere fromme und passende Weise.

Es ist sehr möglich, daß die einfachen Bewohner von
Yepes Calderon nicht eine Heiligenkomödie, sondern ein
Auto Sacramental auftrugen, und daß unser Dichter, der
damals gleiche Gesuche von Madrid, Toledo, Granada und
andern Hauptstädten hatte, sei es um in jenem Jahre keine
weitere zu schreiben, oder sei es, daß er so besser seine Auf=
traggeber zufriedenzustellen glaubte, eine Heiligenkomödie
mit großem Apparat verfaßte, welche sie so entzücken würde,
daß sie vor Verwunderung mit offenem Munde säßen, wie
es wirklich geschehen mußte. Wie mußten nicht jene ein=
fachen Leute aufregen und in Staunen versetzen die ma=
gischen Wunder Cipriano's und des Teufels, die Versuchungen
Justina's, die Späße der Livia, des Clarin und des Moscón
und der glorreiche Triumph der unbesiegten Märtyrer!

Möglich ist auch, daß der Jubel die Freigebigkeit heraus=
forderte, und daß sie eine oder die andern Dublone dem
bedungenen Preise beifügten.

Yepes wollte damals, wie andere Flecken und Städte
Spaniens, nicht weniger sein als die begünstigten Haupt=
städte, um irgend ein Werk zu haben, das seine Einwohner
zuerst kennen lernten und applaudirten. Edle und frucht=
bare Eifersucht! Ohne sie, zumal bei dem Verfall, in den
die Heiligenkomödien in der Residenz und in den ersten
Städten gerathen waren, wie wir an anderem Orte gesehen,
würden wir vielleicht heute nicht den „Mágico Prodigioso"
besitzen.

Ob der Auftrag der einer Heiligenkomödie oder nicht,
oder eines Auto Sacramental war, thut wenig zur Sache,
denn es genügt schon der Auftrag. Uns ist nur von Wich=
tigkeit zu sagen, daß wir nicht vermuthen zu müssen glauben,
daß sie den Gegenstand angaben, sondern daß Calderon ihn
frei wählen konnte; und, um so zu denken, genügt uns die
unbestreitbare Thatsache, daß unsere Heiligen nicht die Schutz=
patrone jenes Fleckens und ebensowenig dort Gegenstand
specieller Verehrung sind. Oeffnen wir nun das Toleda=
nische Santoral, das Werk „Santos de la Imperial ciudad
de Toledo y su arzobispado (dem der Flecken Yepes an=
gehörte und angehört) del P. Quintanadueñas" und wir
werden sehen, daß die Schutzpatrone und Heiligen specieller
Verehrung von Yepes San Quirico das Kind, und Santa
Julita, seine Mutter sind, aus Yepes gebürtig, Märtyrer
in Tarso de Cicilia. Uebrigens wenn die Yepiner oder
Yepenser speciell unsere Heiligen hätten feiern wollen, so
würden sie es nicht an dem genannten Tage gethan haben,

sondern an dem, in welchem Yepes, wie Spanien, wie die ganze katholische Welt sie feiert, nämlich am 26. September.

Er wurde also ganz frei von unserem Dichter gewählt, durch den ist und

eterno será en el mundo
el Mágico Cipriano.

(ewig in der Welt sein wird der Magus Cipriano).

Und zu bemerken ist, daß Calderon, der eine so große Vorliebe für andere seiner Werke zeigte, z. B. für „La Dama Duende" und „El Galán Fantasma", die er verschiedene Male in andern Komödien erwähnt, das Gleiche nicht mit unserem „Mágico" that, den er nicht ein einziges Mal er= wähnt; und noch merkwürdiger ist es, daß dies Werk nicht sofort unter den 48 erschien, die in 4 Theilen bei Lebzeiten des großen Dichters veröffentlicht wurden, trotzdem daß jene 8 religiöse Komödien unseres Autors enthalten und von diesen drei von Heiligen und frommen Männern, nämlich „El Purgatorio de San Patricio", „El Príncipe Con= stante" und „El Príncipe de Fez", von derselben Gattung wie „El Mágico Prodigioso." Dies Werk erschien zum ersten Mal 1663 in der „Parte veinte de comedias va= rias nunca impresas, compuesta por los mejores ingenios de España", mit zwei andern, die unserem Dichter zuge= schrieben werden, deren Verfasser man nicht kennt. Die Unterschiede, die der hier veröffentlichte Text mit dem Ori= ginalmanuscript bietet, sind so groß, daß es sich wohl erklärt. daß sein Autor 9 Jahre später in Bezug auf dies Werk und alle, die bis dahin veröffentlicht worden, sagte, daß er sie nicht als die seinigen erkannte. Aber trotz dieser Erklärungen ist sein Freund Vera Tassis, als unser Dichter bereits gestorben, weit entfernt dem Original zu folgen, diesem Texte im 6. Theile der Komödien Calderon's gefolgt, und ist man demselben nachher gefolgt, selbst nachdem Morel-Fatio das Originalmanuscript vor 4 Jahren, und gewiß in einer vorzüglichen kritischen Ausgabe, veröffentlicht hat.

Auf 22 beläuft sich die Zahl der Ausgaben, die bis jetzt von Calderon's Drama gemacht worden, 7 früher als unser Jahrhundert und 15, die ihm angehören, und, was noch seltsamer und merkwürdiger, 11 in Spanien und 11 im Ausland. Wenn wir von den Ausgaben zu den Uebersetzungen übergehen, so werden wir sehen, daß diese alle aus unserem Jahrhundert batiren; daß die erste die deutsche von Gries 1816 war, und daß die Zahl derer, die wir kennen, 11 beträgt, von denen 3 deutsche, die von Gries, Bärmann und Richard, und Lorinser; andere drei französische, zwei in Prosa von den berühmten Hispanophilen Puymaigre und Latour, und eine in Versen vom Grafen Lafond; 4 englische von Shelley, J. H., Mac-Carthy und Fitzgerald, und eine schwedische von Theodor Hagberg.

Aber es ist nicht bloß veröffentlicht und übersetzt, sondern auch in speziellen wie allgemeinen Arbeiten studirt worden. Und als ob das Alles noch wenig wäre, wurde es 1836, volle 2 Jahrhundert nach seiner ersten Aufführung in dem Flecken Yepes, in einem der ersten Theater Deutschlands, in dem von Düsseldorf, Dank den Bemühungen Karl Immermann's gegeben, der uns die Kunde von dieser Darstellung und den nachfolgenden und dem außerordentlichen Erfolg, den sie erlangten, erhalten hat. Dagegen ist es in unserem Spanien wenigstens in diesem Jahrhundert bloß 1876 im Madrider teatro del Circo wieder aufgeführt worden, ohne daß dies später noch der Fall gewesen und ohne daß es

in der Liste derjenigen vorkommt, die der Ankündigung zufolge bei den Festen des zweiten Centenariums des großen
Dichters in Scene gesetzt werden sollen.

Aus dem bis jetzt Gesagten ist wohl klar zu entnehmen,
daß ganz unserem Jahrhundert der Ruhm der Wiedergeburt des „Mágico Prodigioso" gebührt. Und gerecht
ist es zu sagen, diese Wiedergeburt, wie die des ganzen
Calderonianischen Theaters, ist hauptsächlich und fast ausschließlich das Werk Deutschlands. Es nöthigt uns die Gerechtigkeit es anzuerkennen, und die Dankbarkeit es zu verkünden. Durch unser Unglück, durch den engherzigen Geist
des damals herrschenden Neoklassicismus ist es gekommen,
daß, während in Spanien man kaum, nicht bloß den „Mágico Prodigioso", sondern das ganze Calderonianische Theater las, während Lehrer, Dichter und Kritiker, die wir
nicht erwähnen wollen, mit Härte und leidenschaftlicher Un-
gerechtigkeit die Werke unseres Dichters behandelten, ver-
gessend, daß der berühmte Luzán in ihnen, wenn Fehler,
auch hervorragende Qualitäten gefunden, eine fremde Nation,
das Land, das zu seinen Ruhmeswerken die wissenschaftliche
Schöpfung der philosophischen Aesthetik, der vergleichenden
Philologie und der historischen Kritik zählt, mit Einem Wort
Deutschland die edle Arbeit unternommen, für die niemals
genug gedankt wird, durch Bouterwek die erste Geschichte
unserer Literatur zu schreiben, durch Grimm. Depping und
Andere uns unsern Romancero, und durch Lessing. Schlegel
und Andere uns unser großes Theater kennen zu lehren.

Von da an ist das Calderonianische Theater gekannt
und geschätzt worden wie es verdiente. Die Uebersetzungen
von Komödien unseres Dichters durch Schlegel, Gries, Malsburg, Immermann u. s. w.; die prachtvolle vollständige

Ausgabe derselben in den Pressen Leipzig's durch Keil unter dem Schutz von Karl Friedrich, Großherzog von Sachsen=Weimar und Eisenach; die Aufführungen, die ihnen in den Theatern von Weimar, Düsseldorf und andern zutheil wurden; der Beifall, den ihnen die hervorragendsten Dichter wie Goethe und Schiller zollten, verschafften unserem Dichter die ruhmvollste und glücklichste der Wiedergeburten.

VII.

(Der „Mágico Prodigioso" und Goethe's „Faust." — Beziehungen, die man zwischen diesen Werken festgesetzt hat. — Vergleichende Prüfung derselben. — Schlüsse, die sich aus dieser Vergleichung ergeben.)

Von dem Punkt und der Stunde an, in denen das Vaterland des Magiers Faust den Magier Cipriano kennen lernte, begannen schon die Gelehrten diese Namen in Ver=bindung zu bringen und die Beziehungen zu erforschen, die zwischen beiden bestehen müßten auf dem Felde der Ge=schichte wie im Gebiete der Kunst. Faust und Cipriano sind von da an miteinander verbunden, ebenso in den auf das Calderonianische Drama bezüglichen Studien wie in denen, die das Poem des Frankfurter Dichters betreffen.

Deutschland nachahmend, haben in Frankreich, England, Holland, Portugal und andern Ländern Europa's und Amerika's, wie in unserem Spanien, die, welche über den „Mágico Prodigioso" geschrieben, gleichfalls in größe=rem oder geringerem Umfang nach den Beziehungen dieses Werkes mit dem Goethe'schen geforscht, und diese Ge=wohnheit ist schon so allgemein und geläufig geworden, daß

man heute keine auf Calderon's Drama bezügliche Schrift
begriffe, in der nicht auf der Stelle der Goethe'schen Dichtung
gedacht würde, um von Aehnlichkeiten oder von verwandt-
schaftlichen Beziehungen zwischen beiden Werken zu sprechen.
Lang würde der Katalog der Autoren sein, die wir hier
zum Beweise dieser Behauptung anführen könnten; aber
es wird uns genügen, unter anderen Namen in Deutschland
die von Koberstein und Rosenkranz zu erwähnen, die als
die ersten gelten, die diese Fragen aufgeworfen, und die von
Carrière und Dorer, unseres Wissens die modernsten,
die sie behandelt haben; in Frankreich Philarète Charles;
in den Vereinigten Staaten von Amerika Ticknor; in Schweden
und Holland Hagberg und Putman; in Portugal Teófilo
Braga und Joaquin Vasconcellos, und unter uns nacheinander Ochoa, Ayala und Andere.

Die Behauptungen, die von diesen und vielen anderen
Autoren in Bezug auf die Beziehungen des „Mágico Prodigioso" und des „Faust" aufgestellt werden, können nicht
verschiedener und widersprechender sein, als sie es in dem
Grade sind, daß in der That die vollständigste Anarchie,
die absoluteste Konfusion der Ansichten und Meinungen
herrscht. Einige finden zwischen beiden Werken Bande der
Verwandtschaft; Andere dagegen bloß künstlerische Aehnlichkeiten, und ebenso in Betreff dieser Aehnlichkeiten:
während Einige glauben, daß sie nur in einigen Be-
standtheilen sich finden, gehen Andere weiter, indem sie
versichern, nicht bloß in diesen, sondern auch in den Gegenständen beider Konceptionen selbst; eine Ungleichheit, die
wir auch unter den Anhängern der Verwandtschaft der Konceptionen selbst sehen werden, denn während die Einen sie
sozusagen in direkter Linie, vom Ascendenten zum Descendenten,

vom Vater auf den Sohn festsetzen, indem sie die Goethe'sche
als auf der Calderon'schen beruhend annehmen, bestimmen
Andere sie in sehr verschiedener Weise, in der Seitenlinie,
und selbst dies in verschiedenen Graden, da es Solche gibt,
welche sie in ein und derselben Quelle, in ein und derselben Legende inspirirt glauben, und Andere den Satz auf-
stellen, daß sie zur Grundlage Legenden haben, die unter
sich verschieden, aber aus ein und derselben Quelle ge-
flossen.

Bei einer so schrecklichen Konfusion, Angesichts dieses
wahren Chaos von Meinungen ist es Zeit, daß die unpar-
teiische Kritik die Wahrheit wiederherstelle, die in diesem
wirren Labyrinth verloren.

Mit guter Entschließung hat daher die Königliche
Akademie der Geschichte beim zweiten Centenarium des
großen spanischen Dramatikers zu einem öffentlichen Wettstreit über einen Punkt von solcher Wichtigkeit und Bedeutung
eingeladen.

Und indem wir nunmehr auf die Sache selbst eingehen,
beginnen wir damit, daß wir sagen, daß alle obengenannten
Meinungen, so verschieden sie sind, doch alle in Einem
Princip übereinstimmen, Eine Behauptung zur Grundlage
haben, nämlich daß zwischen dem „Mágico Prodigioso" von
Calderon und dem „Faust" von Goethe sich wesentliche künstlerische Aehnlichkeiten finden. Die Abweichungen bestehen
dann in dem größeren oder geringeren Umfang, den die
Einen und die Andern diesen Aehnlichkeiten zuertheilen und
in den verschiedenen Ursachen und Erklärungen, die sie dafür
annehmen; aber der Ausgangspunkt ist derselbe für Alle;
dies ist, wir wiederholen es, die wirkliche und positive Existenz
solcher Aehnlichkeiten. Deshalb müssen wir unsere Unter-

suchungen mit der Prüfung dieser Fundamental-, dieser
ersten Frage, dieser Frage der Fragen, beginnen.

Existiren in Wirklichkeit wesentliche und ausschließliche
Beziehungen zwischen dem „Faust“ und dem „Mágico Prodigioso“? Die Wahrheit ist, daß man diese Beziehungen
bis jetzt auf Argumente gegründet hat, die im ersten Augenblick triftig erscheinen, aber, mit einiger Aufmerksamkeit
geprüft, nicht genügen, um eine wahre Ueberzeugung hervor-
zubringen. Faust, sagt man, ist ein Magier wie Cipriano,
der Gretchen liebt wie dieser Justina und der, wie der
antiochenische Märtyrer, sich in einem Pakt mit dem Teufel
den Besitz Gretchens bedingt, wie jener den Justina's, um
den Preis seiner Seele. Nehmen wir für einen Augenblick
an, daß dem so sei; dann wissen wir nicht, wie dies genügen kann, um wesentliche Aehnlichkeiten festzustellen, und
noch weniger specielle und diesen beiden Werken eigenthümliche (daß Einige daraus Verwandtschaften und Plagiate
herleiten), denn in gleicher Weise gibt es viele andere, mit
denen sie gleiche oder analoge Aehnlichkeit darbieten, z. B.
„El Esclavo del Demonio“, „Quien mal anda mal acaba“
die oben erwähnt, und so viele andere, in denen wir gleichfalls das Teufelsbündniß aus Liebe sehen. Damit diese
Aehnlichkeiten wirklich wesentlich und ausschließlich seien, ist
es nöthig, daß Faust und Cipriano einander gleichen und
ebenso Justina und Gretchen, und daß diese Aehnlichkeit
auch in den Situationen, in der Entwickelung dieser beiden
Werke existire, mit Einem Wort, daß der Inhalt des einen
dem Inhalt des andern innig entspreche.

Ist dem so? Entspricht in dieser Weise der Inhalt
des „Faust“ dem des „Mágico Prodigioso“? Durchaus
nicht.

Goethe's Faust ist die vollendete Schilderung des neuen Lebens eines alten und gelehrten Doktors, der, von der Last der Jahre und des Wissens gebeugt, an den Selbstmord als Ende seiner Tage denkt, aber plötzlich, da er die Gesänge hört, welche die Jugend dem blühenden Osterfest weiht, ein ungestümes Verlangen zu leben und zu genießen fühlt und, um es zu erreichen, nicht schwankt, seine Seele dem Mephistopheles zu verkaufen. Durch diesen verjüngt und in seiner Gesellschaft stürzt er sich in eine Reihe von Abenteuern, die der Dichter uns nacheinander bis zum Schlusse der Dichtung zeigt. Im Verlauf derselben sehen wir den Doktor mit seinem unzertrennlichen Begleiter, bald in Auerbach's Keller in Leipzig trinkend und scherzend, bald Zauberei treibend, wie im Kaiserpalast und in der Walpurgisnacht, der Nacht des klassischen Sabbaths der Hexenwelt; bald in Deutschland, bald in Sparta, bald in vielen anderen Theilen, als unermüdlicher Reisender, beständiger Abenteurer, der bald Gretchen, bald Helena liebt, und der auf diese Weise in vielen anderen Episoden vorkommt, in denen er immer der Held ist. „Da kommen sie und fragen", sagte Goethe zu seinem Freund Eckermann, „welche Idee ich in meinem „Faust" zu verkörpern gesucht. Vom Himmel durch die Welt zur Hölle, das wäre zur Noth etwas; aber das ist keine Idee, sondern Gang der Handlung." *)

*) Siehe Eckermann: Gespräche mit Goethe, Band II, S. 118 der 4. Auflage von 1876. Sanchez Moguel citirt übrigens nicht richtig, indem er im Texte sagt: „Me pregunta V., decia Goethe á su amigo Eckermann, qué pensamiento he querido encarnar en mi Fausto etc." Goethe beantwortet hier keine Frage Eckermann's, sondern spricht von den Deutschen, „die sich durch ihre tiefen Gedanken und Ideen, die sie überall suchen und überall hineinlegen, das Leben schwerer als billig machen." Anm. d. Uebersetzers.

17*

Unter diesen Episoden, und nur als eine von so vielen, mit dem einzigen Unterschiede, daß der Dichter sich bei ihr zum Schaden der Symmetrie des Gedichts länger als bei andern aufgehalten, figurirt die Liebe des Faust zu Gretchen. Obgleich sie so schön ist, kann sie wegen ihres episodischen Charakters aus dem Gedicht ausgelassen werden, ohne daß sich darum der Inhalt, die Totalconception des Werkes irgendwie ändert, ebenso wie, wenn wir in der Geschichte des sinnreichen Junkers von der Mancha irgend eines seiner Abenteuer, so interessant dies auch wäre, ausließen, sich deshalb die Natur und die Entwickelung des unsterblichen Romans des Cervantes nicht ändern würde. Und dasselbe würde der Fall sein bei jedem andern Poem, Drama oder Roman, die von Abenteuern handeln. Aber man lasse aus dem „Mágico Prodigioso" die Liebe Cipriano's zu Justina, und wir haben in ihrem Grunde die calderonianische Komödie vernichtet, deren wahre Seele diese Liebe ist. Wie will man daher eine Identität oder eine Verwandtschaft zwischen dem Inhalt beider Werke bestimmen? Was ist und was kann es Gemeinschaftliches geben zwischen dem jungen antiochenischen Philosophen, dessen Gedanke ist Gott zu suchen, und dem skeptischen und alten deutschen Doktor, dessen Wunsch ist zu leben und zu genießen? Zwischen dem Einen, der um neues Leben zu erlangen, und dem Andern, der um das geliebte Weib zu erlangen, seine Seele dem Teufel verkauft, was gibt es Aehnliches außer der Förmlichkeit des Kontrakts? Denn einer der schwersten Irrthümer, die man in diesem Punkte begeht, ist der, zu vergessen, daß als Faust Gretchen liebt und sie besitzen will, er mit dem Teufel keinen speciellen Pakt schließt, wie Cipriano, da er Justina liebt: Faust hat, bevor er Gretchen kennen lernte, bevor er von Neuem jung geworden, bevor er sein neues Leben begonnen, um es zu erlangen, mit Mephistopheles seinen einzigen Pakt geschlossen, ohne nur zu vermuthen, daß ein Gretchen existirte. Was gibt es also Gemeinsames oder Aehnliches zwischen dem Pakt des Faust und dem des Cypriano? Derselbe radikale Unterschied, der zwischen beiden Personen besteht, und der ganz verschiedene Gegenstand, der sie zum Pakte bringt.

Der Umstand, daß Goethe sein Gedicht in langen Zwischenräumen und in auseinanderfolgenden Theilen von 1790 bis 1831 geschrieben und veröffentlicht, hat Anlaß dazu geben können, daß die, welche entweder nur den ersten Theil kennen oder bloß bei diesem stehen bleiben, auf ihn den ganzen Faust und auf die Episode der Liebe des Faust zu Gretchen den ganzen Inhalt des Werkes reduciren, ohne zu bedenken, daß Goethe selbst, als er den ersten Theil veröffentlichte, es „ein Fragment" seines allgemeinen Werkes nannte, in welchem Fragment eine bloße Episode, die Liebe Faust's zu Gretchen, ebensowenig den Inhalt aus= macht noch ihn ausmachen konnte.

Man könnte denken, daß, wenn also nicht der allge= meine Inhalt des Goethe'schen „Faust", noch auch der des ersten Theils, doch der specielle der Liebe Faust's zu Gret= chen specielle Beziehungen zum Inhalt des „Mágico Pro- digioso" habe. Wir unsererstheils tragen kein Bedenken entschieden zu behaupten, daß wir Aehnlichkeitsbeziehungen zwischen dem Inhalt Beider nicht finden, weder zwischen den Personen, noch zwischen den Situationen, die auf sie Bezug haben. Diese Episode ist die dritte in der chronologischen Ordnung der Abenteuer des einmal verjüngten Faust: die erste ist die in Auerbach's Keller; die zweite die der ersten

Zaubereien des Doktors. Faust sieht auf der Straße Gret=
chen, die vorübergeht: er verliebt sich in sie; er bittet
Mephistopheles, er möge in dieser Liebe vermitteln, damit
er den Besitz des jungen Mädchens erlange; Mephistopheles
bedient sich eines Schmuckkästchens, um das Herz Gretchen's
zu interessiren, die, arm und an solche Geschenke nicht gewöhnt,
von ihrem Anblick geblendet wird: sie sprechen sich und ver=
kehren miteinander im Hause einer Nachbarin mit Namen
Martha, und zuletzt verliert das unglückliche Mädchen den
besten seines natürlichen Schmucks. Ein Kind, das sie ge=
boren, erdrosselt sie mit ihren Händen, um ihre Schande
zu verbergen; ihr Bruder Valentin kommt in einem Duell
mit Faust um; ihre Mutter versinkt von einem Trank,
den ihre Tochter ihr gegeben, in einen Schlaf, von dem
sie niemals erwacht. Darauf gefangen genommen, will das
arme Mädchen die Flucht, die ihr Liebhaber ihr anbietet,
nicht annehmen, sondern ihre Verbrechen am Galgen sühnen,
zur gerechten Strafe derselben, eine schöne Situation, die
uns an die ähnliche unseres Enrico in „El Condenado por
desconfiado" erinnert, ohne daß man dies deshalb einer
andern Ursache als der eines bloßen Zusammentreffens zu=
schreiben muß, denn es steht nicht fest, daß Goethe dies
Werk gekannt hat.

Nun gut, fragen wir: Was gibt es Gemeinsames oder
Aehnliches zwischen dem Inhalt dieser Episode und dem
Inhalt des „Mágico Prodigioso"? Was in der Liebe
Faust's und Gretchens und der Justina's und Cipriano's?
Was in den Situationen? Was zwischen den Personen
beider Werke? Es scheint unglaublich, daß man Aehnlich=
keiten hat finden wollen, wo nur Verschiedenheiten und ganz
radikale Verschiedenheiten existiren! Und man bedenke, daß

wir die noch gar nicht genannt haben, die den Mephistopheles von Goethe vom Dämon Calderon's trennen; dieser, der Satan des Christenthums, der Todfeind des Menschen, dessen Verderben er geschäftig durch alle Mittel sucht, mit den bloßen Einschränkungen die ihm die göttliche Macht und der menschliche freie Wille auferlegen; jener, die unversöhnliche und eisige Personifikation eines unglaublichen Skepticismus, der Geist, der stets verneint, wie er sich selbst definirt, eine Art von Encyklopädist des vorigen Jahrhunderts, ohne Hoheit, ohne Sehnsucht, der sich damit unterhält, Schaden zu thun, auch ohne das Vergnügen es zu thun, und dem es gefällt von Zeit zu Zeit den Alten (Gott Vater) zu sehen, der so liebenswürdig ist, „so menschlich mit dem Teufel selbst zu sprechen."

Endlich können die Konsequenzen, die man aus beiden Werken entnimmt, nicht entgegengesetzter sein: im calderonianischen Drama und in der Person Justina's die unumschränkte Macht des freien Willens; in der Episode des Faust und in der Person Gretchens die Fatalität der menschlichen Leidenschaften, und in Faust und Cipriano, bei dem Einen: leben, es koste was es wolle, bei dem Andern: sterben, wenn man für die Wahrheit stirbt. Dieser ist ein Heide, der Christ wird; jener ein alter Christ, der in das Heidenthum sinkt.

Mit diesem vergleichenden Studium der Goethe'schen Episode und der Calderon'schen Komödie würde die vorgesetzte Frage erledigt sein, wenn wir es nicht für passend hielten, in der Sphäre der Thatsachen dieselben Behauptungen zu beweisen, die wir in der der Doktrinen und der Kunst vertheidigt haben, indem wir einleuchtend darthun, daß Goethe sich nicht inspirirt hat und nicht inspiriren

konnte in einem Werk, das er erst Jahre nachher kennen
lernte, nachdem er den ersten Theil seines „Faust" geschrieben
und veröffentlicht.

Glücklicherweise können wir das Datum präcisiren, in
welchem der Frankfurter Dichter die Werke des Madrider
Poeten kennen zu lernen begann, und zwar nicht durch
Konjekturen oder Mittheilungen anderer Autoren, sondern
aus der sichersten Quelle, durch das Zeugniß Goethe's. Es
war ihm die Bekanntschaft Calderon's so angenehm und
exceptionell, dies Datum hatte für ihn eine so große Wichtigkeit, daß er es in den Ephemeriden seines Lebens besonders verzeichnen mußte.   Im Jahre 1802 schrieb er:
„Auch ist zu bemerken, daß in diesem Jahre Calderon, den
wir dem Namen nach Zeit unseres Lebens kannten, sich zu
nähern anfing und uns (er spricht von Schiller und sich)
gleich bei den ersten Musterstücken in Erstaunen setzte. *)

---

*) Goethe „Wahrheit und Dichtung": Jahr 1802. Es ist auch
zu bemerken, daß als Gries 1819 seine Uebersetzung des „Mágico
Prodigioso" nebst andern Komödien Calderon's herausgab, Goethe
diesen Band in einem Artikel über die „Tochter der Luft" unseres
Dichters lobt. Wenn er dem „Mágico Prodigioso" Inspirationen
verdankt hätte, so würde er es sicher in diesem Artikel gesagt haben.
Wer viel, sehr viel Goethe verdankt, war Calderon, zu dessen Ruhm
in Deutschland der Frankfurter Dichter beitrug. Dies möge man
niemals vergessen.   Anmerkung des Sanchez Moguel.

Die citirte Stelle findet sich nicht in Goethe's „Wahrheit und
Dichtung", da diese bloß bis 1775 reichen, d. h. bis zu dem Zeit-
punkte, wo Goethe nach Weimar übersiedelte; wohl aber steht sie
in seinen „Tag- und Jahres-Heiten."

Woldemar Freiherr von Biedermann hat in seinen „Goethe-
Forschungen" (Frankfurt am Main 1879) in dem Aufsatz: „Trauer-
spiel in der Christenheit" S. 154 bis 190 eingehend über Goethe's
Beziehungen zu Calderon geschrieben. „Wie tief Calderon auf ihn

Jahre nachher, 1821, erzählt er uns, wie er das Studium Calderon's fortsetzte, indem er offenherzig bekennt,

(Goethe) gewirkt". — schreibt Biedermann (S. 167 und 168 seines eben citirten Werkes) — „bezeugt nicht nur im Allgemeinen das durch mehr als sechzig Citate nachgewiesene dreißigjährige unaufhörliche Zurückkommen auf denselben und das Beleuchten seiner Eigenschaften in den verschiedensten Beziehungen . . . Dieser einfachen Beweise seiner Hingebung an Calderon gegenüber braucht man es auch nicht für einen der vielen Irrthümer in Bezug auf sich selbst, welche namentlich in den Gesprächen mit Eckermann uns öfters aufstoßen, zu halten, wenn er gegen diesen fallen läßt, Calderon habe gar keinen Einfluß auf ihn gehabt: vielmehr darf man diese Aeußerung so verstehen, daß Calderon's Eigenthümlichkeit kein bleibender Bestandtheil seiner Bildung geworden sei, wie es denn in der That kein ganzes Werk Goethe's gibt, das den Stempel des spanischen Bühnendichters trüge."

Biedermann hat aber nachgewiesen (siehe den angeführten Artikel, daß Goethe versuchte, ein Stück in der Weise Calderon's zu schreiben, und zwar das zuerst in der 2. Abtheilung des I. Bandes der Quartausgabe der Werke Goethe's (1836) unter der Ueberschrift „Fragmente einer Tragödie" in den vorhandenen Bruchstücken bekannt gemachte „Trauerspiel in der Christenheit."

Goethe schreibt in seinen „Tag- und Jahres-Heften" unter 1812: „Zu höheren Zwecken ward „Die große Zenobia" von Calderon studirt und der „Wunderbare Magus" durch Griesens Uebersetzung uns angenähert."

Die Uebersetzung, in der Goethe damals den „Mágico prodigioso" kennen lernte, war aber nicht die von Gries, sondern die von Einsiedel, wie dies sein eigener Brief an Knebel vom 17. Oktbr. 1812 bezeugt.

In den Tag- und Jahres-Heften unter 1816 berichtet Goethe: „Gries, durch die Ausgabe des zweiten Theils seines Calderon, machte uns im Spanien des siebzehnten Jahrhunderts immer heimischer." Dieser Band enthielt „Das laute Geheimniß" und „Den wunderthätigen Magus." Auch im Dankbrief an Gries vom 29. Mai 1812 erwähnt Goethe, daß er sich dadurch „in ein herrliches, meer-

daß er ihn nicht bloß studirte, sondern auch von unserem
Dichter, so viel er konnte, sich aneignete. Hören wir ihn:
„Zwei Stücke von Calderon machten mich sehr glücklich . . . .
Eine spanische Blumenlese, durch Gefälligkeit des Herrn
Perthes erhalten, war mir höchst erfreulich; ich eignete mir
daraus zu, was ich vermochte, obgleich meine geringe Sprach=
kenntniß mich dabei manche Hinderung erfahren ließ."*)

Nun gut, Angesichts der aufrichtigen Bewunderung
Goethe's für Calderon, die auch an andern Stellen seiner
Werke sich kundgibt; Angesichts auch der Offenherzigkeit, mit
der er uns erzählt, daß er sie nicht bloß studirte, sondern
sich daraus, was er konnte, zueignete, ist es, wenn man
recht denkt, anzunehmen, daß, wenn er den „Mágico Prodigioso" gekannt, und vor Allem, wenn er diesem Werke

---

umflossenes, blumen= und fruchtreiches, von klaren Gestirnen be-
schienenes Land" und in einen fremden Bildungszustand versetzt
fühle, hinzufügend, daß seine damalige Beschäftigung mit der morgen=
ländischen Dichtung ihm den Calderon, der seinen arabischen Ur=
sprung nicht verleugnen könne, noch werther mache.

Anmerkung des Uebersetzers.

*) Diese Stelle der Tages= und Jahres=Hefte wird von San-
chez Moguel unrichtig citirt und ist daher auch falsch von ihm verstanden worden. Goethe schreibt: „Zwei Stücke von Calderon
machten mich sehr glücklich: der absurdeste Gegenstand in „Aurora
von Copacavana", der vernunft= und naturgemäßeste, „Die Tochter
der Luft", beide mit gleichem Geist und überschwänglichem Talent
behandelt, daß die Macht des Genies in Beherrschung alles Wider=
sprechenden daraus aufs Kräftigste hervorleuchtet und den hohen Werth
solcher Produktionen doppelt und dreifach beurkundet.

Eine spanische Blumenlese u. s. w." Es steht aber in dieser Stelle
durchaus nicht, daß die Blumenlese Calderonianische Werke enthalten
und Goethe sich daraus was er konnte zugeeignet habe.

Anmerkung des Uebersetzers.

Inspirationen verdankt haben würde, er es nicht ebenso gesagt hätte?

Aber wie sollte sich Goethe in Calderon's Werk inspiriren, wenn er geraume Zeit bevor er unsern Dichter kennen lernte, nämlich 32 Jahre früher, 1770 den Plan zu seinem „Faust" faßte, wenn er 1774 die ersten Scenen schrieb und wenn er schon 1790 den Theil oder das Fragment veröffentlichte, in dem Faust's und Gretchen's Liebe enthalten sind? In andern Quellen also hat sich Goethe inspirirt, und, um unsere Studie noch mehr zu vervollständigen, wird es nöthig sein, sie, wenn auch nur kurz, mit der nöthigen Klarheit zu präcisiren.

VIII.

(Quellen von Goethe's „Faust." — Die Sage vom Doktor Faust: ihre Geschichte. — Ihre Beziehungen zu andern Sagen. — Die Faustsage und die Goethe'sche Dichtung. — Der „Faust" und der „Mágico Prodigioso." — Calderon und Goethe).

Wenige Werke zählt die moderne Literatur, die eine gleiche Berühmtheit wie das Goethe'sche erlangt haben, wie es die zahlreichen Uebersetzungen *) und Studien **) über

---

*) Die kastilianischen Uebersetzungen, die wir kennen, sind folgende:

a) Fausto, poema de Goethe, traducido por Francisco Pelayo Briz. Barcelona, Lopez. 1864.

b) Anónima, publicada en La Abeja, t. IV (1ª parte).

c) Goethe: Fausto, traducido por José Casas Barbosa, primera parte. Barcelona, 1868.

dasselbe in allen Sprachen Europa's bezeugen; aber wenige
sind auch Gegenstand verschiedenerer Urtheile gewesen, sei
es in Bezug auf ihren künstlerischen Werth oder sei es in
Betreff ihrer unmittelbaren und direkten Quellen.

Was diesen letzteren Punkt angeht, den wir hier allein
zu prüfen haben, so findet die gemeinsame Ansicht der Gelehrten diese Quellen in der Sage oder Legende vom Doktor
Faust, die in Teutschland volksthümlich und in ganz Europa bekannt war, als der Frankfurter Dichter sein Poem
verfaßte. Aber was diese Sage, ihren Ursprung, ihre historische
Entwickelung betrifft, so sind dies Fragen, in denen die Gelehrten in ihren verschiedenen Schriften ungemein voneinander
abweichen. Es gibt Einige, die behaupten, die Faustsage
sei eine originelle, von jeder andern unabhängige Sage,
die in den Tagen der Reformation entstanden und sich entwickelt habe. Andere dagegen, die ihr ein höheres Alter bei-
legen und sie zugleich identificiren mit der Legende des
Theophilus, mit der des Cipriano und allen jenen Legenden,

d) Fausto: prachtvolle Ausgabe mit Bildern, von English und
Gras, mit einem Vorwort von Valera. Madrid, 1878.

e) In Versen von Teodoro Llorente. (Einzelne Bruchstücke daraus
sind in verschiedenen Zeitschriften erschienen. Man sagt, daß die
Uebertragung in Kurzem ganz und in einer speciellen Ausgabe erscheinen wird. Wir tragen mit Rücksicht auf die dichterischen Eigenschaften und die außerordentliche Begabung Llorente's kein Bedenken zu versichern, daß diese Uebersetzung Goethe's durchaus würdig
sein wird. Anmerkung des Sanchez Moguel.

**) Von den wichtigsten spanischen Schriften verdienen außer
den schon genannten besondere Erwähnung die „Ensayos criticos"
des Gonzalez Serrano (Madrid, English und Gras) und die Artikel, die gegenwärtig in der „Revista Ilustrada" veröffentlicht werden.
Anmerkung des Sanchez Moguel.

in denen der Pakt mit dem Teufel und die magischen Mächte
vorkommen. Für diese Autoren sind alle diese Legenden
nur historische und nationale Phasen einer und derselben
Sage, der Faustsage. Theophilus, sagt man, ist der ita=
lienische Faust, wie Cipriano der spanische Faust, verschie=
dene Verkörperungen desselben Typus, derselben Persön=
lichkeit, Vorfahren und Vorgänger des germanischen Faust;
ihre Legenden sind daher Theile ein und derselben Legende.
Dies vorausgeschickt, wird es uns leicht sein zu begreifen,
wie Lewes, wie Basconcellos, wie Teófilo Braga, wie wir
im 2. Kapitel dieser Studien bemerkten, sagen konnten, daß
der „Mágico Prodigioso" zur Grundlage die Faustsage
habe. Ebenso und mit ganz demselben Verfahren könnten
wir sagen, daß, wenn die Legenden von Cipriano, Theo=
philus und Faust keine unabhängigen Legenden, sondern
Theile und verschiedene Aspekten derselben Legende sind,
und wenn diese einen richtigen Namen erhalten soll, sie mit
größerem Recht und größerer Schicklichkeit, statt nach dem
der modernsten Persönlichkeit dieser Legende, dem Faust,
benannt zu werden, den Namen der ältesten tragen, also
nicht Faust=, sondern Cipriano=Legende heißen sollte. Und
so wie jene Autoren sagten, daß der „Mágico Prodigioso"
auf der Faustsage beruhe, würden wir in diesem Falle sagen,
daß Goethe's „Faust" die Legende des Cipriano zur Grund=
lage habe.

Aber Nichts wäre mehr von der Wahrheit entfernt
als solche Behauptungen. Die Legende des Cipriano, die
des Theophilus und die des Faust sind keineswegs ver=
schiedene Theile derselben Legende, was immer der Name
sein möge, mit dem man sie bezeichnen will, sondern drei
ganz unabhängige Legenden ohne irgendwelche wahre historische

oder künstlerische Verwandtschaft und, was noch mehr ist, ohne Beziehungen und wechselseitige wesentliche Aehnlich= keiten, ja sogar ohne die äußern und untergeordneteren des Bundes mit dem Teufel, worin man allgemein, aber mit Unrecht, eine Aehnlichkeit glaubt, denn in der Legende des Cipriano existirt, wie wir gesehen haben, ein solcher Bund nicht, und in denen des Theophilus und Faust (diese in Zeiten nach ihrer Entstehung, wie wir sehen werden), in denen der Bund mit dem Teufel vorkommt, ist dieser in beiden Legenden von ganz verschiedener Art: in der des Theo= philus, aus Ehrgeiz desselben wieder das geistliche Vikariat, das er früher hatte, zu verwalten, und in der des Faust aus Wissens = und Vergnügungsdurst. *) Selbst wenn in allen diesen Legenden gleichmäßig die Aehnlichkeit des Bundes mit dem Teufel vorhanden wäre, so würde diese Aehnlich= keit doch niemals genügen, irgend eine Verwandtschaft zwischen ihnen zu begründen, und noch viel weniger eine specielle, so daß man sie als Theile ein und derselben Le= gende betrachten könnte. Wir wiederholen hier, was wir im vorigen Kapitel gesagt, nämlich daß, wenn die bloße For= malität des Pakts mit dem Teufel, wie verschieden dieser auch sei, genügte, Verwandtschaften zwischen den Werken,

---

*) Zum Beweis der Konfusion, die bei den Kritikern in Bezug auf diese Legenden herrscht, wird es uns genügen zu sagen, daß ein Literat vom Ruf des Valera in seinen „Disertaciones y juicios literarios" (Madrid, Perojo, 1878, S. 367) hat Folgendes über die Theophilus=Legende schreiben können: „Die Sage des Faust und deshalb die beiden berühmten Dramen Goethe's, die diesen Titel tragen, hatten ihre Grundlage in der erwähnten Geschichte, wie vielleicht das Drama Calderon's: „El Mágico Prodigioso."

Anmerkung des Sanchez Moguel.

in denen ein solcher Pakt vorkommt, zu begründen, die Zahl
derselben nicht zu zählen sein würde.

Und indem wir uns ausschließlich auf die Faustsage
beschränken, stellen wir zunächst kategorisch folgende Grund=
sätze hin: 1) Diese Sage ist originell und von jeder andern
unabhängig und 2) Ihr Ursprung geht nicht über das 15.
Jahrhundert hinaus, sondern datirt vom 15. Jahrhundert.
Die Erzählungen der Legende stimmen darin ebenso wie
die ältesten historischen Zeugnisse überein, was mehr als
hinreicht, damit beide Behauptungen auf wahrhaft festen
und unerschütterlichen Grundlagen ruhen. Jetzt ist die
Frage die, möglichst genau den Ursprung und die historische
Entwickelung dieser Sage zu bestimmen, alles Fragen, in
denen die Gelehrten uneins waren und noch sehr uneins sind.

Gegenwärtig gibt es wesentlich zwei Meinungen in
Bezug auf die Faustsage: eine, die sie als eine rein phan=
tastische Schöpfung behandelt; die andere als phantastisch=
historisch, d. h. mit historischer Grundlage und poetischen
Zusätzen nach Art aller Sagen. Einer hat sogar angenommen,
die katholische Kirche habe diese Sage erfunden, um dem
Volk Schrecken vor der Freiheit des Denkens einzuflößen,
indem er augenscheinlich übersieht, daß die Sagen nicht so=
zusagen auf höheren Befehl erfunden werden, daß die des
Faust gerade im Vaterlande der Reformation entstanden,
und daß die ersten Erzählungen dieser Sage nicht von ka=
tholischen, sondern von protestantischen Verfassern sind.

Die erste der erwähnten Meinungen, nämlich die, welche
der Sage einen rein phantastischen Charakter beilegt, ist
ausgegangen von Wilhelm Schickard, einem Tübinger Theo=
logen, im Jahre 1621, und von Gabriel Naudé, der den
Faust als „homme imaginaire, chimère des Alemands"

bezeichnete. Diese Meinung hat nicht wenige Anhänger gezählt, aber heute hat sie deren kaum.

Die zweite dagegen, die in Wirklichkeit in den Studien die vorherrschende ist, hält entschieden die historische Existenz des Faust aufrecht, wenn auch nicht die aller Thatsachen, welche die Sage ihm zuschreibt, indem sie in ihr verständig das Wirkliche vom Phantastischen, das Historische vom Legendenhaften unterscheidet.

Was das historische Element betrifft, so ist die Ungleichheit der Ansicht der Gelehrten sehr groß, denn während Einige die Person des Faust vollständig mit der des Druckers Fust, des Genossen Guttenberg's, identifizirten, erkannten ihm Andere eine unabhängige und verschiedene Existenz zu; mit Einem Wort, für die Erstern waren Fust und Faust ein und dieselbe Person; für die Zweiten zwei ganz verschiedene. Unserestheils erklären wir sofort, soweit unsere Kenntnisse es gestatten, daß diese letztere Ansicht diejenige ist, die wir für die begründetste und annehmbarste halten, da sie auf festen und sicheren Grundlagen ruht, nämlich auf historischen Zeugnissen, sowohl in Bezug auf die Tage, in denen Faust lebte, als in Bezug auf die Zeiten, die seinem Tode nahe waren.

Diese Zeugnisse, einige von katholischen, andere von protestantischen Schriftstellern, stimmen dem wesentlichen Inhalt nach überein; nämlich in der wirklichen positiven Existenz einer Persönlichkeit mit Namen Faust, eines famosen Zauberers, von dem die überraschendsten Thatsachen berichtet wurden. Trithemius 1507, Mutianus Rufus 1513, Begardi 1539 sprechen von ihm als einem damals Lebenden. Gast erwähnt seiner 1546 als bereits verstorben, und ebenso Gesner 1561, Manlius (Mennel) 1562, Wierus (Wier) 1563. Die Existenz dieser Persönlichkeit scheint also durch diese wiederholten Zeugnisse der Zeit klar dargethan; aber ist dasselbe in Bezug auf die Thatsachen seines Lebens der Fall?

Einige machen ihn zu einem Polen von Geburt; aber er scheint ein Sohn Polens zu sein gerade wie unser Segismundo in „Das Leben ein Traum." Gewöhnlich hält man ihn für einen Deutschen, geboren, wie die Einen sagen, in Roda (im Großherzogthum Sachsen-Weimar); nach Andern, und dies ist die verbreitetste Meinung, in Knitlingen in Württemberg. Als Jahr seiner Geburt geben Einige 1480 an. Wie es scheint, studirte er Philosophie in Heidelberg und Physik und Magie (die dort öffentlich gelehrt wurde) in Krakau. Daher ist der Irrthum entstanden, daß ihn Einige zu einem Polen machen. Durch Einfluß Franz von Sickingen's wurde er Professor und Rektor der Schule in Kreuznach. Auch von seinen Aufenthalt in Geilenhausen und Leipzig um die Jahre 1525 bis 1530 ist einige Kunde geblieben.

Wir haben bereits gesagt, daß Gast 1548 von ihm spricht als von Einem, der kurze Zeit vorher gestorben.*)

Seine Zeitgenossen sprechen von ihm als von einem vorzüglichen Humanisten. Man schreibt ihm den Ausspruch zu: wenn die Worte des Plato und Aristoteles verloren gingen, könnte er sie von Neuem schreiben, denn er wußte sie auswendig und citirte sie geläufig. Dies berichtet Trithemius als etwas, das er von Personen gehört, die

----

*) Ich verweise unter Anderem auf den ausführlichen Artikel über die Sage von Faust in der „Allgemeinen Encyklopädie der Wissenschaften und Künste" von J. S. Ersch und J. G. Gruber (Leipzig 1845), sowie auf die erste Abtheilung in Heinrich Dünzer's Werk: „Goethe's Faust" (Leipzig, 1850). Anmerk. des Uebersetzers.

es aus dem Munde des Faust selbst vernommen. Man hielt ihn für ungläubig und gottlos in dem Grade, daß er sagte, er könnte, wenn er wollte, dieselben Wunder wie Christus thun. Man sprach von seinen Luftreisen durch die ganze Welt. Astrolog, Alchimist und Schwarzkünstler, sagte man, habe er Helena in Wittenberg auferweckt und sich mit ihr vermählt. Er hatte einen Diener, der ihn überallhin begleitete, mit Namen Mephistopheles, der für die einfachen Leute Niemand anders als der Satan in Person war. Man erzählte, daß er in Rimlich bei Wittenberg durch seinen Diener ermordet worden, und dies bestätigte mehr und mehr den Glauben, daß dies der Teufel war, mit dem er einen Pakt geschlossen, um seine Wissenschaft zu erwerben und auszuüben, und der nach Ablauf der festgesetzten Frist die Seele erlangt hatte, die ihm in Folge des genannten Paktes gehörte.

Die halbhistorische, halbphantastische Persönlichkeit er=langte sehr bald die größte Popularität, die man sich denken kann, in Deutschland wie in England, in Frankreich wie in Spanien.

Indem Schack von der Komödie Alarcon's „Quien mal anda mal acaba" handelt, in deren Inhalt er einige Aehn=lichkeit mit der Faustsage zu bemerken glaubt, sagt er, daß diese Sage kurz vor der Abfassung dieses Werkes nach Spanien dringen mußte. Da dasselbe 1617 geschrieben wurde, so würden wir Schack zufolge sagen müssen, daß dies in den Jahren 1600 bis 1610 geschah.

Mit unwiderleglichen Zeugnissen können wir versichern, daß schon 40 oder 50 Jahre früher, 1561, jene famose Persönlichkeit in Spanien bekannt und seine Geschichte in der Studentenwelt populär war. Conrad Gesner schrieb in

einem Briefe vom 16. August 1561 an seinen Freund
J. Krafft von Kraffteim, von Salamanca sprechend: „Aus
dieser Schule gingen die hervor, die wir gewöhnlich herum=
streichende Studenten nennen, unter denen Faust, der vor
nicht langer Zeit gestorben, eines außerordentlichen Rufes
genoß."

Jahre nachher, 1599, sprach uns auch der P. Martin del
Rio von der besonderen Art, welche die Zauberer Faust und
Agrippa auf ihren Reisen hatten, dem Wirth mit Geld zu
zahlen, das beim bloßen Ansehn ächt schien, das aber im
Verlauf einiger Tage sich in Horn oder in einen ähnlichen
Stoff verwandelte.

Dies sind die einzigen Notizen, die wir über Faust
und seine Sage in Spanien haben zusammenstellen können
und die hier zu gruppiren uns passend schien, da sich uns
die Gelegenheit in einer Arbeit von der Natur der gegen=
wärtigen darbot.

Verfolgen wir jetzt die Entwickelung der Faustsage in
den fremden Literaturen, wo ihre Spuren so tief sein
mußten.

Es gab in England einen Dichter, der durch sein per=
sönliches Wesen wie durch die Thatsachen seines Lebens
nicht wenige Analogie mit dem Faust der Geschichte hatte,
und den vielleicht deßhalb mehr als irgendeinen Andern die
Sage des Doktors von Knittlingen interessiren konnte, um
sie in einem seiner Dramen auf die Bühne zu bringen.
Dieser Dichter war Cristoph Marlowe, der um die Jahre
1564 bis 1585 blühte. Die wichtigen modernen Arbeiten
von Dyce, Villemain, Taine, Bazy, Meziérs, François Victor
Hugo und Andern haben uns diese seltsame Persönlichkeit,

einen der hauptsächlichsten Vorgänger W. Shakespeare's, wenn nicht der bedeutendste, vollständig kennen gelehrt.

Sohn eines Schusters, Student in Cambridge, Schauspieler von Profession, ein wesentlich heidnischer Geist, von zügelloser Lebensweise, immer in Gesellschaft von Possenreißern, in den Kneipen sich herumtreibend, behauptete der Verfasser von „The Yew of Malt" und „Edward II.," daß Moses ein Betrüger gewesen und Jesuschristus eher den Tod verdient habe als Barrabas, und daß, wenn er sich vornähme eine neue Religion zu gründen, er es besser machen würde. Von einer Gesellschaft zur andern, wo er nur war, predigte er den Atheismus, und als Atheisten wurde ihm mehr als einmal der Proceß gemacht. Er starb, von einem Nebenbuhler ermordet, in den Armen seiner Geliebten. So war der Mensch, so der Dichter, der zum Gegenstand für ein Drama die Faustsage wählte.

In diesem Drama ist Faust ein ungläubiger und ruinirter liederlicher Mensch, ein ausschweifender Geselle, der nur an Leben und Genießen denkt. Er glaubt, daß er keine Reue fühlen, und daß ihm nicht vergeben werden kann, und bei einem solchen Glauben liegt ihm wenig daran, seine Seele dem Teufel um den Preis der Freuden zu verkaufen, die dieser Verkauf ihm verschaffen könnte. Da für ihn ein guter Zauberer ein allmächtiger Gott ist, so geht sein ganzes Bestreben dahin, es zu werden. In Verbindung mit Mephistopheles gebracht, schließt er mit ihm den ordnungsmäßigen Vertrag ab, indem er seine Seele für 24 Jahre des Vergnügens verkauft. In Gesellschaft des Mephistopheles reist er überallhin, geht nach Rom, ohrfeigt den Papst (was damals am Hof der Königin Elisabeth sehr gefallen mußte), besucht die Residenz des Kaisers, genießt

die besten Damen, und als ob diese noch nicht genügten seine
rohen Begierden zu befriedigen, erweckt er Helena. Es
kommt der verhängnißvolle Tag, und als ihm bloß noch
eine Stunde zu leben übrig, fühlt er etwas wie Reue und
möchte den Lauf der Sonne aufhalten; aber jetzt ist es zu
spät: das Horoskop zeigt die Stunde an und Mephistopheles
bekommt seine Beute.

Das ist in Kürze der Faust Marlowe's.

Die englischen Puppentheäterchen, die zu den Zeiten
Shakespeare's und vor denselben jede Komödie, die auf dem
Theater beklatscht worden, verarbeiteten, bemächtigten sich
dieser, und in der neuen Form wanderte sie durch England
und ging auf den Kontinent und nach Deutschland, wo sie
noch zu Goethe's Zeit sehr populär war.

Schon auf anderem Wege hatte sich die Faustsage in
Deutschland Eingang bei der Menge wie bei den Gelehrten
verschafft, durch die Erzählungen, sowohl anonyme wie die,
welche 1599 Widman verfaßte, oder durch die des Pfitzer
und durch Bücher, die dem Faust selbst zugeschrieben wurden.

Aus den Erzählungen ging sie bald in's Drama über.
Außer den Puppenspielen behandelten sie der Reihe nach
Lessing und Müller, dieser 1778 und jener in der Tragödie, die er schon 1759 in Breslau zu schreiben begann.
Faust ist in der Tragödie Lessing's ein von den übrigen
verschiedener Faust: ein Weiser voll Wissensdurst, den der
Teufel (Mephisto) verderben will, den aber die Vorsehung
schützt, und als der Teufel den Triumphgesang anstimmt,
indem er ihn schon in seinen Krallen zu haben glaubt, ruft
ihm der Engel des Herrn zu: „Ihr sollt nicht siegen."
„Die Gottheit hat dem Menschen nicht den edelsten der Triebe
gegeben, um ihn ewig unglücklich zu machen." Dies ist ein

religiöses Drama, ein neuer Fauſt und tröſtlicher als die andern und ähnlicher unſerm Cipriano, aber deshalb nicht in Calderon's Drama inſpirirt.

Jetzt ſtehen wir bereits vor Goethe und ſeinem großen Drama. Die Wiedergeburt, welche die Fauſtſage in Deutſch= land im 18. Jahrhundert erlangte, ſollte in dieſem Werk ihren höchſten Ausbruck und ihre Krönung haben. Abraham zeugte Iſaak, Iſaak zeugte Jakob und Jakob zeugte Juda, in deſſen Händen ewig das Scepter Iſrael's blieb: ebenſo erzeugte die Geſchichte des Fauſt ſeine Legende, die Legende die Berichte und die dichteriſchen Darſtellungen dieſer Le= gende, Alles um als Reſultat die Dichtung Goethe's zu geben, in deſſen Händen das Scepter der Fauſtſage iſt und immer bleiben wird.

Als der Frankfurter Dichter zur Welt kam, war der Aberglaube an Zauberkünſte in Deutſchland in nicht ge= ringem Grade von Neuem ausgebrochen. Das zeigt nicht bloß die größere Popularität, welche damals die Fauſtſage hatte, ſondern auch die neuen Auflagen, die man damals von den alten Erzählungen machte, die ſpecielle Umarbeitung von 1728 und ſelbſt die Pflege, die man der Magie ange= deihen ließ. Der Aberglaube, ſagt ein berühmter Denker, iſt immer der letzte Glaube der Ungläubigen. Der „Golbene Eſel" des Apulejus gehört einem Zeitalter an, in dem man nicht mehr an die Götter glaubte. Voltaire und Diderot waren noch nicht geſtorben, als Mesmer, Caglioſtro und Saint=Martin geboren waren. Heute ſelbſt werfen ſich nicht Wenige von denen, die ihren religiöſen Glauben ver= laſſen, in die Arme des Spiritismus.

Goethe selbst erzählt uns,*) wie er in seiner Jugend in der Gesellschaft des Fräulein von Klettenberg die medizinisch-kabalistischen Studien trieb, die damals im Schwunge waren, und wie er dann Welling's „Opus mago-cabbalisticum" studirt und ebenso den Paracelsus und Basilius Valentinus,**) Helmont, Starcken und Andere.

Bereits Greis geworden, schrieb er in seiner „Farbenlehre" ***): „Die natürliche Magie hofft mit demjenigen, was wir für thätig erkennen, weiter als billig zu wirken ... Und warum sollten wir, fügte er hinzu, nicht hoffen, daß ein solches Unternehmen gelingen werde ... Die Anlässe zur Magie überhaupt finden wir bei allen Völkern und zu allen Zeiten."

Von früher Kindheit an hatte die Faustsage lebhaft seine mächtige Phantasie erregt. Schon 1770 faßte er den Plan zu dem großen Gedicht, in welchem diese Sage ewig leben wird. Wenig liegt daran, was die erste Ursache gewesen, die diesen Plan in seiner Seele geweckt: viel hat man darüber geschrieben, ohne zu positiven Resultaten zu kommen, und wir haben hier diese Polemiken nicht zu erneuern, denn sie würden uns zu sehr von dem, was uns in der vorliegenden Arbeit aufgetragen, entfernen. Uns ist von Wichtigkeit darauf hinzuweisen, daß er bereits 1774 die ersten Scenen seines Werkes schrieb; daß er sie ein Jahr nachher in Karlsruhe dem großen Klopstock las, der

---

*) Goethe: Wahrheit und Dichtung. Erster Theil.

**) Sanchez Moguel citirt fälschlich Basilio, Valentin, als ob dies zwei Personen wären.

***) Goethe: Geschichte der Farbenlehre. Dritte Abtheilung. Aufsatz über Joh. Bapt. Porta. Anmerkung des Uebersetzers.

ihn mit seinem Beifall ermuntern mußte *); daß er 1790,
wie wir an anderem Orte gesagt, den ersten Theil ver=
öffentlichte und endlich daß er sich mit dem zweiten mit
langen Unterbrechungen beschäftigte, bis er die letzten Scenen
schon altersschwach, 1831, vollendete, ein Jahr vor seinem
Tode, in demselben, in dem er das ganze Werk veröffent=
lichte. Werk eines ganzen Lebens**), ist sein ganzes Leben

---

*) Nach Heinrich Düntzer's Artikel: „Die Entstehung von Goethe's
Faust" auf S. 76 seines Buches: „Goethe's Faust." Erster Theil
(Leipzig 1850) muß ich hier eine kleine Unrichtigkeit berichtigen:
„Als Klopstock unsern Goethe Ende September 1774 zu Frankfurt
besuchte, bei welcher Gelegenheit ihn Goethe nach Mannheim be=
gleitet zu haben scheint, las dieser ihm die ersten Scenen des „Faust"
vor, welche der Dichter des „Messias" wohl aufnahm . . . Wenn
Goethe die ersten Scenen des „Faust" dem Dichter des „Messias"
in Karlsruhe vorgetragen haben will, so beruht dies auf Irrthum,
da er mit Klopstock in Karlsruhe nachweislich nicht zusammen=
getroffen ist."   Anmerkung des Uebersetzers.

**) Goethe selbst sagt vom Faust (Eckermann, Gespräche mit
Goethe I, S. 171): „Beim „Werther" und „Faust" mußte ich da=
gegen wieder in meinen eigenen Busen greifen, denn das Ueber=
lieferte war nicht weit her."

Ferner in demselben Buche II, S. 103: „Da die Konception
so alt ist und ich seit fünfzig Jahren darüber nachdenke, so hat sich
das innere Material so sehr gehäuft, daß jetzt das Ausscheiden und
Ablehnen die schwere Operation ist. Die Erfindung des ganzen
zweiten Theils ist wirklich so alt wie ich sage. Aber daß ich ihn
erst jetzt schreibe, nachdem ich über die weltlichen Dinge so viel
klarer geworden, mag der Sache zugute kommen. Es geht mir
wie einem, der in seiner Jugend sehr viel kleines Silber= und Kupfer=
geld hat, das er während dem Lauf seines Lebens immer bedeu=
tender einwechselt, sodaß er zuletzt seinen Jugendbesitz in reinen
Goldstücken vor sich sieht."

Goethe selbst sagt über Plagiat in „Wahrheit und Dichtung"

darin in seinen vielfachen und verschiedenen Phasen. Faust ist Goethe und er ist auch das Deutschland seiner Zeit.

Suchen wir in diesem Werk keine anderen spanischen Inspirationen als die des Juden von spanischer Herkunft, Spinoza, des einzigen Philosophen, dessen Herkunft Goethe selbst in seinem Gedanken erkannte.*)

Alles, was in dem Werk des deutschen Dichters enthalten, stammt entweder direkt aus der Faustsage selbst oder von Goethe, oder von seinem Vaterland und seinem Jahrhundert. Der Sage gehört die Person des Faust an, aber als sagenhaftes Symbol, nicht als Reproduktion des volksthümlichen Typus, und ebenso die Zeit, in die er ihn versetzt, seine Zauberkünste, sein Vertrag mit dem Teufel und einige Episoden aus seinem Leben, wie die von Auerbach's Keller; aber das neue Leben, das er als Greis durch den Pakt empfängt, sein Wissen, seine Ideen und Gefühle und viele Episoden, wie die der Liebe Faust's und Gretchen's sind Goethe's und nur Goethe's Werk. Der Sage entspricht auch Mephistopheles, aber die ironische und kalte Persönlichkeit

---

(Dritter Theil): „Weil ich aus allem, was ich vorhatte, kein Geheimniß machte, so erzählte ich ihm (Wagner) wie andern meine Absicht mit Faust, besonders die Katastrophe von Gretchen. Er faßte das Süjet auf und benutzte es für ein Trauerspiel, die Kindesmörderin. Es war das erstemal, daß mir jemand etwas von meinen Vorsätzen wegschnappte; es verdroß mich, ohne daß ich's ihm nachgetragen hätte. Ich habe dergleichen Gedankenraub und Vorwegnehmen nachher noch oft genug erlebt, und hatte mich, bei meinem Zaudern und Beschwätzen so manches Vorgesetzten und Eingebildeten, nicht mit Recht zu beschweren." Anmerkung des Uebersetzers.

*) Goethe sagt in „Wahrheit und Dichtung" (Dritter Theil): „Dieser Geist, der so entschieden auf mich wirkte und der auf meine ganze Denkweise so großen Einfluß haben sollte, war Spinoza."

des Goethe'schen Gedichts ist ebenfalls eine Schöpfung des
Dichters. Man sagt, daß er uns in ihm seinen Freund
Merk, seinen Vertrauten und Kameraden der ersten Jugend,
zeichnen wollte, der beißend und ironisch wie Mephistopheles
war. Helena hat auch ihren Ursprung in der Faustsage,
aber Goethe hat sie mit neuen Reizen verschönt. Wagner,
Faust's Diener in einigen Erzählungen der Sage, ist hier
diesem Charakter treu. Einige haben hier geglaubt, in ihm
den Leopold Wagner, Goethe's alten Freund in Straßburg,
zu erkennen, dem er den Kindsmord Gretchen's vor seiner
Veröffentlichung mittheilte, ein Vertrauen, das er nachher
zu beklagen hatte, denn Wagner beeilte sich sein Werk „Die
Kindsmörderin" zu schreiben, indem er es seinem Freunde
stahl.

Aber Gretchen? Woher hat der Dichter diese Figur
genommen, welche die Sage nicht hat, diese am meisten
poetische und bewunderungswürdige Schöpfung seines Werkes?
Gretchen, diese Verkörperung der unschuldigen einfachen
deutschen Jungfrau, die, wenn sie einmal leidenschaftlich
verliebt, Nichts abhält, die aber stets im Herzen eine Fröm=
migkeit und Reinheit bewahrt, die sie retten kann; Gretchen,
deren Verbrechen und Unglück uns erschreckt, aber deren
Reue und deren Ergebung und Kraft, um die Strafe zu er=
leiden, in der Seele das tiefste und edelste Mitgefühl erwecken;
Gretchen, anti=legendarische Wirklichkeit, lebendiger mensch=
licher Typus, Gretchen gehört Goethe an, wie der Cipriano
des „Mágico Prodigioso" Calderon.

Für Einige ist Gretchen niemand anders als Gretchen,
Goethe's erste Liebe, in die er sich mit 16 Jahren ver=
liebte und von der er immer eine lebendige Erinnerung be=
wahrte. Andern zufolge spielt Goethe mit dem Namen

Gretchen auf die Geliebteste seiner Geliebten, auf Friederike Brion an, die Tochter des protestantischen Pfarrers gleichen Namens in Sesenheim, an die Goethe noch als alter Mann voll Rührung gedachte, als er die Ephemeriden seines Lebens in seiner „Wahrheit und Dichtung" verzeichnete. Wir erwähnen hier die gewöhnlichsten Interpretationen der Erklärer unseres „Faust" unter nöthigem Vorbehalt. Es ist bekannt, wie sehr diese Dinge zu falschen Vorstellungen Veranlassung geben, wie es unter Anderen die Interpretationen und Kommentare, einheimische und fremde, der unsterblichen Dichtung des Cervantes klar beweisen. Stets werden die symbolischen und legendarischen Schöpfungen den Erklärern ein weites Feld bieten, um ihre Gelehrsamkeit und ihren Geist mit oder ohne Recht zu zeigen.

Das ist in Kürze Goethe's Dichtung mit Bezug auf ihre Hauptquellen. Es genügt das Gesagte, um klar und als natürliche Folge dieser Studie sehen zu können:

1) Daß zwischen dem Inhalt des „Mágico Prodigioso" Calderon's und Goethe's „Faust" keine wesentlichen Beziehungen sich finden.

2) Daß zwischen dem besondern Inhalt der Episode von Faust's und Gretchen's Liebe und der Liebe Justina's und Cipriano's im Drama Calderon's dieselben Unterschiede bestehen.

3) Daß die Legenden, in denen sich der deutsche und der spanische Dichter inspirirten, verschieden und voneinander unabhängig sind: die eine die von San Cipriano und Santa Justina, die andere die des Doktors Faust.

Die Satzungen der Wahrheit verlangen diese aufrichtigen und kategorischen Erklärungen. Es verlangt es auch das Andenken an Calderon, der ein so großer Freund der Gerechtigkeit war, und dem, weitentfernt ihm zu nützen, sehr geschadet haben die wenig überlegten und unpassenden Deklamationen Einiger seiner leidenschaftlichen Verehrer und auch die einiger Gegner Goethe's, indem sie auf Seiten der Bewunderer desselben die daraus folgenden Repressalien hervorriefen.

Wir unsererseits sind nicht und werden nicht unter denen sein, welche einem bezeichnenden kastilianischen Ausdruck zufolge, „einen Heiligen entblößen, um einen andern zu bekleiden." Mögen beide auf den Altären bleiben, die sie verdientermaßen erobert. Darum, wenn wir Calderon bewundern, bewundern wir auch Goethe, ohne daß eine Bewunderung die andere nothwendig auszuschließen habe, da sie beide miteinander vereinbar und gerecht sind.

Calderon und Goethe! Welche Namen! „Faust" und der „Mágico Prodigioso!" Welche Gedichte! Wenige zählen die modernen Literaturen, in denen wie in diesen so verschiedene Elemente wie das Legendenhafte, das Persönliche des Dichters und das Eigenthümliche der Zeit und des Landes, dem sie angehörten, in so erhabener und enger Verbindung sich kundgeben. Was auch immer ihre respektiven künstlerischen Vorzüge sein mögen, in diesem Punkte stellen sie dasselbe, wenn auch auf verschiedene Weise, dar. Die Macht des freien Willens und der Gnade, des Katholicismus, die ritterlichen und religiösen Gefühle des Spaniens des 17. Jahrhunderts, die Kraft und der poetische Reichthum, die vor allen andern Eigenschaften den Genius Calderon's charakterisiren, das stellt dar und wird immer darstellen der „Mágico Prodigioso." Die Mannigfaltigkeit und

Fatalität der Natur, der abergläubische Skepticismus *) des Deutschlands des 18. Jahrhunderts, die biegsame und tiefe künstlerische Phantasie Goethe's, das ist der „Faust." „Den großen Heiden" nennen die Deutschen den Frankfurter Dichter; „Den großen Katholiken" sollten wir den Madrider Dichter nennen. „Por mi se moriré" (Für meinen Glauben werde ich sterben!) las man auf dem Schilde seiner Ahnen: „Por mi se canté siempre" (Für meinen Glauben habe ich immer gesungen) sollte man auf dem seinigen lesen.

---

*) Der Ausdruck „el supersticioso escepticismo" erscheint nicht glücklich gewählt, da im „Faust", dieser deutschesten Schöpfung unseres Nationaldichters, dieser Darstellung eines reichen großartigen Menschenlebens, in der wir im Gegensatz zum Faust der Volkssage eine von ihrem Fall sich erhebende Seele mit glühendem Triebe zur Gottheit emporstreben sehen, nicht „abergläubische", sondern gewaltige Skepsis, skeptischer Scharfsinn, alles feurige Streben des Sturms und des Drangs zum vollendetsten Ausdruck gelangt. Und so wenig Aberglaube ist in dieser Dichtung, daß gerade der Teufel, wie Dünzer richtig auf S. 109 des Artikels: Idee und Ausführung von Goethe's „Faust" in seinem bereits erwähnten Buche bemerkt, als eine beschränkte Ansicht des Volksaberglaubens, der keine innere Wahrheit und Wesenheit beiwohne, vom Dichter mit keckem Muthe zur Seite geworfen wird.   Anmerkung des Uebersetzers.

Zur Biographie Calderon's.

–

Das Centenarium Calderon's hat alle Seiten des großen Buchs des bisher mehr in Deutschland als in Spanien studirten und gefeierten Dichters vor seinem Volke aufgeschlagen, damit es sie lese, sie bewundere und sich einpräge, und spanische Gelehrte wurden zu Studien nicht bloß seiner Werke, sondern auch seines Lebens begeistert, das im Gegensatz zu dem eines Cervantes, Quevedo und Lope bisher so wenig aufgestellt war.

Ich will hier kurz die Notizen zusammentragen, die sich aus den auf S. 179 meines Buches erwähnten Forschungen des D. Felipe Picatoste ergeben und in dem bemerkenswerthen Werke „Homenage á Calderon" (Madrid 1881) näher entwickelt werden.

Don Pedro Calderon de la Barca war Student, Soldat, Hofmann und Priester, aber er hat, wie Picatoste sich ausdrückt, „keine Spur von sich in diesen Berufsarten zurückgelassen; es scheint, als wäre er durch diese verschiedenen Stellungen hindurchgegangen, gleichwie der Vogel über die Felder fliegt, indem er ihren Duft und Zauber in sich aufnimmt und sie mit seinen Trillern belebt, ohne eine Spur seines Fluges zurückzulassen, oder wie die Sonne über die Erde schreitet, indem sie die hellsten Farben derselben erstrahlen läßt, ihre Schönheit und ihr Elend beleuchtet und sich schweigend im Horizonte verbirgt."

„Kein Autor", sagt D. Abelardo Lopez de Ayala in seiner berühmten akademischen Antritts-Rede, „hat sich so treu in seinem ersten dichterischen Werke gemalt, wie Calderon in der Komödie „El carro del cielo ó San Elías" (Der Himmelswagen oder der heilige Elias). Nur mit Staunen und Liebe können wir diesen ersten Flug des jungen Adlers betrachten, der brennend vor Ungeduld, in alle Geheimnisse der Schöpfung eingedrungen, sich kühn auf den Wagen des Elias stürzt und sich in die Mitte des Raumes stellt, um zu gleicher Zeit die unaussprechlichen Melodien des Himmels, die tiefe Unruhe der Erde, die Angst und das Hoffen des Fegefeuers und das Geschrei der Verzweiflung der ciudad doliente (der Hölle) zu vernehmen."

Den leider verloren gegangenen „carro del cielo" schrieb Calderon 1613, nachdem er bereits 1610, d. h. als zehnjähriger Knabe, im Bunde mit Luis Belmonte und D. Francisco de Rojas „El major amigo el muerto" (der beste Freund der Todte) verfaßt hatte, nämlich der dritte Akt ist von ihm.

Seine Mutter, Ana María de Henao y Riaño, die ihn dem geistlichen Stande widmen wollte, oder seine Stiefmutter Doña Juana Freyle Caldera, nennt er in einer Romanze religiosamente astuta (schlau-religiös), was Picatoste dahin erklärt, daß ihm dieselbe die von Calderon's Großmutter, Doña Inés Riaño, 1612 gestiftete Kaplanei sichern wollte, die mit dem Hause dotirt war, in welchem Calderon starb.

Dies kleine Haus, in welchem Calderon die Strahlen seines Geistes über die ganze Welt entsandte, liegt in dem ehemaligen Bezirke der Platerias.

Calderon wurde in der Calle de San Benito gebo=
ren und lebte dann wenigstens bis 1613 in der Calle de
las Fuentes, wo seine Eltern Don Diego und Doña Ana
starben.

Er zog 1615 zum Studium der Rechte nach Sala=
manca. in welchem damals die größte Sittenverderbniß, die
Vorläuferin des Verfalles, herrschte. Dort sang Calderon
Liebeslieder dort werden auch die Abenteuer seines Lebens
begonnen haben, deren Spur er vielleicht selber zerstörte,
als er Geistlicher geworden. Er ließ Bartulus und Baldus
im Stich und, wie er in einer Romanze sagt, die Sucht nach
einem Börschen im literarischen Wettstreit des heil. Isidro
in Madrid machte ihn 1620 zum Dichter. Vom Studenten
zum Poeten war im 17. Jahrhundert nur Ein Schritt, und
Dichter und Schauspieler waren zu jener Zeit einander so
verwandt, daß die Dichter sich cómicos und die Theater=
direktoren autores de compañías nannten. Da aber der
übertriebene Hang zur Schauspielkunst vielen Jünglingen
verderblich wurde, indem er sie dem Studium entriß und
zu einem abenteuerlichen Leben verführte, wurden in Sala=
manca manchmal theatralische Aufführungen verboten und
der Schauspielerstand der Verachtung preisgegeben. Den
Ermahnungen, vielleicht von Angehörigen seiner Familie,
folgend, trat Calderon in die Dienste eines Granden von
Spanien, des Herzogs von Alba, und nachdem er sich bereits
durch Theaterstücke einen Namen erworben, die voll von
dem religiösen und selbst mystischen Gefühle waren, welche
die Erziehung in ihm geweckt, voll aber auch von der
Liebesgluth, die seinem jugendlichen Alter entsprach, zog er
1625 aus bis jetzt noch nicht aufgeklärten Gründen nach
Mailand und blieb, wie es scheint, drei Jahre beim Heer.

Alle Biographen haben bis jetzt gesagt, daß der Dichter bis 1635 in Flandern diente. Dies ist Picatofte zufolge jedenfalls unrichtig, denn es ist unmöglich anzunehmen, daß Calderon, der in dieser Periode mehr als zwanzig Dramen, u. A. „Das Leben ein Traum" schrieb, im Kriege soviele Werke schreiben konnte, von denen sich Einzelne auf Ereignisse beziehen, die am Hofe stattfanden. Er wird aber wohl drei Jahre im Heer gestanden haben, denn in den Jahren 1626 bis 1628 schrieb er keine einzige Komödie. Wir wissen auch bestimmt, daß er 1629 in Madrid war, denn als damals sein Bruder D. Diego von dem Schauspieler Pedro Villegas verwundet wurde, verfolgte er diesen mit dem Schwert in der Hand bis in's Kloster der Trinitarias, was dem berühmten Fray Hortensio Paravicino Veranlassung zu tadelnden Bemerkungen gab, die er vor Felipe IV. in seiner Predigt vom 11. Februar 1629 machte. Calderon rächte sich in seinem „Standhaften Prinzen", in welchem er die Predigt Hortensio's „sermon de Berberia" rannte.

Wahrscheinlich hat der Dichter der Belagerung und Uebergabe von Breda beigewohnt, denn wäre er damals am Hofe gewesen, so würde er ohne Zweifel den berühmten Brief Philipp's IV. an Spinola gekannt haben, der weiter nichts als den Einen beredten Satz enthielt: „Marquis von Spinola, nehmt Breda."

Unrichtig ist auch die Angabe der Biographen, der König habe Calderon das Ritterkleid von St. Yago zur Belohnung für seine militärischen oder literarischen Verdienste verliehen, denn im Archivo histórico Nacional befindet sich eine Petition Calderon's, in welcher er diese Auszeichnung erbittet, indem er sich auf den Adel seiner Familie beruft, in der sich auch viele Ritter militärischer

Orden befanden. Ebenso unrichtig ist die Bemerkung der Biographen, der Dichter habe zuvor noch auf Befehl des Königs die Komödie „Certámen de amor y celos" vollendet, ehe er im catalonischen Feldzug seiner Ritterpflicht genügt, denn Calderon folgte, wie eine bis jetzt unbekannte Bescheinigung beweist, sofort dem Ruf, der an die militärischen Orden ergangen war, indem er am 28. Mai 1640 ausgerüstet dastand und am 29. September ins Heer trat. Er blieb aber nicht bis 1648, wie bisher seine Biographen meinten, im Felde, denn, wie eine im Besitze des Conde del Asalto befindliche Urkunde beweist, erhielt er in Folge seines schlechten Gesundheitszustandes am 15. November 1642 den gewünschten Abschied.

Alle großen Schriftsteller Spaniens, von der heiligen Therese bis zu Quevedo, haben ein abenteuerliches Leben geführt, haben inmitten der Sittenverderbniß gelebt. Auch Calderon, der in einer Romanze ausdrücklich von sich sagt, daß er an der linken Schläfe eine Narbe hatte, die ihm die Eifersucht beigebracht. Er lebte in Madrid in einem Schwarme von Schauspielern und Tänzerinnen, die keineswegs durch ihre Moralität glänzten, befand sich doch unter ihnen die berühmte Calderona, die Geliebte Philipps IV. und D. Juan's de Austria, von der man sagte, daß sie noch berühmter sei durch ihre amores reales als durch ihre amores fingidos — ein Wortspiel, da amores reales nicht bloß wirkliche Liebe im Gegensatz zu der auf dem Theater dargestellten, sondern auch königliche Liebe bedeutet. Jedenfalls aber war das Theater der dankbarste und angenehmste Zufluchtsort für ihn, der durch des Lebens Zufälle von der Sittenverderbniß Salamanca's in die Rohheit des Feldlagers und in die Leichtfertigkeit des Hofes getrieben ward. In-

mitten desselben aber folgte er dem Rath, den der Adel
seines Charakters ihm eingab und den er in seinem Drama
„Das Leben ein Traum" in den Worten aussprach:

„Ich will recht handeln, denn das Gute thun geht
nicht verloren, selbst in Träumen."

Calderon wurde daher wie kein anderer Schriftsteller
von den Schauspielern geachtet; er, der berühmte Dichter,
der seine Stücke schrieb, ohne sich darum zu kümmern, ob
sie aufgeführt würden oder nicht; er, der ernste Mann, der
die Prachtgemächer des Königspalastes verließ, um ärmlich
in einem kleinen Hause zu wohnen; er, der tiefe Beobachter,
der in seiner phantastischen Bühne die Laster der Weltbühne
erscheinen ließ, war durch einen tiefen Abgrund von den
Komödianten getrennt, und sein Stolz und Unabhängigkeits-
gefühl hielt auch die Höflinge in respektvoller Entfernung.
Weil er sich isolirte, war er nicht so populär, wie es Lope
de Vega gewesen, so daß auch der spanische Adel, wie
D. Antonio Solis berichtet, nicht an der Seelenmesse für
ihn theilnahm. Er war kein bloßer Hofdichter, er war
ein dramatischer Autor: er suchte das Theater, weil in ihm
sich Handlung, Leben und Bewegung mit derselben oder mit
noch größerer Energie entwickeln als in der wirklichen Welt.
Er ist der Kolorist der spanischen Bühne; seine Bilder haben
einen Reichthum an Licht und geben mit kräftigen Tinten
alle Schattirungen wieder. Er war der feinste Theologe,
das beweist er in seinen Autos.

Auch wie er Priester wurde, erklärt Picatoste. Es
gestaltete sich in ihm eine langsame und natürliche Umwandlung
des Geistes, des Lebens und des Gefühls, es kam naturgemäß nach einem bewegten Dasein bei ihm ein Verlangen
nach Ruhe und Frieden. In dem Alter, in dem man den

schon zitternden Fuß auf des Lebens Gipfel fühlt, und der
Weg, der uns bleibt, kleiner ist als der, den wir zurück=
gelegt haben, wendet der Blick, mehr Raum suchend, sich
der Vergangenheit zu. Da erwachen aufs Neue die zarten
Gefühle der Kindheit. Da mußten auch in Calderon die
Erinnerungen an den Wunsch seiner Mutter erwachen. Und
dies Gefühl, vereint mit den Enttäuschungen der Welt und
dem Verlust geliebter Wesen, bestimmte ihn, Priester zu
werden.

Er zweifelte erst, ob er zu Füßen des Altars seine
Harfe niederlegen sollte, doch der Wille des Königs gebot
ihm, der Poesie treu zu bleiben. 1653 zog er sich nach
Toledo, der stillen, verlassenen Residenz zurück, die so viele
Jahre hindurch das Geräusch der Waffen vernommen, die
romantischen Feste der Araber und die großartigen kirch=
lichen Feierlichkeiten der Christen gesehen. Vor dem hohen
Dom, diesem „katholischen Berg", stimmt er einen Hymnus
des Glaubens an. Von dem Hofe von Madrid zum geheim=
nißvollen Toledo, vom Schauspielhaus zum heiligen ernsten
Tempel, vom Lärm fröhlicher Feste zu der Stille dieser himm=
lischen Dunkelheit war gleichsam ein Hinabsteigen aus einem
Garten in's Grab, es war ein Uebergang vom Leben zum Tod,
und den Tod besang er auch in jenen Tempelhallen, in denen
der Mensch sich so klein erscheint; er besang ihn in melan=
cholischen Decimen, die an die Strophen des Jorge Manrique
erinnern. In seinem Zweifel, ob er als Priester singen
oder schweigen solle, las er die Inschrift Psalle et Sile
(Sing' und schweige), die auf dem Chorgitter in der Kathe=
drale zu Toledo steht, und widmete ihr ein sinniges Gedicht.
Die Poesie siegte über die Ascese: Calderon fuhr fort zu
dichten. Zehn Jahre blieb er in Toledo, wo er 1663, zum

Ehrenkaplan ernannt, nach Madrid zurückkehrte. Er starb daselbst am 25. Mai 1681 und wurde am folgenden Tage von seinen Freunden, Brüdern und Erben, den Presbíteros Naturales de Madrid, in der parroquia de San Salvador bestattet. Dieselben widmeten ihm eine lateinische Grabschrift, in der es von ihm heißt:

„Mantua urbe natus, mundo orbe notus"

> Der Dichter, welcher in Madrid geboren,
> Ward als ihr Liebling von der Welt erkoren.

Der Grabstein wurde ihm 1682 errichtet und über demselben sein Bild angebracht, für dessen Urheber man den Maler Juan Alfaro hielt. Nach mehrfachen Wanderungen haben endlich Calderon's Gebeine am 22. April 1880 in der Kirche der Congregacion de Presbíteros Naturales de Madrid, in dem Gemach vor der Sakristei der Hospital=kirche der Calle de la Torrecilla de Leal Ruhe gefunden. Die Congregation, deren Schützer er im Leben gewesen, ist die Hüterin seiner Gebeine und die Besitzerin seines Bildes.

Ueber die Portraits Calderon's berichtet D. Pascual Millan: Zwei Oelbilder des großen Dichters sind auf uns gekommen: das eine ist dasjenige, was mit der Leiche Cal=deron's von der Kirche del Salvador bis zur Kirche der Naturales gewandert, wo es sich heute befindet; das an=dere wird in der Madrider National=Bibliothek aufbewahrt. Das bemerkenswertheste von diesen beiden Brustbildern ist das in San Pedro de los Naturales, es hat Einzelheiten, die eines Velazquez würdig sind und man sollte es nicht für ein Werk des cordobesischen Malers Juan Alfaro halten, wenn nicht Cean Bermudez in seinem Diccionario Histórico 1800) versicherte, daß Alfaro das Bild des D. Pedro Calderon de la Barca gemalt habe, welches über seinem Grabmal in der parroquia de San Salvador aufgestellt worden.

Im Großen und Ganzen ist das Buch „Homenage á Calderon" eine sehr werthvolle Erinnerung an den Dichter. Auch der Schlußartikel des gedachten Werkes, in welchem „Das Leben ein Traum" von D. Rafael Ginard de la Roja vom moralischen Standpunkt aus betrachtet wird, verdient volle Anerkennung. „Das Leben ein Traum" ist ein vollkommener Zirkel, der höchste Zweifel und das höchste Wissen; Calderon hat nicht der Nachwelt die Lösung des Problems überlassen; sein Drama bedarf keines Kommentars und keiner Interpretation, sein Symbolismus ist durchsichtig und volksthümlich: auf spanischer Erde geboren, hat Segismundo die Helle der spanischen Sonne, die Durchsichtigkeit des spanischen Himmels. Segismundo zweifelt an seinem eigenen Dasein; aber seinen großen, seinen tiefen, seinen maßlosen Zweifel, seinen Zweifel, der größer ist als der des Hamlet, löst er mit der erhabensten Behauptung. Ist das Leben ein Traum? sagt er. Ich weiß es nicht; aber wenn es ein Traum, wenn es eine Täuschung meiner Sinne ist, wenn Alles, was mich umgibt, nur Lüge, Nebel, Schein, Trugbild, Luft, Nichts ist, so ist recht handeln das, was Noth thut. Recht handeln, das Gute thun! Das ist der moralische, logische Schluß des philosophischen Thema's. Aus der ganzen Dichtung tönt der Eine Ruf: Sei gut!

Kantate auf Calderon.*)

Nach dem Spanischen des D. Antonio Garcia Gutiérrez von
Johann Fastenrath.

Recitativ.

Voll war der Hof, da schon der Tag sich neigte
Und eines neuen Autors Stück sie gaben:
Es war das Erstlingswerk von einem Knaben,
Der wunderbar schon seine Größe zeigte!
„¡Vítor á Calderón! ¡Vítor!" erschollen
Die Freudenrufe, die begeistrungsvollen,
Der Menge, die dem Genius unterthänig:
„¡Vítor, Vítor der span'schen Bühne König!"
Der Dichter ist, der stets begeistrungsreiche,
Seitdem, so hoch der Mensch vermag, gestiegen,
Und seinen Namen ließ die Fama fliegen
Durch die noch immer großen span'schen Reiche.

Chor.

Durch ihn, der Euch gegeben
Ein Dasein auserlesen,
Ihr wunderschönen Wesen
In lichter Wahrheit Kleid;
Siegmund, dem Traum das Leben,

---

*) Mit der Calderon-Kantate, die von D. Manuel Fernández
Caballero in Musik gesetzt worden, schloß das literarische Gemälde
„Antaño y Ogaño" des D. Cárlos Coello, das am 30. Mai 1881
im Teatro Real zu Madrid auf Veranlassung der Sociedad de
Escritores y Artistas Españoles einem auserlesenen Publikum vor-
geführt wurde. (Siehe S. 120 dieses Buches).

Rosaura liebumfangen,
Seid Ihr vom Nichts gegangen
Zu der Unsterblichkeit!

Recitativ.

Vor zwei Jahrhundert' von der Erde ging er:
Es ward die Welt geringer
An Umfang, oder mächt'ger ist gestiegen
Die Sonne deß', den einst Madrid sollt' wiegen.
Es ist jetzt hier ihr Glanz nicht eingeschlossen:
Ihr Ruf hat sich, der überall muß siegen,
Ueber die Erb' ergossen!

Chor.

Er starb nicht, ihn umhüllet
Des Todes Schatten nimmer:
Der Spaniens Ruhmesschimmer,
Lebt ewig in der Welt!
Was er nur schuf, erfüllet
Des Glaubens edles Feuer;
Er bleibt dem Herzen theuer,
Das ihn lebendig hält!

Calderon's Redondilien auf den Gedanken.*)

Durch die Male, die mich zieren,
Wie es meinem Sein entspricht,
Das unsterblich, bin ich Licht,
Trenn' die Menschen von den Thieren.

---

*) Das spanische Gedicht, das ich hier deutsch zu kleiden gesucht,
wurde in Madrid in dem auf S. 120 dieses Buches erwähnten
Festspiel „Autaño y Ogaño" vorgetragen.

Ich hab' keinen festen Ort,
Wo ich sterb' und tret' an's Licht;
Wo ich halte, weiß ich nicht,
Denn ich gehe immerfort.

Ob sich das Geschick erhebe
Oder nicht, bei ihm bin ich;
Keinen Mann gibt's ohne mich
Und kein Weib, drin ich nicht lebe.

Bin beim Könige das Mühen
Für sein Reich und seine Staaten;
Bin bei dem, der ihn berathen,
Wachsamkeit und Eifersglühen.

Bei der Dame Schönheitsprangen,
Damengunst bei dem Galán,
Tapferkeit beim Kriegersmann,
Bei dem Spieler Glück'serlangen;

Bei dem Geizhals Goldesrollen,
Bei dem Armen Todespein,
Bei dem Frohen Fröhlichsein,
Kummer bei dem Kummervollen.

Kurz und hält mich eine Schranke,
Ruhlos heftig fahr' ich hin;
Alles so wie Nichts ich bin,
Bin der menschliche Gedanke.

Sagt, gelang was ich erstrebt,
Euch ein Bild von mir zu schenken,
Denn wer lebet ohne Denken,
Kann nicht sagen, daß er lebt.

An Weimar zum 11. Dezember 1881*)

(bei Gelegenheit der Aufführung von Calderon's „El mayor en-
cauto amor.")

Des span'schen Magus Zaubertrank genossen
Hat Goethe einst: er ward von Lieb' entbrannt
Und glaubt' versetzt sich in ein herrlich Land,
An Blumen, Früchten reich und meerumflossen.

Auch, Weimar, über Dich hat sich ergossen
Der Zauber, dem sich Goethe nicht entwand:
Dich knüpft mit Calderon ein Liebesband,
Du hast ihn treu in's deutsche Herz geschlossen.

Du ließest alle Künste sich verbinden,
Zu seinem Ruhm die Odyssee erscheinen,
Und Bild und Töne riefen ihm Vitor.

Mocht' ein Ulyss der Circe sich entwinden,
Stets wird mit Calderon Dich Zauber einen,
O Weimar: e l   m a y o r   e n c a n t o   a m o r.

*) Auch nach den Calderonfesten hat das deutsche Theater
dem spanischen Dichter Huldigungen dargebracht. So Weimar durch
die erste, mit durchschlagendem Erfolge gekrönte Aufführung von
Calderon's „El mayor encanto amor" (Ueber allen Zauber Liebe),
das von Otto Devrient mit geschickter Hand auf Grund der Schlegel'-
schen Uebersetzung bearbeitet, von Lasser mit musikalischen Kompositionen begleitet, die sich jenen zum „Faust" würdig an die Seite
stellen, und durch Dekorationen, nach Motiven aus den Odyssee-
Landschaften Friedrich Preller's gemalt, zum Musterbild eines Aus-
stattungsstückes geworden, in welchem sich Dichtung, Musik und
Ausstattung, wie kompetente Kritiker sagen, in der glücklichsten Weise
ergänzen, so daß zu erwarten steht, daß durch Weimar „El mayor
encanto amor" der deutschen Bühne dauernd gewonnen sein wird.

Berichtigungen und Zusätze.

Seite 13, Zeile 25 heißt es nach Gonzalez Serrano: aus dem 5. Akt von Goethe's Faust. Richtiger bezeichnet, muß es heißen: aus Faust's letzten Worten im zweiten Theil des Gedichts.

Seite 65, Zeile 3 heißt es: majer. Lies: mujer.

„   67,   „   9 heißt es: Messerstichen. Lies: Schwertklirren.

„   70,   „   28 heißt es: begründet. Lies: grünblich.

„ 111,   „   3 heißt es: nur. Lies: mir.

„ 141, Anmerkung. „Calderon", sagt das Musikalische Conversationslexikon von Hermann Mendel. Berlin 1872, Seite 278, „ist die spanische Benennung für das von den Italienern corona genannte Musikzeichen; wir nennen es Fermate: ⌒"

Die Bezeichnung, daß bei diesem Zeichen, wie ich in meiner Anmerkung nach dem Spanisch-Deutschen Handwörterbuch des F. Booch-Arkossy gesagt, „die begleitenden Tonwerkzeuge pausiren sollen, damit die Solopartien ausgeführt werden können" erscheint nicht ganz richtig. Es kann dieser Fall eintreten, und tritt häufig dann ein, wenn die Solosängerin einen langen Ton aushält oder vor Schluß der Arie, um Beifall zu erhaschen, allerlei Trillerwerk loslegt, dann haben die Stimmen des Orchesters eine Pause. Dies kommt aber auch bei andern Solisten vor, z. B. den Violinisten.

Das Zeichen ⌒, welches wir Deutschen „Halt" und seltener „Fermate" nennen, bedeutet, daß das regelmäßige Tempo (Zeitmaaß) aufgehoben und an Stelle ein viel langsameres Tempo eintritt.

Seite 174, Zeile 24 heißt es: Sitte. Lies: Sinne.

„ 200.   „   2 ist das Wort: „war" zu streichen.

Seite 180, Zeile 27 sind Nuñez de Arce und Campoamor erwähnt. Wer den Ersteren kennen lernen will, sehe mein Büchlein: „Luther im Spiegel spanischer Poesie" (Leipzig, 1880). Campoamor, der populärste der spanischen Lyriker der Gegenwart, ist ein ganz eigenartiger genialer Dichter: immer einfach, natürlich, menschlich, spontan, niemals rhetorisch, ein abgesagter Feind der offiziellen künstlichen Poesiesprache, etwas voltairianisch angehaucht und skeptisch, aber nicht düster wie die Romantiker, sondern skeptisch wie der Weise und der Weltmann, brachte er mit seinen „Doloras" in Spanien eine wahre Revolution hervor, als die spanische Jugend der trübsinnig-sentimentalen Lyrik Zorrilla's und seiner Legenden-Dichtungen überdrüssig geworden, und als Becquer, der Stil und Tendenz Heine's nicht ohne Erfolg in die spanische Poesie einzuführen versucht hatte, ebenso wie Bernardo Lopez Garcia und Mouroy, die den männlichen Ton der Ode Quintana's nachgeahmt, gestorben waren. Die „Doloras" sind schwer definirbar: es sind keine Fabeln und doch belehren sie; es sind keine Phantasien und sie regen doch auf; einige sind wie Irrwische und lassen doch tiefe Spuren zurück. Von seinen „Doloras" möchte ich besonders eine anführen, die ich im „Buch meiner spanischen Freunde" Band I S. 169 unter dem Titel: „Wer doch zu schreiben wüßt'!" übertragen. Außer den von Leben und Bewegung erfüllten „Doloras" gab Campoamor „Pequeños poemas" heraus, die, meist lyrisch dramatisch, nichts anders als weiterausgeführte „Doloras" voll entzückender Frische und zugleich philosophischer Feinheit sind.

Eine „Dolora", die der Dichter jüngst in den schattigen Alleen des Retiro geschrieben, theile ich hier in meiner Uebertragung mit:

Der Glauben der Weiber.

Einen hohen Berg sah stehen
Ein Pastor so in der Näh',
Daß er nicht vom Pfarrhaus sehen
Konnt' die See.

Daß der Horizont sich weite,
Hat (hört, hört) den Berg versetzt
Durch ein Mährchen der Gescheite.
Wie? Hört jetzt.

— „So Ihr von des Berges Steinen",
Sprach er, „einen nehmt, fürwahr

Gibt Gott Der der Steine einen,
Der ein paar."

Da war manches Weib so fleißig,
Daß es trug mit Einem Mal
Nicht bloß einen Stein, das weiß ich,
Zehn an Zahl.

Blond' und Braune suchten Kinder
Gläubig Kinder-Steine sehr
In dem Berg, daß Sand wohl minder
Hat das Meer.

Von den Mädchen abgenommen
Ward dem Berge Sand auf Sand,
Bis sie ganz ihn gleich bekommen
Flachem Land.

Und so ist's am End' geschehen,
Daß der Berg verlor die Höh',
Und man aus dem Pfarrhaus sehen
Konnt' die See.

Da sie glauben mit dem reinen
Herzen, kommt es, daß zuletzt
Selbst ein Weib, das gläubig, einen
Berg versetzt.

—

Inhaltsverzeichniß.

Von Dr. Johann Fastenrath sind bisher erschienen:

Ein spanischer Romanzenstrauß, 1 Band.

Klänge aus Andalusien, 1 Band.

Die Wunder Sevilla's, 1 Band.

Hesperische Blüthen, 1 Band.

Immortellen aus Toledo, 1 Band.

Das Buch meiner spanischen Freunde, 2 Bände.

Die deutschen Helden von 1870, Kriegs- und Siegeslieder.

Festgruß und Lieder, gesungen bei dem am 16. October 1880 zur Feier der Vollendung des Kölner Domes in Köln veranstalteten historischen Festzug. Herausgegeben vom Comité.

Pasionarias de un aleman-español. (Articulos acerca de las representaciones de la Pasion y Muerte de nuestro Señor Jesu, cristo en Oberammergau), 1 Band.

La Walhalla y las glorias de Alemania, bis jetzt 6 Bände, der 7. unter der Presse.

Recept gegen Schwiegermütter, Lustspiel in 1 Akt nach D. Manuel Juan Diana — 1865.

Luther im Spiegel spanischer Poesie. Bruder Martin's Vision. Nach der 10. Auflage der Dichtung unseres Zeitgenossen D. Gaspar Nuñez de Arce. — 1881. 2. Auflage. Preis br. M. 1.50, eleg. geb. M. 2.50.

Stimmen der Weihnacht. Lieder nach dem Spanischen des D. Ventura Ruiz Aguilera. — 1881. Preis br. M. 2.—, eleg. geb. M. 3.—

Calderon de la Barca. Festgabe zur Feier seines 200jährigen Todestages. 1881. in 8°. br. M. 1.50.

Verlag von Wilhelm Friedrich in Leipzig.

Thomas Carlyle.
Ein Lebensbild
und
Goldkörner aus seinen Werken.
Dargestellt, ausgewählt, übertragen
von
Dr. Eugen Oswald
von Heidelberg.
1882. in 8⁰. eleg. br. M. 4.—, eleg. geb. M. 5.—.

Maximilian Robespierre.
Ein Lebensbild
nach zum Theil noch unbenutzten Quellen
von
Dr. Carl Brunnemann.
1881. in gr. 8⁰. eleg. br. M. 4.50 Pfg.

Lafontaine.
Sein Leben und seine Fabeln
von
Wilhelm Knlpe.
Zweite Auflage 1882. in gr. 8⁰. eleg. br. M. 3.60 Pfg.

Bilder aus dem englischen Leben.
Studien und Skizzen
von
Leopold Katscher.
1881. in 8⁰ eleg. br. M. 6.—.

Culturbilder aus Griechenland
von
Dr. J. Pervanoglu.
Mit einem Vorwort von A. R. Rangabé.
1881. in gr. 8⁰. eleg. br. M. 4.—

Das System der Künste
entwickelt
von
Dr. Max Schasler.
1882. in gr. 8⁰. eleg. br. M. 6.—

Druck von Oswald Schmidt, Reudnitz-Leipzig.